2020全国民宿产业发展研究报告

中国旅游协会民宿客栈与精品酒店分会　主编

中国旅游出版社

编委会名单

民宿学：产业实践呼唤学术研究①

（代序）

民宿历经十年的发展，从2018年开始，结束了以往的单一市场主导阶段，进入了政府与市场双主导的新时代。文化和旅游部2018年11月30日召开的安吉会议、2019年7月28日召开的成都会议，明确了乡村民宿既方兴未艾、大有可为的前景，又要规范发展的总体要求。

过去的十年，是民宿行业“摸着石头过河”自然成长的十年，是缺乏理论研究和学术指导的十年。十年的野蛮生长，是实践，更是创新；是探索，更是冒险。收获了经验和成就，也产生和积累了矛盾、隐患。当行业自发的实践和行动层面的人才创新、理念创新、产品和服务创新、地方政府的制度创新带给民宿发展的动力逐渐衰减时，唯有理论研究才能为民宿行业发展指点迷津，以开启第二个黄金十年。

我们观察到，生动丰富的民宿实践事实上助推了相关研究。由中国知网（CNKI）数据可知，截至2019年8月18日，共有公开发表的民宿相关文献3846篇，其中期刊文章2725篇，硕博论文488篇，会议文章61篇，报纸文章572篇。从2015年开始，民宿文献呈现爆发式增长。2015年民宿相关发文数量第一次突破三位数，2018年更是突破四位数，达到1272篇。虽然文献总体数量在快速增长，但令人担忧的是，其中更具科研价值的硕博论文数量在2013年至2017年呈现快速增长并于2017年达到峰值200篇后，于2018年骤降至24篇，2019年也难掩颓势。

① 本文整理自中国旅游协会民宿客栈与精品酒店分会会长张晓军在厦门大学“2019年中国旅游30人论坛”上的演讲。

如果说，民宿已经成为行业热点、社会焦点，已经成为具有巨大增长空间的新型消费领域和各地政府着力培育的新兴产业，那么，上述文献所代表的民宿学术研究，不论是数量（总量和变化）还是水平（领域和深度），都不能与民宿发展的实际需求相匹配，无法对民宿的发展起到科学指引。

回顾十年来民宿发展轨迹，我们不难发现，民宿是一个十分复杂的事物。它不仅是经济现象，更是社会现象。它不仅是改革开放的受益者，更是改革开放的推动者；它不仅注重传统文化的保护传承，更强调新型文化的创意创新；它不仅是生意和商业，也讲求责任和情怀；它不仅是城乡融合，更是乡村振兴；它不仅是闲置资产盘活赋能，更是生活方式创新共享；它不仅是住宿业态，更是小而美的文化旅游产品；它不仅是精准扶贫的产业选择，还是幸福生活的全新呈现；它不仅是实体经济，还天生具有互联网经济的基因。如此生动、多元、复杂的民宿，用已有的某个学科或单一领域的专业知识和理论都是难以全面、准确诠释的。民宿学的建立，对民宿进行专门性的研究，形成民宿专门理论，是行业发展的期盼，也将是学术建设的必然。

关于民宿，有如下九大主要问题格外需要学界关注研究、率先破题：

（1）民宿的概念，包括其文化起源、性质界定等。有学者认为，民宿起源于中国，浩如烟海的中华文化典籍中记录了古人先贤们丰富而生动的乡居生活。我带领一个研究团队，从2018年开始开展了一个“唐诗宋词鉴民宿”课题研究，试图从古代经典中找寻唐宋时期的民宿文化脉络，为当今的民宿提供传统营养。我认为，现代民宿起源于欧洲的法国或者英国，然后传播到美国，第二次世界大战结束后传播到日本，再然后传播到我国台湾，十多年前也就是2009年前后传播到我国浙江莫干山。

（2）民宿促进与管理制度研究。作为我国民宿发展的先行区，浙江省的大胆创新实践为全国其他地区提供了启示、样板和示范。随之，国家和地方层面密集出台了不少促进民宿发展的各类政策，尝试通过制度创新，破解消防、行政许可等市场准入障碍，推动民宿发展，但是无论是城市民宿还是乡村民宿，仍缺乏国家层面的制度安排，亟须开展民宿领域的立法研究。

（3）民宿价值尤其是社会价值评估。从经济学角度衡量民宿的投入与产出，会发现其是典型的微投资、小产出，一般而言，单体民宿的投资额度在百万元级，即使是2018年以来出现的“民宿集群”，其投资规模和经济产出与其他行业相比，也是微不足道的。那为什么即使如此，民宿仍成为国家和地方大力支持和积极培育的新型产业呢？其中最为重要的原因，就是民宿具有的强大社会建设功能和由此产生的显著社会效益。民宿行业，是典型的社会责任型产业。民宿投资与运营实践中丰富的案例，已经说明了民宿在精准扶贫、传统村落保护、历史街区再生、城乡融合发展、创业创新等诸多领域的价值，需要学界对其进行准确的描述和科学的评价。

（4）民宿产业要素供给机制。土地、人才、资金是民宿发展的主要产业要素，其中最为关键的是土地供应。莫干山乃至浙江省之所以成为全国民宿发展先行区和当代民宿发源地，最为主要的原因就是地方政府在土地供应上进行了大胆的改革创新。随着新《土地管理法》的颁布实施，民宿获得土地的途径将由以往单一的租赁转为购买、合作等多种形式，但具体的操作实践仍需要学界进行深入的研究，并由地方进行创新尝试。

（5）民宿与社区营造。民宿的魅力来源也就是核心竞争力的构成，是“民”。一般理解，这个“民”是民宅的“民”，也就是城乡居民。换言之，所谓民宿，就是城乡居民利用自己住宅中闲置空间（或者闲置住宅），开办的住宿服务。主（居民）客（消费者）共享，构成了民宿生产与服务最基本也是最主要的互动关系。但是在民宿丰富而生动的实践中，我们发现，影响甚至决定民宿开发与经营的人际关系，除了主客关系之外，还有民宿主人与民宿所处社区其他居民的关系、民宿客人与民宿所处社区其他居民的关系、客人与客人之间的关系等多种关系。这些关系，错综复杂交织在一起，相互影响、相互作用，决定着民宿的生存和发展。因此，民宿不是关上院门（乡村民宿）或者房门（城市民宿）的内向型封闭式自我存在，民宿是社区的组成部分，民宿经营的物理对象绝不仅仅是民宿主人（或者投资者）拥有物权的住宅空间，更是该住宅所处社区的全部，包括生态空间、基础设施、公用设施、公共空间、物业管理（服务）等。从这个意义上讲，民宿经营者，必须要把上述民宿的外部因素的使用成本纳入到经营成本中，并且必须要把经营收益的一部分与其所处社区的居民分享。不仅如此，能否在一个社区里开办民宿，也应该征求社区居民的意见，取得社区居民同意和支持。这就是五年来，我一直倡导的民宿开发与经营的“社区共商、共建、共享”原则。因为在北大受过社会学训练的缘故，我的唐乡，就是“唐人打造的乡村社区再造项目”。如果能够接受并且践行“民宿是社区再造”的理念，那么在重庆和成都曾经出现的城市社区居民阻拦、驱逐民宿经营者的极端事件就可以减少甚至不再发生，乡村社区的民宿开发与经营也可以从最基本的制度安排上得以长治久安。

（6）民宿企业的经营管理。民宿的本质决定了民宿企业的小微属性。虽然投资、收益、用工等都是小规模的，但是民宿企业的经营，既要遵循企业的一般法则、规律（所谓麻雀虽小五脏俱全），也有其独有的内容和特点，比如民宿企业都是社会责任型企业，要强调社会公民建设；比如民宿企业都具有移动互联网基因，要有产品（服务）的爆款，要做好粉丝经济，要懂得并善于利用自媒体营销；比如民宿企业异地（异国）扩张中自带的IP与在地文化融合的渠道与方式；比如民宿企业轻资产发展等。

（7）民宿人才的培养。人才，是事业发展和产业进步的关键。毛泽东同志曾经说过，当路线政策确定了，起关键作用的就是干部了。民宿人才，是一个体系，包括民宿主人带领的包括管家、房娘（客房服务员）、厨娘（厨师）等在内的经营管理人才团队，以及民宿投融资人才、民宿规划设计人才、民宿营销人才、民宿行业管理人才、民宿社团管理人才、民宿人才培养的师资等。近年来，已经有浙江大学、上海交大开办了民宿MBA专业，柳州学院、泰州学院等开办了民宿大专、高职教育。中国旅游协会民宿客栈与精品酒店分会已于2017年召开了全国首届民宿教育培训座谈会，对加强民宿人才队伍建设发出倡议。各地政府也支持成立了一批民宿学院，如河南信阳新县大别山民宿学院、北京延庆北方民宿学院等。北京中瑞酒店管理学院、河南焦作云台山干部学院等也在准备进入民宿人才培养领域。如何按照民宿发展规律，根据民宿企业和民宿行业需要，通过编制教材、培养师资、设立基地、线上线下结合等培养适用、实用的民宿人才，破解人才瓶颈，是当下和今后相当长一段时间内旅游教育行业的挑战和机遇。

（8）国内外民宿发展的比较研究。2017 年以来，我带队到欧洲的德国、奥地利、瑞士，亚洲的日本、韩国，以及我国台湾等国家和地区进行了民宿考察。通过考察发现，我国的民宿发展，既与现代民宿起源地的欧洲呈现完全不同的特质，与我们的近邻日本韩国比较也各有特色。民宿的跨地区、跨国比较研究，目前还是空白。以国际化的视角、思维和语言，开展这方面的研究，既可以通过学术交流，形成我国在此领域的学术话语权，还可以“他山之石”拿来“攻玉”，为我国民宿业的科学发展提供国际智慧。

（9）逆城市化与民宿发展。2018 年全国两会期间，习近平总书记在出席广东省代表团审议政府工作报告的会议上指出，逆城镇化和新型城镇化同等重要。毫无疑问，乡村民宿既是逆城市化发展的产物，更是逆城市化发展的推手。乡村是未来的奢侈品。全国政协原主席贾庆林 2014 年 9 月 11 日视察我的第一个唐乡，位于河北省承德市滦平县两间房乡苇塘村的金山岭唐乡时指出：唐乡是新型城镇化背景下就地就近城镇化的模式创新，唐乡是城市居民与乡村居民高度融合共同打造的全新乡村生活社区。近十年来，以媒体人、设计师为主的城市精英到乡村开办“情怀民宿”，引领了“现象级”的民宿热潮。乡村民宿对于城乡融合发展和乡村振兴的重要作用和独特角色，需要学界基于国家战略和产业实践，进行个案研究和系统总结。

张晓军

2021 年 2 月 5 日

前言

自2015年北京世纪唐人文旅发展股份有限公司发起举办第一届全国民宿大会，并在大会上以“小民宿，大世界”为主题发布《2015年全国民宿发展研究报告》以来，每年中国旅游协会民宿客栈与精品酒店分会和唐人文旅智库都会在全国民宿大会上发布当年度民宿研究报告。

为了更加全面、准确地反映全国民宿发展情况，从2018年开始，报告开始面向全国征稿，并由中国旅游出版社公开出版发行。集思广益、博采众长、汇聚智慧的开放研发方式，得到了众多企业、智库和专家学者的积极响应和深度参与，一定程度上促进了民宿学术研究的发展。2020年度的研究报告相比2019年，研究领域更加广泛，研究成果更具深度，研究方法更加科学，研究视角更加多元，研究内容更具针对性。

本报告共分三篇、十四章。其中，第一篇为全国民宿行业发展研究，第二篇为区域民宿发展专题研究，第三篇为年度民宿发展趋势预测。第一章由龙飞（中国社会科学院财经战略研究院博士后）执笔，第二章由王璐（华侨大学旅游学院博士）、皮常玲（厦门城市职业学院讲师）执笔，第三章由云掌柜（北京米天下科技股份有限公司）提供，深圳新旅民宿客栈发展研究中心研究员刘琳琳参与了整理，第四章由徐灵枝（中国旅游协会民宿客栈与精品酒店分会副秘书长、广东民宿发展研究院执行院长）、方超（广东安途文旅发展有限公司联合创始人）执笔，第五章由张巍华、周海斌（北京多彩投网络科技有限公司公关总监）执笔，第六章由叶航（深圳市尽心致美文化发展有限公司联合创始人）执笔，第七章由谭金凤（广东南华工商职业学院文化和旅游学院副院长）、吴静（旅粤家民宿学院创始人、广东粤宿学院广州负责人）执笔，第八章由沈静（北京盛世唐人旅游规划设计院副院长）执笔，第九章、第十章由刘琳琳执笔，第十一章由肖逸飞（循美文化旅游发展有限公司董事长）、韦亚玲（循美文化旅游发展有限公司品牌总监）执笔，第十二章由张佰明（北京师范大学文化创新与传播研究院副教授）、刘鑫蕾（合肥工业大学马克思主义学院研究生）执笔，第十三章由罗健强（中国旅游协会民宿客栈与精品酒店分会副会长、广东省旅游协会民宿分会会长）、徐灵枝、李超（广东省旅游协会民宿分会副会长兼秘书长）执笔。第十四章由张晓军（中国旅游协会民宿客栈与精品酒店分会会长）执笔。

报告由张晓军、穆晓雪（中国旅游协会民宿客栈与精品酒店分会副会长兼秘书长）审阅定稿。

本报告的出版，得到了北京世纪唐人文旅发展股份有限公司、北京唐堂正正科技发展有限公司、WING 励智品牌、中国社会科学院财经战略研究院、厦门城市职业学院、华侨大学旅游学院、云掌柜、广东民宿发展研究院、广东安途文旅发展有限公司、北京多彩投网络科技有限公司、深圳市尽心致美文化发展有限公司、广东南华工商职业学院文化和旅游学院、广东粤宿学院、北京盛世唐人旅游规划设计院、深圳新旅民宿客栈发展研究中心有限公司、循美文化旅游发展有限公司、北京师范大学文化创新与传播研究院、广东省旅游协会民宿分会等机构的大力支持。在此表示衷心的感谢！

编者

2021.1

目录

第一篇　全国民宿行业发展研究

第二篇　区域民宿发展专题研究

第三篇　年度民宿发展趋势预测

第一篇　全国民宿行业发展研究

第一章

国内民宿研究现状与未来展望[①]

① 本章作者：龙飞（中国社会科学院财经战略研究院）。

随着旅游市场的不断成熟和发展，传统酒店住宿业已难以满足旅游消费者个性化多样化需求。伴随旅游消费升级不断深化，民宿产业得到快速发展。从国家政策层面也日益重视民宿产业发展，2015 年 11 月 19 日《国务院办公厅关于加快发展生活性服务业促进消费结构升级的指导意见》中明确提出“积极发展客栈民宿、短租公寓、长租公寓等细分业态”，将其定性为生活性服务业，推动了民宿合法化，此后又多次出台推动民宿有序发展的相关政策。根据原国家旅游局的统计调查，2014 年，我国（不含港澳台）民宿仅有 30231 家，到 2015 年末，这个数字上升至 42658 家，2016 年末，总数已达 53852 家，从 2014 年到 2016 年两年之间增长了 78%。

国内早期的民宿类型住宿设施，主要包括农家乐、家庭旅馆，现正在逐渐被民宿的概念所取代。根据百度指数以民宿为关键词进行查询，从 2015 年开始民宿一词才被广泛提及，到 2017 年更突出成为热门关注词。通过中国知网（CNKI）可以看出 2015 年以来民宿的学术研究论文数量也呈现逐年上升趋势（见图 1–1）。

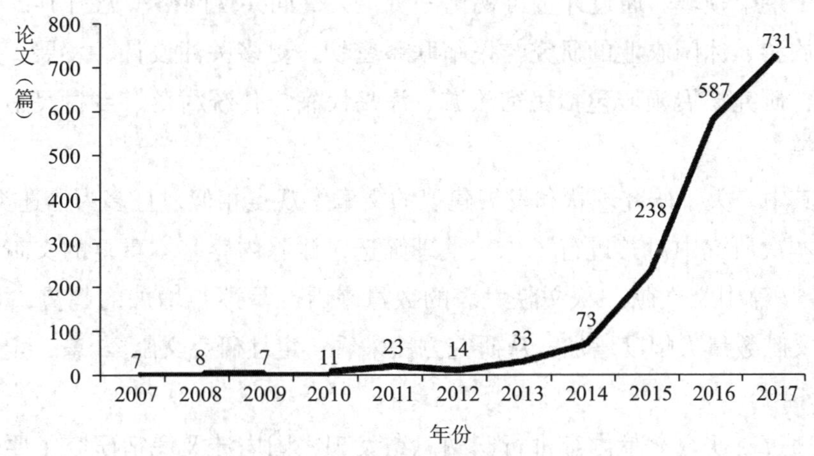

图 1–1　2007—2017 年民宿论文篇数

从研究层面来说，随着民宿日益火爆，围绕民宿的研究也逐渐成为当今学者关注的重要议题。国外民宿发展较早，较早发展成规模，运营管理也较为成熟，民宿理论研究相对系统和深入，由于文化背景、语言表述、发展环境不同，国外对民宿也有多种表述，包括B&B（Bed and Breakfast），Homestay，Family Hotel，Family Inn，Guest House，Hostel等，究其实质与国内民宿概念还存在一定差异。然而纵观国内研究现状，与民宿产业蓬勃发展的实际相比，还存在一定的理论滞后，需要理论界更加重视和关注。

本章系统梳理了近十年关于国内民宿研究的文献并归纳总结其研究的核心观点，对现有研究情况进行客观评价，并提出未来的研究方向，以推动国内民宿的理论研究进展。

一、文献选择与分析框架

本章文以“民宿”为关键字，在中国知网（CNKI）中进行检索，选取2007—2017年的文献，共计1073篇，其中期刊文章923篇，硕士论文90篇，其他60篇，涉及地理学、建筑学、农林经济管理、社会学、应用经济学等十余个领域。通过计量可视化分析，关键词共现网络（见图1–2）发现，乡村旅游、休闲农业的研究与民宿联系密切，更多关注设计、发展、策略等问题，研究拓展领域包括民宿旅游、海岛民宿、传统村落、乡村民宿、台湾民宿等。

其中，关于研究现状和发展建议的文章多观点相似，且多为描述类文章，因此本次研究中对其进行了二次整理筛选，删除内容基本重复的文献，最终得到57篇中文文献。从文献发表的数量来看，呈逐年增加的趋势，且2015年后文献数量大幅度增加；从研究方法来看，定性研究文献43篇，定量研究文献14篇。

通过对研究文献内容进行归纳总结发现，国内涉及民宿研究主要包括以下7个主题：民宿定义、民宿分类、民宿开发、民宿设计、民宿管理、民宿评价和民宿法律保障。这7个细分主题涵盖了从“民宿的产生”（民宿开发）到“民宿的好坏”（民宿评价）的整个过程。“民宿定义”首先界定了什么是民宿，什么样的住宿设施可以称之为民宿。“民宿分类”为民宿的开发、设计等奠定基础。“民宿开发”和“民宿设计”强调根据民宿的具体类型，进行合理的规划设计等。“民宿管理”关注民宿的投资、运营和营销推广。“民宿评价”关注对民宿资源、服务内容等的评价，重在提升服务品质。“民宿法律保障”关注民宿健康发展的法律法规等（详见图 1-3）。基于以上分析，本研究将按照以上 7 个细分主题对筛选的文献进行系统回顾和梳理。

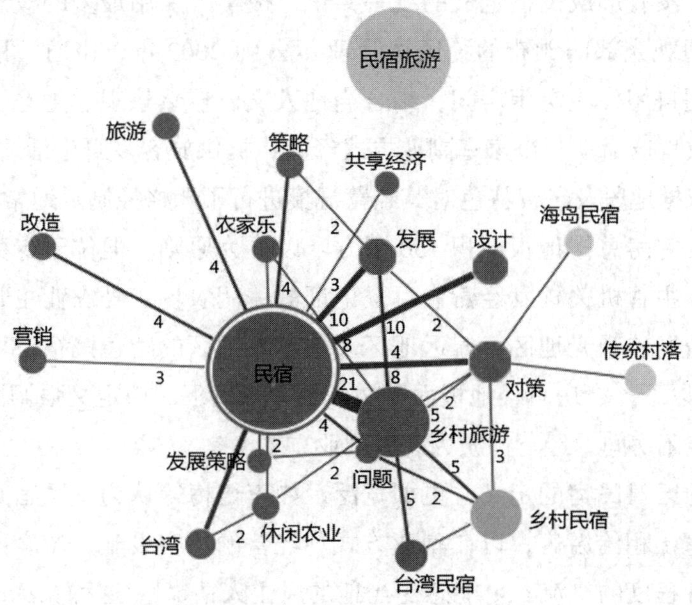

图 1-2　基于关键词共现频率构建的民宿文献知识网络图谱（2007—2017 年）

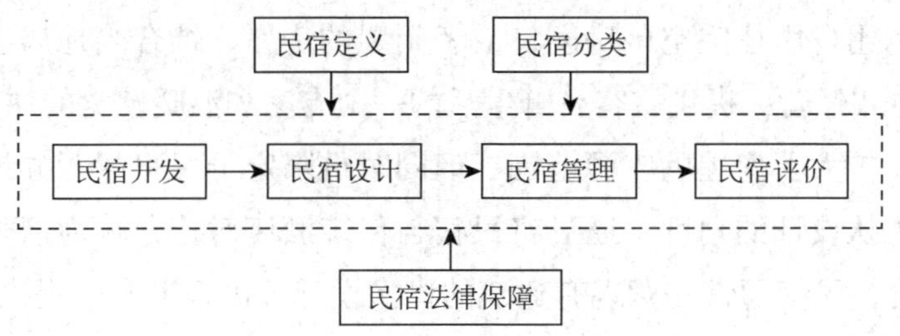

图 1-3　国内民宿研究细分主题及其逻辑框架

二、国内民宿研究的细分主题

（一）民宿定义

认识事物本质，需要明确其定义，因此对民宿定义的研究至关重要。当前，国内并没有形成民宿定义的统一共识，被学者引用最多的概念为我国台湾地区交通观光部门颁布的《民宿管理办法》（2002年）中对“民宿”的定义：指利用自用住宅空闲房间，结合当地人文、自然景观、生态、环境资源及农林渔牧生产活动，以家庭副业方式经营，提供旅客乡野生活之住宿处所。该办法还依据地段及经营特色对其经营规模进行了严格控制。通常以客房数5间以下，且客房总楼地板面积150平方米以下为原则。但位于少数民族保留地、经农业主管机关核发经营许可登记证的休闲农场，经农业主管机关划定的休闲农业区、观光地区、偏远地区及外离岛地区的特色民宿，可放宽至客房数15间以下，客房总楼地板面积200平方米以下。该定义强调民宿载体是自用住宅空闲房间，经营性质为家庭副业方式。

大陆地区对民宿的定义，更加宽泛，如李德梅等认为，民宿是私人将其一部分居室出租给游客，以“副业方式”经营的住宿设施，游客不仅能与主人进行某种程度的交流，更能感受当地的风土人情[1]。这种宽泛的定义，使得一些学者研究民宿的相关问题时，将农家乐、客栈、青年旅馆也纳入到民宿的范围中来，如张延，代慧茹[2]。李沛沛和单文君结合他人观点，将民宿定义为：利用自用住宅空闲房间，或者闲置的房屋，结合当地风土人情，以家庭副业方式经营，提供旅客乡野生活的一个有家和温暖感觉的住宿处所[3]。该定义首先扩大了房屋的来源范围，但同时也限定了民宿的开办地点是乡野之中。赵菁从设计的角度，通过将民宿与传统酒店对比，较为清晰地介绍了民宿的概念，民宿通常是对现有建筑的再次设计，民宿通常会提供生活方式、农家菜、地域文化等体验，民宿本身可能会成为一种旅游吸引物，等等[4]。

2019年7月3日，文化和旅游部修订发布的《旅游民宿基本要求与评价》（LB/T 065—2019）行业标准中对旅游民宿的定义为：利用当地民居等相关闲置资源，经营用客房不超过4层、建筑面积不超过800平方米，主人参与接待为游客提供体验当地自然、文化与生产生活方式的小型住宿设施。

（二）民宿分类

由于研究角度不同，不同学者对于民宿的分类也不相同。愈昌斌按照民宿开发者来源将莫干山民宿分为三种：第一种是“洋家乐”，代表为裸心谷和法国山居；第二种是外来开发者开发的民宿，代表为大乐之野；第三种是本地开发者开发的民宿，代表有莫干山居图[5]。胡平东将旅游景区民宿客栈分为运动休闲型、农业休闲区、传统建筑型和溪边休闲型四种[6]。姚欣从建筑风格角度将厦门城镇民宿分为三类：西式或中西合璧建筑、闽南大厝、当代民房[7]。顾翘楚从三个角度对民宿进行分类：第一，基于民宿设置区域可以分为景观特色民宿、文化体验特色民宿、乡野体验民宿和产业特色民宿；第二，根据民宿建筑形式分为欧风民宿、闽式民宿、少数民族式民宿和特色民宿；第三，根据民宿的资源分为农业型民宿、生态型民宿、度假型民宿和乡村型民宿[8]。民宿分类的原则是共同性和差异性原则、科学性与逐级划分原则。通过文献汇总，基于民宿分类原则，参考不同的分类依据，张延等对当代民宿进行了划分：按照经营方式，民宿分为经营者个体经营和合作经营两大类，个体经营又分为主业经营和副业经营两种，合作经营分为“公司＋农户”“农户＋农户”“政府＋农户”“政府＋公司＋社区＋农户”四种模式；依据产品与地域条件，分为海滨民宿、温泉民宿、农园民宿、运动民宿、传统建筑民宿等；按照民宿外观及风格分为欧式民宿、和风民宿、中国传统民居民宿等；按照功能及体验分为，农家体验民宿、工艺体验民宿、民俗体验民宿、自然体验民宿、运动体验民宿等[2]。相关研究为以后的民宿分类研究奠定了良好基础。

（三）民宿开发

在民宿开发方面，哈诺通过介绍成都宽窄巷子里的德门仁里精品客栈，总结了影响民宿客栈开发的因素，宏观因素包括自然资源、人文景观、地区经济发展程度、政府配套政策，微观因素包括选址、附近客流量等[9]。黄杰龙针对厦门 4 个民宿旅游集聚区从民宿景观设计角度开展问卷调查，研究景观组合中景观自然度、景观偏好及行为意图之间的关系，结果表明影响游客景观偏好和行为选择的因素中，民宿远景相比中景和近景影响更加显著，对游客产生吸引力最强的是自然类景观，因此民宿需要非常重视选址。民宿选址在自然风景优美的地方，对于游客更具吸引力[10]。马桂玲等采用调查问卷方式，检验影响游客再宿意愿的因素，对民宿产品特色的满意度、对民宿产品服务及附加服务的满意度与游客的再宿意愿有较大的相关性，可作为开发建设的参考[11]。

在民宿类型方面，学者多注重乡村民宿的开发研究，尤其注重少数民族乡村的民宿开发研究。如吴亚平等以贵州省多个少数民族乡村旅游点为例，通过深入调查方式，总结提出民族村寨民宿业发展的基础和判断是否适合发展民宿业的依据分别是少数民族文化资源禀赋、区位交通、传统产业及人的因素，少数民族地区民宿业能否取得成功的关键因素是文化核心价值、民居改造与保留、商业模式、供给体系及市场营销的设计和安排[12]。李忠斌和刘阿丽以武陵山区利川特色村寨为例，在分析其发展优势、发展现状基础上，提出了“民宿 +”的发展思路，既避免产业同质化与单一化，同时又能发挥民族文化资源优势，其具体发展路径为“民宿”与自然生态、民风民俗、村寨科考、运动休闲和健康养老相结合，可为其他民族地区特色村寨产业开发提供新的路径选择[13]。闵忠荣和洪亮结合江西省婺源县西冲传统村落案例，提出民宿开发规划策略应从从保护分区、用地布局、产业发展、空间改造和公众参与五个方面开展[14]。

（四）民宿设计

近年来民宿能够得到游客的喜爱，很大程度上就是因为民宿比传统酒店更能感受到“家”的温馨氛围，让游客能够深入体验当地文化。因此民宿作为载体，需要设计师结合环境、文化等因素进行设计和改造，民宿是否成功，设计具有重要作用。当前，国内关于民宿设计的研究文献较多。王明泰认为各国不同的文化造就了多样的民宿风貌，民宿设计要遵循特定的原则和理念[15]。黄杰龙等认为民宿景观设计会对游客的选择产生影响，宽敞、舒适且安全自然的户外环境更能得到游客青睐，因此在景观材料选择中应尽可能选择自然类材料，同时注重近景、中景与远景组合搭配，贴近游客的偏好[10]。张兴建从建筑外立面、客房、餐厅、院落、户外公共空间及景观几个方面，非常具体介绍了设计的关键点和设计原则[16]。丁源分析了我国台湾民宿的设计风格是简约主义、小而精，具有简单明丽的装饰色彩和细心周到的室内细节等特点，这些对大陆民宿设计都具有借鉴作用[17]。钱敏以舟山市海岛民宿为例，指出民宿设计应该具备本土化与人情化理念[18]。姚欣进行了城镇民宿设计研究，以厦门地区为例，根据不同建筑类型，提出了相应的室内外设计改建意见[7]。王英子指出民宿设计本源应该从功能、空间序列、本土元素、人情化四个方面深入挖掘[19]。唐兴荣分析了城镇消费者的心理需求，“乡土”和“田园”的感觉是农业村镇民宿空间设计中必须注入的文化元素，要注重消费者文化体验，建立起“乡土文化”价值共识，村镇民宿可从建筑形态、空间功能、空间陈设和民宿衍生产品设计四个方面构建乡土文化[20]。张希等以莫干山民宿为例进行研究，探索乡土文化如何通过民宿回归与构建，可通过重组当地物质文化要素，包括房屋、家具、生产用具等，使得当地非物质文化在民宿中展现与传承，营造民宿乡土文化氛围[21]。王小林强调民宿要体现人文情怀，在设计方面要注重生态环保、彰显地域特色和文化特点，要风格独特而有温情[22]。赵菁认为设计整合化、功能空间多样化、设计模式多元化、设计形式特色化将成为民宿设计的发展趋势[4]。

（五）民宿管理

1. 民宿投资

赵凌玲分析了民间资本运营与乡村旅游住宿业发展之间的关系[23]。阮雯以杭州为例进行了民宿发展与政府行为分析研究，指出民宿发展与时代背景和自身发展特点相关，政府行为是其重要推动力量，其中在投资管理方面，政府鼓励社会工商资本进行民宿开发经营，使得民宿呈现投资主体多元化的发展趋势[24]。罗施贤等以四川民宿为例，探寻乡土民宿投资的新模式，如众筹模式、返乡模式、政府引导与示范模式、招商模式、农村社区模式和民宿带动区域发展模式[25]。

2. 民宿运营

唐晓晨从经营成本角度指出，民宿经营过程中应该注意避免成本误区，如房租、装修和人工成本的核算，合理控制民宿经营成本，应该进行系统全面成本预算，如成本均摊、估算装修回收期、装修材料选择、合理的价格体系、制作成本预算表、做好人群定位等[26]。程琦指出民宿酒店化经营有利有弊，民宿酒店化是指民宿管理模式借鉴传统酒店管理方式，偏重标准化服务和规模化经营，努力使经济效益最大化[27]。李超然等通过游客对民宿原真性的体验研究发现，基于文化真实性和情感真实性，民宿经营者与游客之间真诚互动是民宿经营的基础[28]。胡敏等指出乡村民宿经营者应该具备环保意识，保护民宿相关资源，同时提出经营者应该积极培育经营管理能力，从而提升民宿竞争优势[29]。曾磊等对我国台湾民宿产业发展历程进行了研究，指出可以借鉴台湾民宿的发展经验，依靠产品创新、提升品质和塑造吸引力等方法，推动大陆乡村旅游健康发展[30]。

3. 民宿营销

吴玮对来我国台湾旅游消费群体进行了分析，指出台湾民宿业数字化营销策略是以消费者为导向的，具体表现在科学性与艺术性并重的“消费者导向”策略核心和综合立体的数字化营销策略[31]。葛姝等通过分析我国台湾民宿业网络推广的优劣势，结合当前台湾民宿业网络推广渠道等现状，提出网络推广的改进建议[32]。吴亚平等在智慧旅游视角下研究了贵州黎平县乡村民宿营销策略，营销方式包括：通过不同微信群进行推广交流，通过微信朋友圈转发分享，撰写推送微信公众号文章提升该地民宿关注度，推出微博民宿热点话题，以及选择一些付费数字媒体推荐宣传民宿等[33]。尽管该项研究是基于单个乡村的营销策略，但是对其他乡村民宿营销推广具有较好借鉴意义。

（六）民宿评价

经营成功的民宿及其核心资源一直是研究的热点，研究发现经营者、乡村风情、价格和区位是民宿经营中的异质性核心资源，其中经营者和乡村风情是主要的竞争资源[29]。李德梅等认为民宿资源评价方面可以依据基础设施、服务品质、资源特色、与当地联系4个大类，24项指标构建评价指标体系，并以宁波市民宿为例，对该评价指标体系加以验证，具有应用价值[1]。此研究已经开始将层次分析法和模糊综合评价法结合运用在民宿资源评价中，尽管结果具有一定主观性，但已经实现了由定性分析向定量分析的转变。柯厅敏通过问卷形式，分析了影响温州乡村民宿顾客的满意度和再购买意向的因素[34]。李彬彬等收集了去哪儿网上的民宿评论，从房源、环境、房东、心情四个方面对其进行了内容分析，强调共享经济下民宿行业发展要重视消费者体验、加强民宿环境建设、打造品牌和设立监管机制[35]。差评往往比好评更能真实反映顾客体验，因此皮常玲等从顾客抱怨的角度，运用内容分析法对携程网上关于厦门鼓浪屿民宿顾客抱怨信息进行了分析，研究表明，顾客主要针对民宿设施设备、经营服务、总体评价和安全卫生等几个方面进行评论抱怨[36]。为了较全面分析杭州西湖周边民宿质量现状，建立民宿服务质量分析体系，李沛沛等对携程网上相关点评数据进行了分析，确定总评价、设施设备和服务三大类构成的分析体系，合计19个小类，基本涵盖了影响民宿质量的各个要素，然后提出民宿服务提升策略[3]。李燕琴等学者利用爬虫技术收集了Airbnb网站上关于北京和台湾民宿的评价信息，运用内容分析法，通过位置选择、空间设计、房东特征、品牌管理和游客忠诚方面的差异来对比两地民宿的发展情况，然后提出北京民宿的发展建议[37]。2019年7月3日，文化和旅游部发布了《旅游民宿基本要求与评价》（LB/T 065—2019）行业标准，其中根据接待设施与服务品质将民宿划分为3个级别，由低到高分别为三星级、四星级和五星级。2021年2月，文化和旅游部发布《旅游民宿基本要求与评价》（LB/T 065—2019）行业标准第1号修改单，将民宿等级由低到高修改为丙级、乙级和甲级。

（七）民宿法律保障

民宿的健康发展，需要法律保障。孙新见等认为为保证民宿产业健康发展，需要完善国家和地方相关法律法规，加强政府监管，制定科学合理的民宿标准，明确市场准入机制，发挥好民宿行业组织和社区组织的引导和规范作用[38]。潘颖颖指出民宿依法申请困难、民宿标准界定困难、民宿监督执法困难、游客投诉处理困难，这些问题亟待解决[39]。戴丽霞研究了海南乡村民宿法律监管问题，发现当前民宿在监管经营主体、民宿监管主体、违法经营的惩罚机制等方面存在问题，并根据法国、日本等民宿发展成熟地区的民宿管理体制，提出了相关完善意见[40]。阮雯以杭州民宿为例，分析政府行为对民宿发展的影响，结果发现政府在推动民宿产业发展过程中占主导地位，在政策引导、资金投入、市场环境营造等方面作用突出，但在立法、行政审批等方面的滞后却制约了民宿的进一步发展[24]。高伟雯等使用游客感知调查与实地考察研究方法，探寻海岛民宿开发过程中存在的旅游安全问题，研究结果表明，餐饮安全是主要的安全隐患，游客满意度最低，游客实际安全隐患感知程度与游客群体特征密切相关；政府管理缺失以及与旅游目的地整体发展水平不高也会造成安全隐患[41]。

（八）其他研究

熊国铭以供应链视角对民宿集群发展状况进行了研究，对民宿集群内部存在的问题进行了探讨[42]；陈佳洁等以浙江省为例，分析了构建乡村旅游目的地品牌形象的影响因素，并研究了民宿集群对于品牌形象产生的相关影响[43]；李倩等根据承德市民宿产业集群发展实际情况，对民宿产业集群进行了分类[44]。在国内民宿发展过程中，实践走在了理论研究之前，目前对于涉及民宿发展整体分布情况和空间格局的研究尚不多见。

三、未来研究展望

通过对国内现有民宿研究文献进行分析梳理，发现这些研究主要具有如下特点：第一，研究细分主题丰富，涉及民宿活动中从“开发”到“评价”的主要过程，这些过程研究构成了目前国内研究的主要框架思路；第二，从相关研究主题涉及领域的文献数量来看，开发、设计、管理和评价构成了民宿研究主体，开发、设计和管理对于民宿成功与否至关重要，而评价正是检验民宿成功的重要渠道；第三，民宿作为一种新兴住宿体验，一些研究主题会强调民宿与传统酒店的不同之处，如在开发、设计环节，而在管理、评价等方面会借鉴基于传统酒店的相关理论。由于民宿理论研究尚处于发展构建阶段，因而现有研究仍存在如下主要问题：其一，民宿作为国内近几年快速兴起的住宿形式，发展趋势不易判断，民宿本身又是个性化突出，因此研究方向和角度也是丰富多样，不同知识背景的研究人员从不同角度对民宿开展研究，提供了不同的研究视角，但导致民宿研究深度不够，关注点分散，很难建立起系统性民宿研究体系。其二，大量研究关注民宿活动现象本身及所研究区域的民宿现状并进行总结，导致已有研究缺乏理论基础和理论视角。其三，目前研究还没有涉及对于民宿空间合理分布的研究，民宿快速集聚发展特征和影响研究也较为欠缺。第四，民宿研究方法还集中在定性研究，对于民宿研究中的问卷设计、样本选择、定量研究等技术方法有待进一步完善。

民宿持续火热发展，需要理论研究适应民宿发展的新形势新需求。第一，尝试建立起民宿研究的理论基础和理论视角。当前国内民宿是“百花齐放”的丰富状态，很难整合出其清晰的发展脉络，相关多处于描述现象、阐述存在问题的层面，因此需要整合各个细分主题间的逻辑关系和关联关系，这将是未来研究的主要思路。在未来研究中需要努力尝试借鉴地理学、经济学、社会学、管理学相关理论，深入挖掘民宿发展脉络并建立起民宿产业的理论基础和理论视角。第二，在新的市场环境下，单品爆款、网红民宿连锁化、集群化发展模式互有千秋，因此对于民宿的个性化、标准化、集群发展模式、动力及影响因素等应该进行更加深入系统的研究，以期能够为政府合理引导民宿产业布局和投资决策提供理论参考。第三，应加强民宿对于旅游扶贫、乡村振兴实现路径的研究。民宿对于乡村文化复兴、乡村人才引进起到重要作用，对解决乡村贫困、空心村等问题具有重要意义，如何利用民宿盘活乡村闲置资产，实现农民增收、乡土文化传承，实现乡村可持续发展需要深入研究。

本章参考文献

［1］李德梅，邱枫，董朝阳．民宿资源评价体系实证研究［J］．世界科技研究与发展，2015（4）：404–409.

［2］张延，代慧茹．民宿分类研究［J］．江苏商论，2016（10）：8–11+21.

［3］李沛沛，单文君．基于内容分析法的杭州西湖景区周边民宿质量现状及提升策略研究［J］．现代商业，2017（18）：28–30.

［4］赵菁．浅谈当代民宿设计的特点与发展趋势［J］．艺术与设计（理论），2017（2）：55–57.

［5］俞昌斌．莫干山民宿的分析探讨——以裸心谷、法国山居和安吉帐篷客为例对比［J］．园林，2016（6）：17–22.

［6］胡平东．基于旅游景区的民宿客栈发展模式探索［J］．经营管理者，2016（33）.

［7］姚欣．浅析厦门地区城镇民宿设计［J］．工业设计，2017（1）：151–152.

［8］顾翘楚．台湾民宿的优势分析及借鉴［J］．商，2016（4）：80+33.

［9］哈诺．我国民宿客栈开发影响因素研究［J］．旅游纵览（下半月），2017（6）：167.

［10］黄杰龙，张玲玲，范梦丹，等．基于游客行为意图的民宿景观的组合评价与开发设计［J］．福建农林大学学报（哲学社会科学版），2015（4）：76–81.

［11］马桂玲，马锦义．基于游客再宿意愿的旅游民宿开发经营策略研究［J］．乐山师范学院学报，2016（10）：55–62.

［12］吴亚平，杨定玉，李萍．少数民族村寨民宿业发展研究［J］．民族论坛，2016（7）：76–79+85.

［13］李忠斌，刘阿丽．武陵山区特色村寨建设与民宿旅游融合发展路径选择——基于利川市的调研［J］．云南民族大学学报（哲学社会科学版），2016（6）：108-114.

［14］闵忠荣，洪亮．民宿开发：婺源县西冲传统村落的保护发展规划策略［J］．规划师，2017（4）：82-88.

［15］王明泰．试谈对民宿设计的几点思考［J］．大众文艺，2015（19）：68.

［16］张兴建．浅谈民宿建筑与室内空间设计［J］．美术大观，2017（4）：98-99.

［17］丁源．浅谈台湾民宿设计风格及特点［J］．新西部（理论版），2015（18）：43+52.

［18］钱敏．基于本土化与人情化理念的民宿设计——以舟山市海岛民宿为例［J］．旅游纵览月刊，2016（5）：98.

［19］王英子．湖南中部山区乡村庄园化民宿设计探析——以双公山居为例［J］．农村经济与科技，2017（3）：90-91.

［20］唐兴荣．特色村镇民宿空间设计中乡土文化的建构［J］．建筑设计管理，2017（5）：71-73.

［21］张希，杨雅茜．国内民宿业服务质量评价研究［J］．湖州师范学院学报，2017（1）：59-66.

［22］王小林．浅析民宿设计中的人文情怀［J］．学周刊，2017（3）：5-6.

［23］赵凌玲．民间资本运营与乡村旅游住宿业发展［J］．经营与管理，2015（10）：25-28.

［24］阮雯．民宿业发展新态势与政府行为分析——基于杭州民宿的调查研究［J］．山东行政学院学报，2016（1）：77-81.

［25］罗施贤，成曦，段捷，等．四川省乡土民宿发展新模式［J］．安徽农业科学，2017（3）：207-210+225.

［26］唐晓晨．浅析民宿经营成本的分析与控制［J］．管理观察，2016（26）：34-37.

［27］程琦．民宿酒店化的利弊分析［J］．商，2016（20）：289.

［28］李超然，张超．游客对民宿的原真性体验研究——以丽江古城“亲的”客栈为例．旅游纵览（下半月）［J］，2016（7）：72-73+75.

[29] 胡敏. 乡村民宿经营管理核心资源分析[J]. 旅游学刊，2007（9）：64–69.

[30] 曾磊，段艳丽，汪永萍. 台湾民宿产业对大陆乡村旅游发展的启示[J]. 河北农业大学学报（农林教育版）农林教育版，2009（4）：507–510+513.

[31] 吴玮. 台湾民宿业发展现状及数字化营销策略研究[J]. 泉州师范学院学报，2015（3）：100–105.

[32] 葛姝，赖红波. 台湾民宿业品牌网络推广及对上海的借鉴[J]. 设计，2015（20）：142–144.

[33] 吴亚平，王璟怡，李剑. 智慧旅游视角下的民族村寨民宿业营销策略——贵州黎平县滚正村个案研究[J]. 贵州师范学院学报，2016，32（7）：53–57.

[34] 柯斤敏. 影响民宿顾客满意度与再购买意向的因素研究——以温州为例[J]. 中国经贸导刊，2016（5）：53–56.

[35] 李彬彬，程子赫. 共享经济下游客民宿选择行为研究[J]. 西部经济管理论坛，2017（3）：57–64.

[36] 皮常玲，郑向敏. 基于在线评论的民宿顾客抱怨研究——以厦门鼓浪屿民宿为例[J]. 旅游论坛，2017（3）：35–44.

[37] 李燕琴，于文浩，柏雨帆. 基于 Airbnb 网站评价信息的京台民宿对比研究[J]. 管理学报，2017（1）：122–128+138.

[38] 孙新见，柯冬英. 我国民宿产业的发展及其法律规制问题研究[J]. 中国领导科学，2016（12）：43–45.

[39] 潘颖颖. 浙江民宿发展面临的困难及解析——基于西塘的民宿旅游[J]. 生产力研究，2013（3）：132–135.

[40] 戴丽霞. 海南乡村旅游民宿发展的法律监管问题研究[J]. 农业经济，2016（6）：46–48.

[41] 高伟雯，陈金华，胡诗文，等. 基于游客感知的海岛民宿旅游安全管理实证研究[J]. 乐山师范学院学报，2015（8）：49–54.

[42] 熊国铭. 供应链视角下对民宿集群发展的思考[J]. 物流技术，2016（1）：146–148.

[43] 陈佳洁，陈静，林佳玲. 民宿集群对乡村旅游目的地品牌形象构建影响研究——

基于浙江省数据［J］. 农村经济与科技，2017（7）：79–82.

［44］李倩，刘巍. 民宿产业集群助力承德美丽乡村建设实施策略研究［J］. 旅游纵览（下半月），2017（1）：184.

［45］陈春燕. 杭州西湖风景区民宿的现状及发展对策分析［J］. 中国商论，2015（21）：122–125.

［45］邓念梅，詹丽，黄进. 鄂西南民族地区民宿旅游发展现状、风险及对策探讨［J］. 资源开发与市场，2014（7）：880–882.

［46］范欧莉. 顾客感知视角下民宿评价模型构建——基于扎根理论研究方法［J］. 江苏商论，2011（10）：37–39.

［47］范少花. 民宿游客满意度调查研究——以厦门市为例［J］. 福建商学院学报，2016（2）：47–52.

［48］郭亚静. 环境心理学角度下的民宿设计趋势分析［J］. 江西建材，2017（13）：26+30.

［49］黄河啸，费建庆，朱奇彪，等. 浙江省民宿经济与特色农业资源开发利用研究［J］. 科技通报，2016（9）：82–88.

［50］赖斌，杨丽娟，李凌峰. 精准扶贫视野下的少数民族民宿特色旅游村镇建设研究 ——基于稻城县香格里拉镇的调研［J］. 西南民族大学学报（人文社科版），2016（12）：154–159.

［51］李跃亮. 浙南山地村落活态保护的实践与思考——以浙江省松阳县为例［J］. 浙江社会科学，2016（8）：143–150+161.

［52］马桂玲. 旅游民宿对旅游目的地社会文化的影响研究［J］. 哈尔滨学院学报，2017（5）：106–109.

［53］莫燕林，史小珍，马丽卿. 共享经济背景下的民宿发展对策研究［J］. 江苏商论，2017（2）：20–24.

［54］邱枫，干青亚，张望望. 基于游客感知的四明山民宿意象研究［J］. 华中师范大学学报（自科版），2017（4）：561–568.

［55］孙华贞，许亦善，肖丽芳. 基于顾客需求的武夷山民宿满意度研究［J］. 安阳师范学院学报，2016（5）：120–125.

[56] 王璐，李好，杜虹景 . 乡村旅游民宿的发展困境与对策研究 . 农业经济［J］，2017（3）：141–142

[57] 张健，董丽媛，华国梅 . 我国乡村旅游资源评价研究综述［J］. 中国农业资源与区划，2017，38（10）：19–24.

第二章

我国民宿需求侧发展现状、问题与对策分析[①]

① 本章作者：王璐（华侨大学旅游学院），皮常玲（厦门城市职业学院）。

2019 年，我国民宿发展整体放缓，民宿需求侧的高要求推动民宿高质量发展。本报告以 Airbnb 网络平台为例，收集了 2019 年 1 月—2019 年 12 月约 22 万条网络评论，同时在福建晋江五店市、福建泉州西街、福建厦门曾厝垵、福建厦门鼓浪屿、浙江杭州、浙江乌镇、江苏常州开展调研共收集 959 份民宿顾客住宿体验调查问卷，回收有效问卷 840 份，问卷题项中 1 分代表体验最差，2 分代表体验较差，3 分代表体验微差，4 分代表体验一般，5 分代表体验微满足，6 分代表体验较满足，7 分代表体验十分满足。本报告以上述数据为基础，分析了 2019 年我国民宿需求侧的现状、特点及原因，并展望 2020 年我国民宿需求侧发展趋势，最后提出我国民宿发展的建议和对策。

一、我国民宿需求侧总体概况抽样调查结果

（一）民宿顾客体验“温感”整体降低

对所收集的 840 份民宿顾客住宿体验问卷进行计算分析，结果发现，民宿顾客总体体验状况较差，840 位民宿顾客总体体验得分为 5.2 分，说明当前民宿顾客体验“温感”较低。其中，顾客环境体验得分最高，为 5.4 分，表明民宿顾客对民宿所营造的环境氛围较为满意，这与当前多数民宿依靠独特的、具有地方文化特色或者主人特色的装饰设计吸引民宿顾客的民宿发展现实一致；顾客功能体验得分次之，为 5.3 分，表明民宿能够相对较好地满足顾客的基本住宿需求，这与当前民宿已经发展成为为旅游者提供住宿的专门产品的现实一致；顾客情感体验得分最低，为 4.9 分，表明顾客在民宿住宿过程中的情感体验一般。

（二）随着住宿的开展，民宿体验“温感”逐渐下降

通过对民宿顾客住宿前、住宿中和离店后三个住宿阶段的体验情况进行调查发现，民宿顾客住宿体验“温感”随着住宿的开展不断下降（如图 2–1 所示）。民宿顾客住宿体验 4~5 分、5~6 分、6 分以上的评分在住宿前、住宿

中和离店后三个阶段所占比重不断下降，而 3~4 分、2~3 分和 1~2 分的评分在住宿前、住宿中和离店后三个阶段所占比重不断上升，也就是说，民宿顾客正向体验随着住宿的开展不断减弱，负向体验随着住宿的开展不断增强。

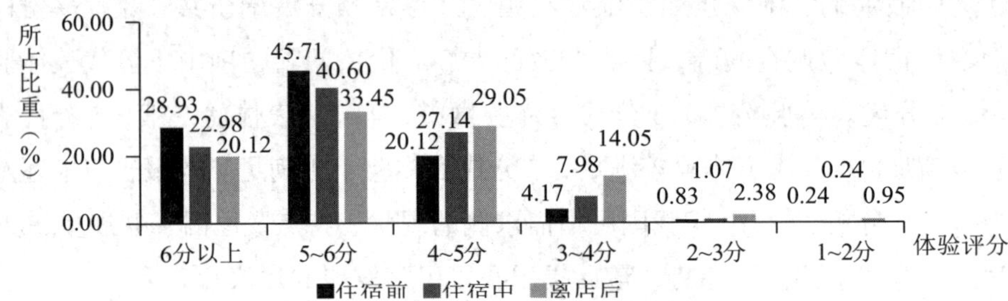

图 2-1　民宿顾客住宿前、住宿中和离店后体验总体情况

二、我国民宿需求侧具体发展现状抽样调查结果

（一）民宿顾客感官体验相对满足

民宿顾客的感官体验主要包括对民宿装饰、温度、气味等要素的体验。调查发现（如图 2-2 所示），民宿顾客住宿感官体验总体较好，正向感官体验（评分 4 分以上）的占比高达 90%，其中 5 分以上的占比约 70%，说明民宿感官环境较符合民宿顾客偏好，多数民宿的装饰、温度、气味等要素受到民宿顾客的肯定。民宿顾客的网络点评也反映了此现状，例如，一名昵称为“雅澜”的民宿顾客于 2019 年 1 月在网络点评中写道，“位置真的很方便，小区就在地铁南京东路 6 号口正对面。房间很干净，设施一应俱全。装修也很好看，入住几天我和小伙伴都非常地满意。特别推荐给学生党，性价比非常高，最重要的是干净便利。”该民宿通过民宿色彩和装饰物，为民宿顾客提供了较好的感官体验。

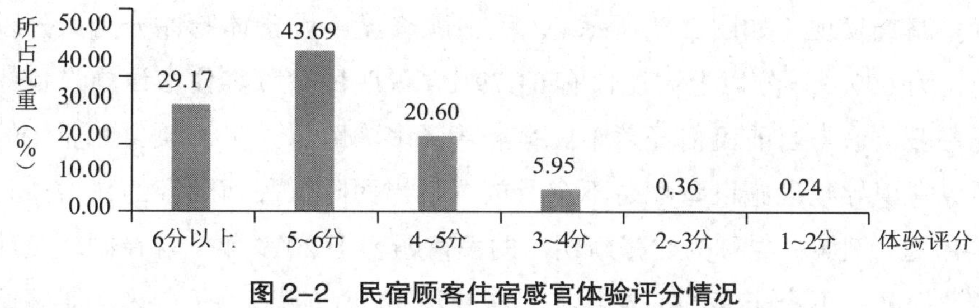

图 2-2　民宿顾客住宿感官体验评分情况

（二）民宿顾客环境体验住宿前和住宿中差异较大

通过对民宿顾客住宿前、住宿中和离店后三个住宿阶段的环境体验情况进行调查（如图 2-3 所示），发现民宿顾客住宿环境体验随着住宿的开展不断下降。调查结果显示，民宿顾客住宿体验 6 分以上的评分在住宿前所占比重较高（35.36%），随着住宿行为的开展，当顾客真实体验到民宿环境后，住宿体验 6 分以上的评分所占比重开始下降，由住宿前的 35.36% 下降到住宿中的 27.38%，说明民宿顾客住宿前和住宿中差异较大，但是由于民宿所营造的环境仍然能得到民宿顾客的肯定，所以另一组评分较低（4~5 分）的正向环境体验所占比重有所上升，由住宿前的 18.33% 上升到住宿中的 24.17%。

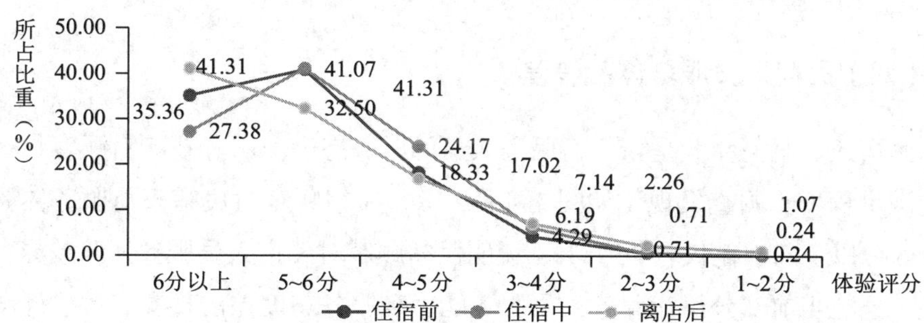

图 2-3　民宿顾客住宿前、住宿中和离店后环境体验总体情况

（三）民宿设施设备体验舒适感较低

民宿设施设备体验是指民宿提供服务的设施设备对民宿顾客需求的满足

程度。调查发现（如图 2-4 所示），民宿顾客设施设备体验评分为 4 分以上的占比为 60%，6 分以上占比仅有 31.79%，说明民宿顾客住宿设施设备体验情况一般，这与当前民宿经营中民宿经营者多为跨界人员，缺少专业化的住宿服务常识导致设施设备配备不全及放置不当而降低民宿顾客的住宿体验的现实有关。例如，昵称为“张新明”的民宿顾客于 2019 年 7 月在网络点评中写道“提醒一下个子高的朋友，在二楼要注意小心碰头，还有热水器好像有一点小问题，洗澡的时候记得开暖风！”民宿设施设备不安全、不便捷导致民宿顾客设施设备体验不佳，这一评论也证实了当前多数民宿设施设备难以满足顾客需求的现实存在。

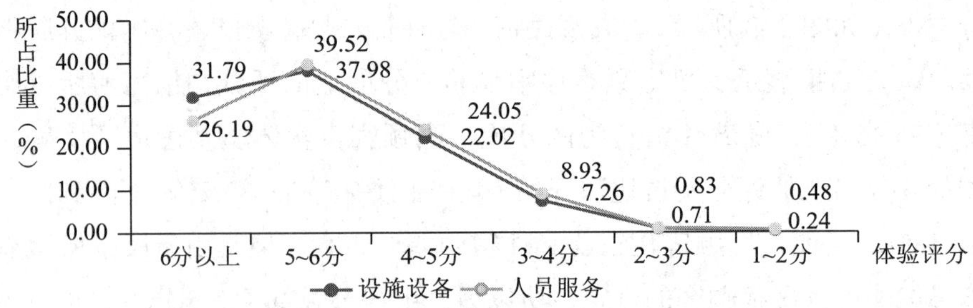

图 2-4 民宿顾客设施设备、人员服务体验情况

（四）民宿人员服务体验较差

民宿人员服务体验是指民宿服务人员的服务态度、服务技能对顾客住宿需求的满足程度。调查发现（如图 2-4 所示），民宿顾客对民宿人员服务体验的评分 6 分以上的占比仅有 26.19%，说明民宿顾客对民宿人员服务体验差异较为明显，这与当前部分民宿服务人员服务能力和服务态度差的现实有关。课题组成员通过对网络点评资料进行进一步分析，并了解民宿人员服务具体现状后，发现民宿顾客对民宿人员服务体验较差的原因主要表现在民宿服务人员专业化水平低、服务态度差两方面。例如，昵称为“雨佳”的民宿顾客于 2019 年 8 月在网络点评中写道“老板服务态度十分恶劣，我跟她说房间有蚊子、有蟑螂，他说这是正常的，谁家的房屋没有蚊子和蟑螂，让我感觉很不爽”，老板服务

态度较差，不能及时关切顾客需求及解决相关的问题，缺少专业服务训练。

（五）民宿顾客住宿安全感知不强

民宿安全是指民宿内外部环境、民宿设施设备以及民宿人员等方面带来的安全性。民宿顾客安全感知是指民宿顾客对民宿内外部环境、民宿设施设备以及民宿人员等方面安全程度的认可程度。调查发现（如图 2–5 所示），民宿顾客住宿安全感知评分 6 分以上的占比仅有 28.69%，4 分以下的占比 42.15%，与其他住宿体验相比，民宿顾客安全感知体验较差，民宿安全问题亟待解决。课题组成员对所收集的网络点评进行分析，发现民宿顾客住宿不安全感涉及以下方面：民宿内部环境、民宿设施设备、民宿安全管理、民宿动物伤害、民宿所在区域安全管理、民宿所在区域治安状况、民宿外部环境、民宿所在特殊位置以及民宿主人等（如图 2–6 所示）。例如，2019 年 11 月，昵称为“潇”的顾客在网络点评中说“防盗设施几乎是没有，门没有防盗扣，就很担心，外面的人呢，随时能进来，而且木头的那个窗户，我觉得就是很轻而易举地就打开了吧”，表明该顾客对民宿内部安全管理和安全设施设备充满担心；2019 年 9 月，昵称为“Kid”的顾客在网络点评中写道“房间设施陈旧且不太卫生，热水器漏水不知道有没有安全隐患”，该顾客对因民宿热水器漏水对民宿设施设备安全问题充满担心；2019 年 1 月，昵称为“路人甲”的顾客在网络点评中写道“交通超级便利，走过后海夹道就是后海啦，但是巷子有点暗，晚归的仙女们注意安全……”该民宿顾客对民宿周边的治安情况充满担心。可见，民宿安全问题也是当前民宿发展中的主要问题。

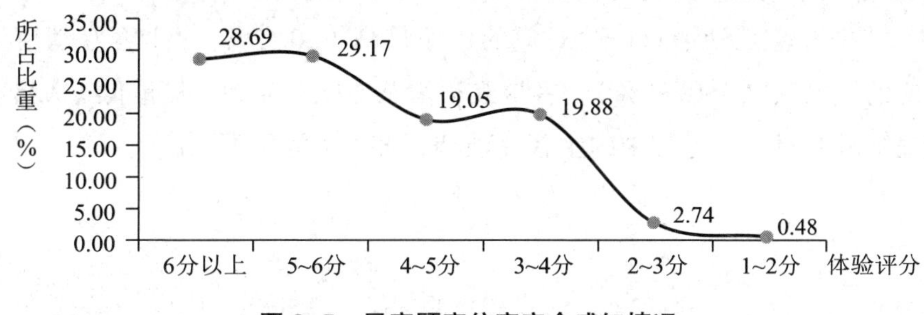

图 2–5 民宿顾客住宿安全感知情况

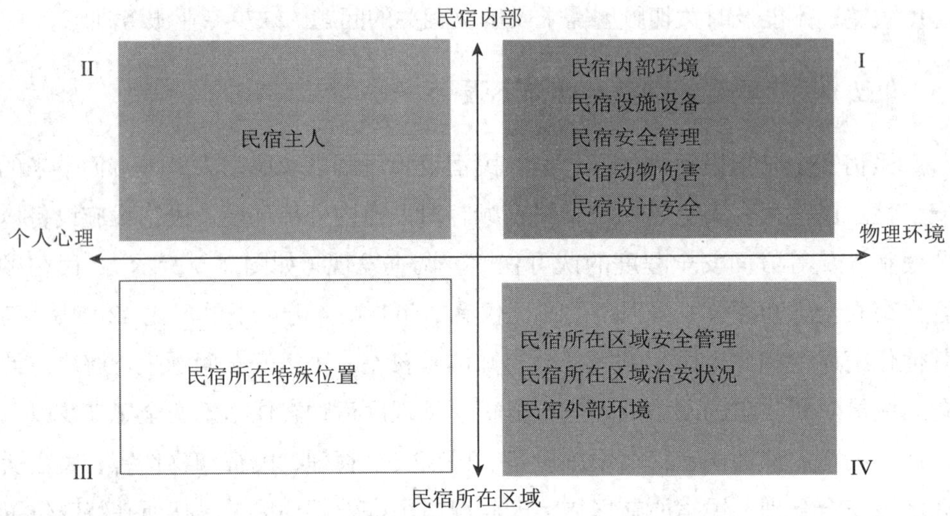

图 2–6　民宿顾客住宿安全感知分类维度

（六）民宿情感“温度”主要来源于与在地居民互动

民宿顾客情感互动对象包括民宿主人、其他民宿顾客以及在地居民，因而根据情感体验来源的不同，民宿顾客情感体验包括主客互动产生的情感体验、客客互动产生的情感体验以及客地互动产生的情感体验。调查发现（如图 2–7 所示），不同类型的情感体验存在差异其中客地互动产生的情感体验中评分 6 分以上的比例最高（32.02%），客客互动情感体验对应的比例次之（20.83%），主客互动情感体验对应的比例最低（19.29%），说明民宿顾客与在地居民的互动能产生较好的互动体验。考察评分 4 分以下的民宿顾客情感体验，其中客客互动情感体验对应的比例最高（20.12%），主客互动情感体验对应的比例次之（18.69%），客地互动情感体验对应的比例最低（9.28%），说明民宿顾客对住宿过程中的主客互动和客客互动满意度不高。

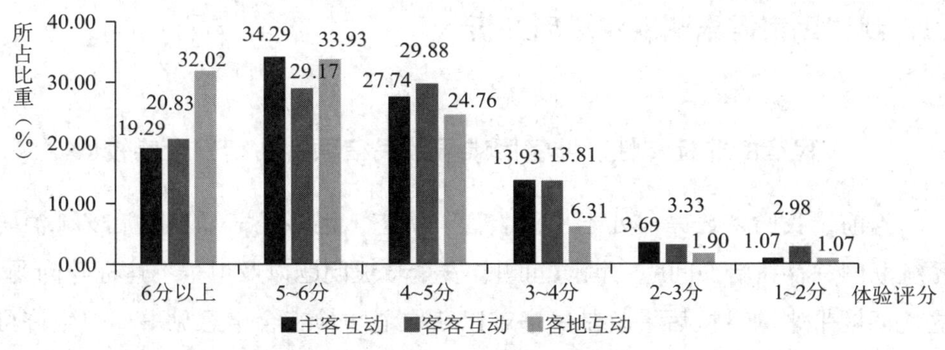

图 2-7　不同类型民宿顾客情感体验评价

（七）随着住宿过程的开展，民宿顾客情感体验“温感”逐渐降低

本研究对民宿顾客住宿前、住宿中和离店后三个住宿阶段的情感体验情况进行了调查，结果如图 2-8 图所示，发现在住宿的不同阶段民宿顾客住宿情感体验发生了明显变化，其中 6 分以上的评分占比在住宿前为 30.24%。随着住宿行为的开展，当顾客与民宿主人、其他民宿顾客以及在地居民面对面接触后，6 分以上评分的占比开始下降，由住宿前的 30.24% 下降到住宿中的 21.67%，离店后降为 19.17%。民宿顾客住宿情感体验 4 分以下评分的占比随着住宿的开展逐渐上升，由住宿前的 13.81% 上升到住宿中的 15.95%，离店后升至 26.19%，说明民宿顾客住宿情感体验随着住宿的开展不断下降。

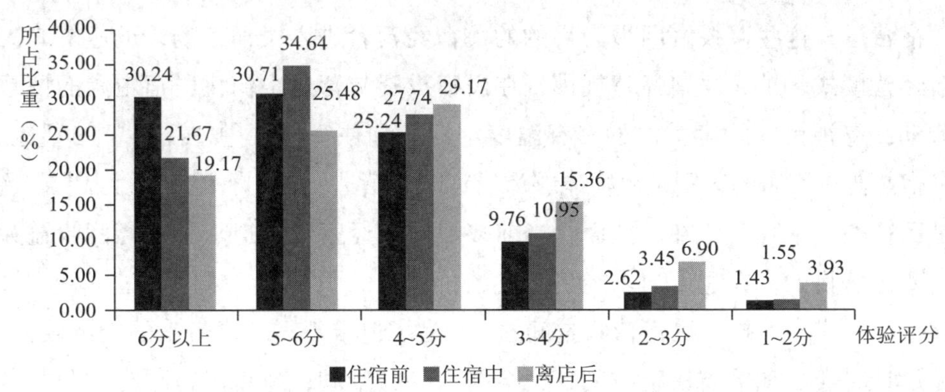

图 2-8　民宿顾客住宿前、住宿中和离店后情感体验评价

三、我国民宿需求侧现状原因分析

（一）民宿的非标特性、监管困难导致民宿顾客住宿安全感较低

当前，我国多数民宿处于“无监管”状态，很多民宿没有跟治安、消防系统联网，存在治安问题、消防问题、安全救援问题以及卫生不达标等问题，这些问题带来的直接后果就是民宿难以获取消防检查合格意见书、卫生许可证以及特种行业许可证等证照。由于各地民宿安全监管标准难以统一，也会出现民宿特种经营许可证、消费许可证、卫生许可证等相关证件办理难度不一问题，使得民宿经营处于灰色地带，民宿监管也随之处于灰色地带，即使一些监管部门下令要求民宿进行整改，但是由于民宿的非标特性，很多整改要求难以达到，导致民宿顾客住宿安全难以保障。另外，随着自媒体的快速发展，民宿安全事件的暴露，使得民宿安全问题已无处隐藏。因而民宿顾客偏向选择安全管控严格的民宿，民宿是否具有安全的设施设备、民宿内外环境是否安全、民宿设计是否安全、民宿所在区域是否安全等成为民宿顾客判断民宿是否安全的重要标准。

（二）民宿经营者逐情与逐利价值观的博弈，导致民宿“本真”渐失

我国民宿发展到现阶段，大量以追求经济利益为目的的民宿经营者投入民宿营运，这些以投资回报为目的的民宿经营者进入民宿市场，迅速复制民宿经营模式，扩大民宿经营规模，在民宿投资与营运中弱化民宿主人的情感劳动，忽视民宿顾客关注的“有温度生活”和住宿体验中“温感”的塑造。民宿与传统酒店的区别是民宿能够为民宿顾客营造一种“有温度的生活”，这是民宿的“本真”所在。然而，当前多数民宿经营者以追求民宿经济收益为主要经营目的，在过度追求经济利益的价值观的引导下，试图通过多种方式降低经营成本，扩大民宿营收空间：（1）为了追求每平方米带来的经济效益，在设计时会更加节省民宿空间，也会挤占公共空间，忽视民宿顾客对公共空间的需求，导致民宿顾客对民宿空间功能满意度降低；（2）为了节约人力成

本，多数民宿会选择雇用前台接待顾客，而前台往往忙碌于帮助顾客办理入住以及解决民宿网络预订平台沟通事项，与住店顾客沟通较少，导致顾客住宿后满意度低于住宿前。一些民宿经营者逐利的价值观让民宿商业气息越来越浓厚，民宿人情味渐失，部分民宿发展偏离“本真”。

（三）民宿经营多标准导致民宿业态发展质量不高，顾客体验“温感”较低

随着民宿市场需求的扩大和民宿鼓励政策的出台，我国民宿数量激增。但是，不同地区出台的民宿管理办法对民宿实行不同的管理方式和管理标准，导致民宿质量良莠不齐。尽管 2017 年原国家旅游局颁布了《旅游民宿基本要求与评价》（LB/T 063—2017），2019 年文化和旅游部在此基础上进行了修订，颁布了《旅游民宿基本要求与评价》（LB/T 063—2019），但是这只是一个行业推荐标准，不是强制标准，一些地方在出台民宿管理办法时，并没有参照这个标准，仍然按照地方的自我标准进行民宿管理，民宿管理标准总体混乱。一些地方民宿管理办法简单粗糙，难以引导当地民宿良性发展。民宿在低标准或者无标准的环境下发展，往往会出现服务品质低的极端情况，导致民宿顾客体验差，对民宿住宿评价不高。

（四）民宿规模经营导致民宿情感交流模式化，顾客情感体验“温感”降低

随着我国民宿的快速发展，部分民宿的经营模式从传统的单体民宿向品牌连锁方向发展。一些民宿经营者认为连锁化、规模化发展是快速获得经营收入的便利途径，他们开始输出民宿品牌，复制民宿经营模式，进行民宿轻资产打造。然而，一些民宿品牌在品牌扩张时，完全克隆原有民宿，照搬原有民宿的情感表现和“温度”生产方式，没有结合民宿所在地的风土文化、民宿主人文化进行打造，使得民宿完全沦落为一种商业产品，民宿传递出虚假情感，民宿顾客体验“温度”较低，民宿“本真”变味。此外，随着民宿集群化的发展，出现了同一民宿集聚区多家同一品牌同一主题的民宿，这些

民宿除了名称有所不同，其余要素都极为相似。在连锁化、规模化的民宿经营发展中过度重视民宿经营管理，客服务逐渐流程化和形式化，出现了民宿“情感专业化生产模式”，民宿顾客感受到的民宿产品千篇一律，情感体验“温感”开始下降，随之而来的是民宿入住率的下降和民宿业态发展的不可持续。

（五）民宿服务缺少专业化人才导致民宿服务水平不高

人才是第一资源[①]，是社会发展的动力。民宿专业化人才是民宿发展的重要助推力。民宿是一种新兴业态，民宿发展仍处于摸索阶段，缺少专业化人才的支持是民宿发展的一大困境。民宿如何为旅游者提供高质量的服务，需要专业化人才的支持。当前，我国民宿数量激增，与快速增加的民宿数量相比，民宿人才供给严重不足，不能满足民宿发展需求。加之，由于民宿多数是一些小型商业性家庭企业，经营规模小，难以与院校等专业人才培养机构建立联系，实行人才输送，导致民宿人才短缺问题一直无法解决。在这样的经营背景下，民宿经营者不得不雇用一些没有服务工作经验、缺少专业化知识技能的工作人员，这些人员需要长期的工作培训和实操才能胜任工作岗位，很难向顾客提供高水平服务，甚至是一些基本的住宿服务也难以满足顾客需求，导致民宿顾客住宿过程中对人员服务满意程度不高。

（六）民宿“刷好评”虚假宣传导致顾客体验“温感”随着住宿深入降低

对于民宿行业来说，销售量和好评率越高的民宿才越有可能进入更多消费者的视野，直接影响民宿的入住率。“刷好评”也以产业链的形态在民宿行业潜滋暗长。“刷好评”的民宿可以通过高好评率将那些实际拥有好评的民宿挤下好评榜，不但使得真正好评民宿失去让顾客优先选择的机会，而且民宿顾客也会失去选择真正高服务质量的民宿的机会。民宿顾客在虚假好评的误

① 习近平．发展是第一要务，人才是第一资源，创新是第一动力［OL］．http：//www.gov.cn/xinwen/2018-03/07/content_5272045.htm.

导下选择假好评民宿后，将体验名不副实的民宿服务，出现期望与现实体验的巨大差异，严重降低顾客对民宿满意度。长此以往，会导致民宿行业进入恶性循环状态，既增加边际成本，也导致恶评不断。

四、我国民宿需求侧发展展望与对策

（一）我国民宿需求侧发展展望

1. 乡村民宿的发展触发民宿顾客体验乡村文化的需求

近年来，国家重视乡村民宿发展，从“五位一体、四个全面”的顶层战略设计，到 2013 年中央城镇化工作会议文件提出的“看得见山、望得见水、记得住乡愁”，都为乡村民宿的发展奠定了坚实基础。2018 年 8 月，中共中央、国务院印发的《乡村振兴战略规划（2018—2022 年）》和同年 10 月国家发展改革委等部门印发的《关于促进乡村旅游提质升级行动方案（2018 年—2020 年）》等文件的出台，明确了乡村民宿的战略意义和发展使命。2018 年 12 月，在文化和旅游部全国发展乡村民宿推进全域旅游现场会中明确提出“各级文化和旅游行政部门要坚持问题导向，主动作为，开拓创新，努力把我国乡村民宿提高到一个新的发展水平，不断开创全域旅游发展新局面”。2019 年中央一号文件提出“充分发挥乡村资源、生态和文化优势，发展适应城乡居民需要的休闲旅游、餐饮民宿、文化体验、健康养生、养老服务等产业”。2019 年 7 月，在文化和旅游部全国乡村旅游（民宿）工作现场会上明确提出“乡村民宿是促进乡村旅游转型升级的有力抓手”。这些文件及指导意见的出台为乡村民宿的深入发展提供了制度保障。乡村民宿应以乡村文化和乡土气息为特点，通过特色产品及特色服务吸引具有乡野情怀的城乡旅游者，触发其产生乡村文化体验的需求，推动民宿业的高质量发展。

2. 民宿标准的建立健全增强民宿顾客住宿安全感

2017 年，原国家旅游局颁布了《旅游民宿基本要求与评价》（LB/T 063—2017），对民宿的概念进行了初步界定，将民宿分为金宿级和银宿级。2019

年文化和旅游部在此基础上进行了修订，颁布了《旅游民宿基本要求与评价》（LB/T 063—2019），对民宿的服务、设施设备以及安全保障提出明确要求，并将民宿划分为三个等级，三星级、四星级和五星级。《旅游民宿基本要求与评价》（LB/T 063—2019）已经在一些地区推广和实施，民宿顾客在选择民宿时以民宿等级为参考依据，能进一步保障他们的住宿和服务安全，提高他们对民宿的信任以及住宿体验。

3. 民宿经营者的理性回归提高民宿顾客的体验“温感”

早期民宿市场，供不应求，蓝海市场特征明显。一些追求商业利益的民宿经营者迅速进入，以快速获得投资回报为目的，迅速复制民宿经营模式，扩大民宿经营规模，甚至一些民宿经营者按照酒店等标准住宿产品经营民宿，在民宿投资与营运中弱化民宿主人情感劳动、忽视民宿顾客关注的“有温度生活”和住宿体验中“温感”的塑造，导致业态发展偏离民宿“本真”而呈不可持续。随着民宿市场环境的变化，民宿竞争的激烈化，民宿经营者逐渐认识到只有坚持民宿“本真”，为民宿顾客提供有“温度”生活的住宿体验，提高民宿顾客的体验“温感”，才能够提高自身的核心竞争力，民宿经营者经营理念逐渐回归理性，使得民宿顾客体验“温感”提高。

（二）我国民宿需求侧发展对策

民宿业发展需要多方共同促进，本研究基于我国民宿需求侧发展的现状以及原因解析，针对性地提出进一步优化民宿需求侧发展的对策和建议，以求推动我国民宿业可持续发展。

1. 推广和实施《旅游民宿基本要求与评价》，提高民宿发展质量

各个地方民宿管理部门应达成共识，充分发挥《旅游民宿基本要求与评价》（LB/T 063—2019）的作用，结合地方民宿发展现实情况，制定适应于地方民宿发展的旅游民宿管理制度。在完善地方旅游民宿管理制度时，各地民宿管理部门应注意细化和明确界定民宿概念，加强民宿安全监管，完善优化民宿证照办理体系，并将民宿经营者情感劳动纳入管理范畴，将民宿顾客情感体验纳入民宿评价范畴。此外，民宿行业协会应重视现行的民宿行业标准，积极参与行业标准的制定，向旅游民宿相关管理部门反馈民宿行业发展现状以及民宿发展需求，同时向民宿经营者推广现行的民宿行业标准，引导民宿经营者向高质量的目标发展前进。

2. 加强产学研交流，提高民宿服务质量

民宿快速发展的同时迫切需要职业化、规模化、专业化的民宿人才，多数民宿经营者都面临着专业化人才短缺困境。民宿管理部门应加强与大专院校、社会培训机构等专业人才培养单位的合作，为民宿提供量身定制的专业化人才，保证民宿发展中的人才需求。此外，民宿行业协会应加强业内交流，开展一些主题研讨会，邀请相关专家共同商讨对策，分享行业成功经验和失败教训。同时，民宿行业也应该组织一些民宿培训班，培训民宿经营者专业服务技能和情感劳动的技巧，提高民宿经营者的主动服务意识，向民宿经营者传递民宿“本真”理念，引导民宿经营者坚守民宿“本真”。

3. 反思并合理调整职业价值观，积极引导经营行为

民宿经营者的职业价值观是引导他们经营行为的方向盘。逐利价值观的民宿经营者应反思自己，合理调整职业价值观，在民宿经营过程中相对淡化物质利益和经济回报追求，提升热爱和享受民宿生活的理念，注重民宿的长远发展。在与顾客交流时应自然表达，以心待人，表达真情实感，增加自然、发自内心的主客互动，摒弃“表里不一”的表面表达，增加主客互动的真诚性与体验性，为顾客创造情感体验。另外，在民宿顾客住宿前、住宿中和离店后，也应以合适的方式进行情感劳动，以保证民宿顾客在住宿的各个阶段都能够有较好的情感体验。

第三章

云掌柜2019民宿年度数据报告[①]

① 本章作者：北京米天下科技股份有限公司。刘琳琳参与了整理工作。

一、2019 年全国民宿经营报告

（一）全国民宿经营概况

2019 年全国民宿平均入住率为 39.1%，全国平均房价为 348 元，全国平均客房收益为 136 元。

1. 全国民宿入住率

7 月和 8 月为一年中的超级旺季，和暑假有直接关系。1 月、12 月为全年的超级淡季，建议进行长租。全年平均入住率为 39.1%，具体可见图 3-1。民宿投资者在进行投资测算时，请参考本区域的入住率数值，切勿盲目乐观。

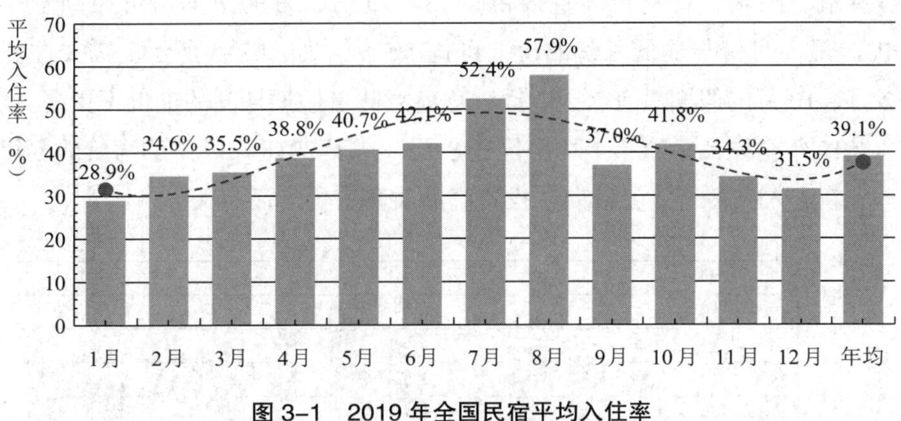

图 3-1　2019 年全国民宿平均入住率

有 50% 的民宿年入住率低于 35.0%，头部 20% 的民宿年入住率为 54.8%[①]，如图 3-2 所示。

① 50 分线：表示中间水平；80 分线：表示头部 20% 的水平。

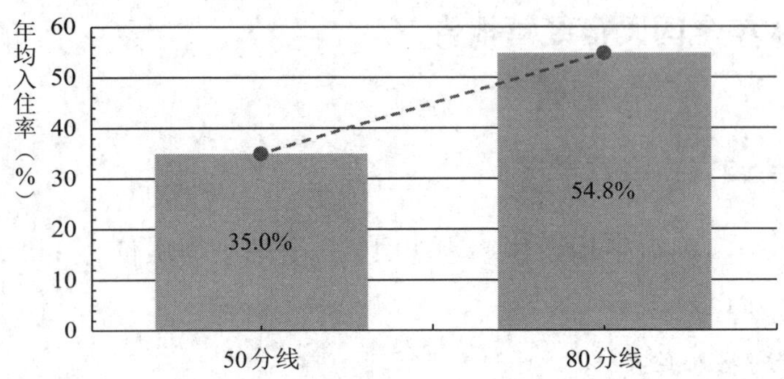

图 3-2　全国民宿 50 分 /80 分线年均入住率

2. 全国民宿房价

春节、国庆、暑期长假直接将 2、8、10 三个月的平均房价拉到全年的TOP3，最高月份与最低月份的价差可达 1.5 倍，如图 3-3 所示。需要注意的是 2 月、10 月的假期只有 7 天时间，也就意味着假期期间的加价率更高。

2019 年全国民宿全年平均房价 348 元，高于 2018 年，平均房价的逐年走高，和新进入民宿行业者偏向于投资高品质高房价产品有关。

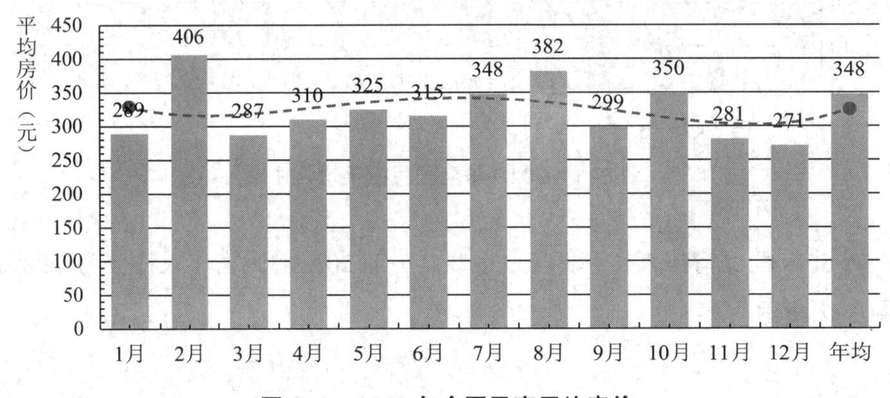

图 3-3　2019 年全国民宿平均房价

全国 50 分线民宿的年均房价为 327 元，80 分线民宿的年均房价为 651 元，如图 3-4 所示。

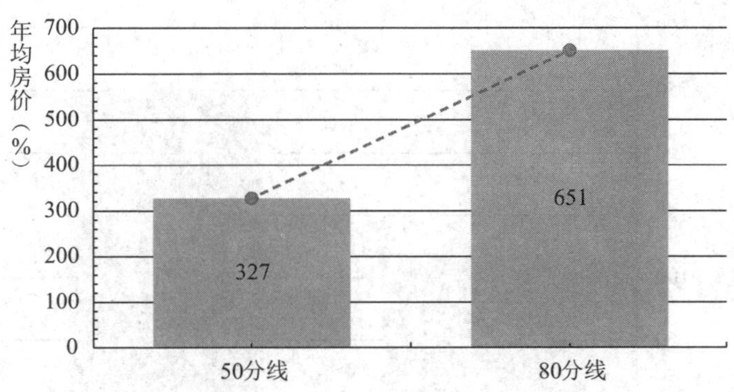

图 3-4　全国民宿 50 分 /80 分线年均房价

3. 全国民宿客房收益

7、8 月的客房收益为全年最高，客房收益代表了民宿的真实经营水平，全年平均客房收益 136 元，如图 3-5 所示。计算公式为：

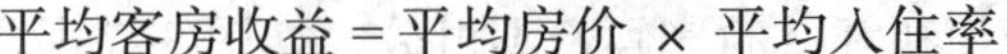

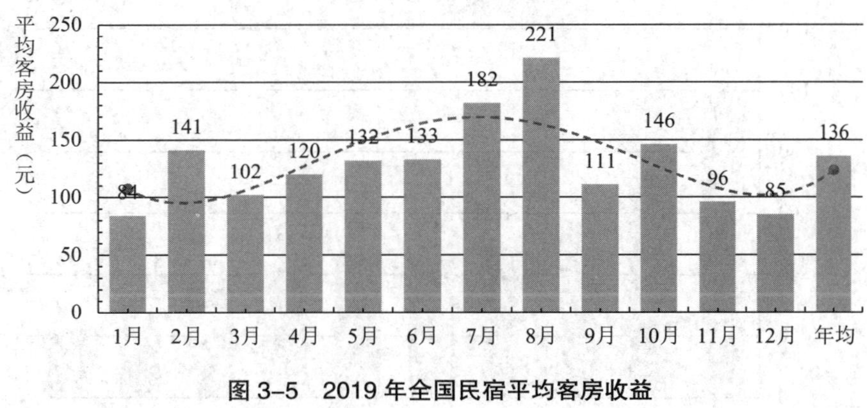

图 3-5　2019 年全国民宿平均客房收益

全国 50 分线民宿的年均客房收益为 121 元（对标如家连锁）；80 分线民宿的年均客房收益为 247 元（对标华住集团直营店），如图 3-6 所示。

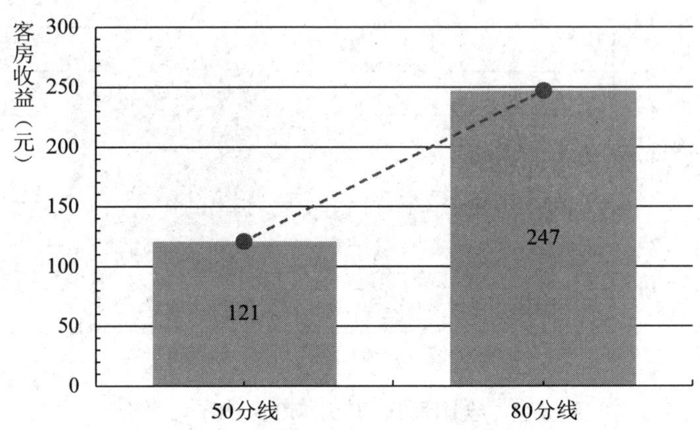

图 3-6　全国 50 分 /80 分线民宿年均客房收益

4. 全国民宿 TOP10 地区客流热度

在旅游目的地选择上，民宿游客更偏向厦门、丽江、大理、杭州等地，这和当地的自然景观和舒适的气候密不可分，如图 3-7 所示。

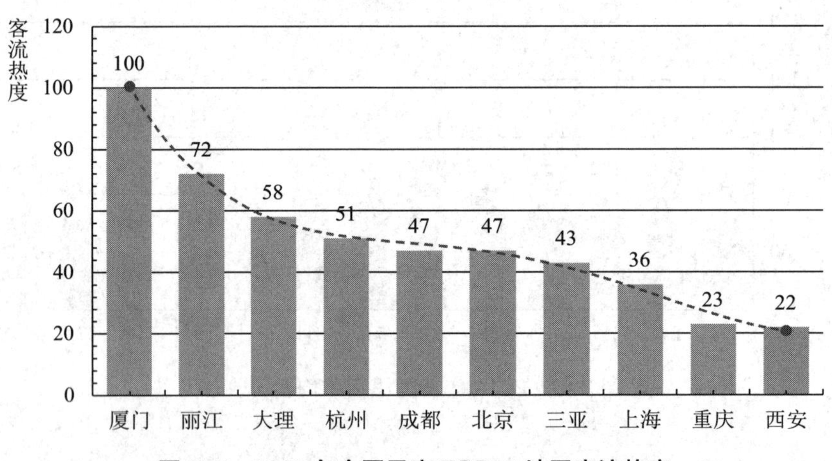

图 3-7　2019 年全国民宿 TOP10 地区客流热度

5. 全国分销渠道间夜占比

OTA 间夜占比 57.6%。所有线上分销渠道中，携程和美团牢牢占据前两把交椅，分别为 19.9% 和 18.2%。度假旅游地携程占比大，二线旅游城市美团占比较高，城市市场“新四军”（爱彼迎、途家、小猪、美团民宿）发展迅速。如图 3–8 所示。

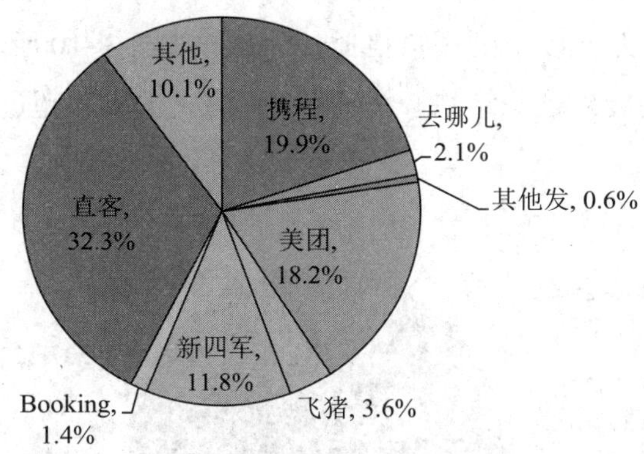

图 3–8　2019 年全国民宿分销渠道订单占比①

在平均房价方面，Booking、“新四军” 和携程领跑所有平台，民宿游客偏向通过这些平台选择高价民宿，选择低价民宿时美团成为首选。如图 3–9 所示。

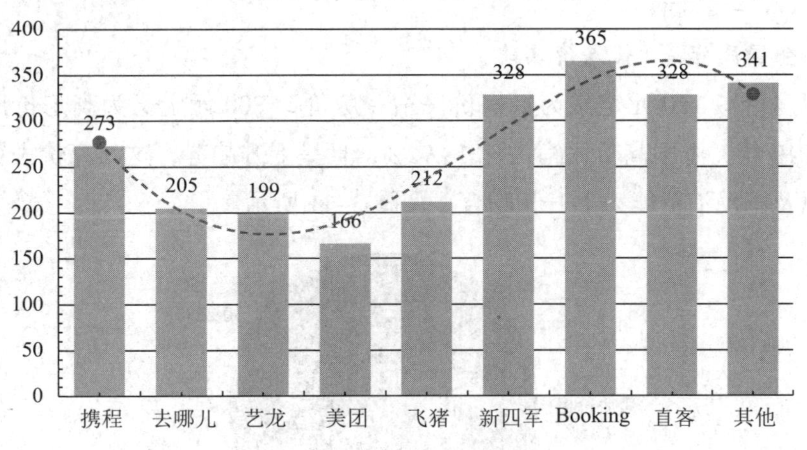

图 3–9　2019 年全国民宿分销渠道平均房价对比

① 直客：为民宿通过自有渠道获得客源。

（二）全国民宿经营特征

1. 全国民宿总体收入水平

全年收入 100 万元以下的民宿占比 62.4%，如图 3–10 所示，民宿体量小，入住率不高，共同导致这一结果。另有 6.4% 的民宿收入超过 300 万元。

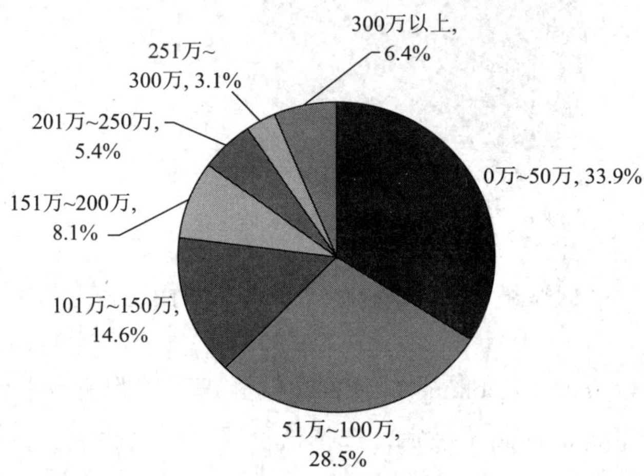

图 3–10　全国客源总体收入水平

2. 全国民宿高 / 低房价占比

以房价≤ 150 元定义为低房价民宿，房价≥ 800 元定义为高房价民宿计算，2019 年，全国高价民宿占比 18.92%，且呈上升趋势，这与高价民宿供给增加以及国民消费能力上升相吻合，如图 3–11 所示。

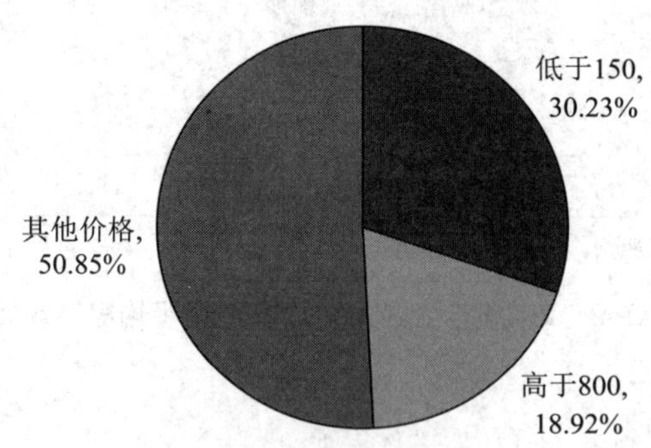

图 3–11　2019 年全国高低价民宿占比

3. 全国民宿单店 / 多店占比

全国民宿多店（连锁）占比已经上升到 48.6%，如图 3–12 所示。民宿连锁具备资源互补，经营成本低等优势。

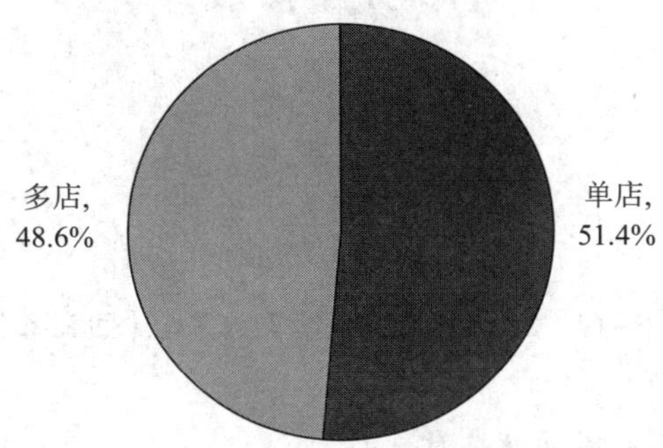

图 3–12　全国单店 / 多店占比

4. 全国民宿微信营销占比

微信官网和小程序的订单交易额占总交易额的 15%，如图 3–13 所示。开通微信营销的民宿的入住率（41%）比未开通的民宿的入住率（37%）高 4 个百分点，平均每店多赚约 2.38 万元。

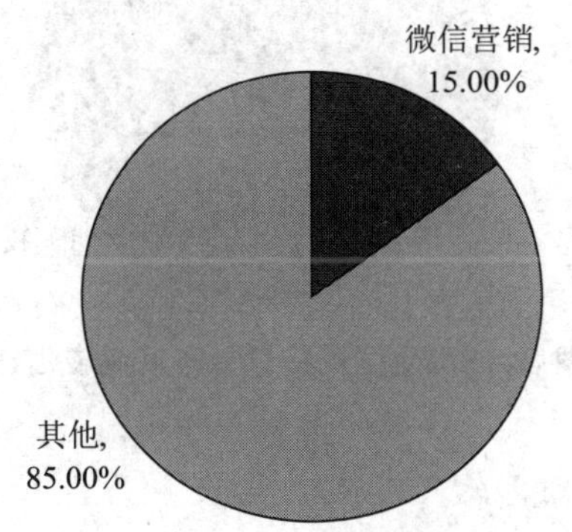

图 3–13　2019 年全国微信营销占比

5. 全国民宿复购占比（回头率）

全国民宿订购回头客占比达 13.55%，如图 3–14 所示，贴心的服务和良好的会员营销管理是提高回头率的不二法宝。

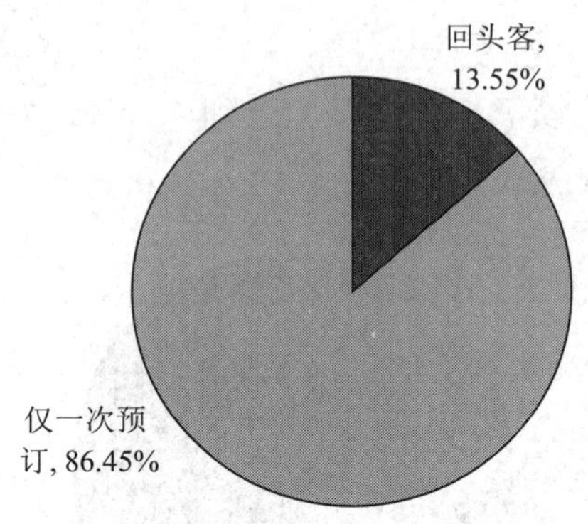

图 3-14　2019 年全国民宿复购占比（回头率）

6. 全国民宿订单不同间夜占比

全国民宿 76% 的订单都是 1 间夜，如图 3-15 所示。可以推测大部分游客为一日游，建议民宿提供服务套餐并提高入住品质，提高整体客单价。

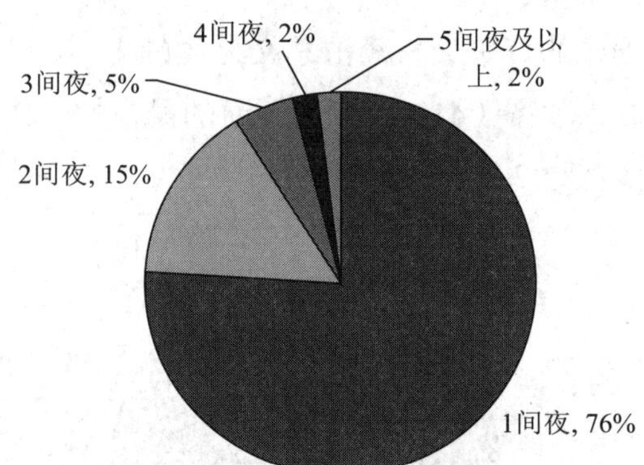

图 3-15　全国民宿订单不同间夜占比

7. 全国民宿预订周期占比

53% 的民宿客人在出行当天预订民宿房间，如图 3-16 所示。尾房甩卖清库存很重要，当日满房要及时关房或开通直连，避免爆单。针对周末节假日的预订，建议民宿提前 1 周更新房态房价与活动宣传消息。

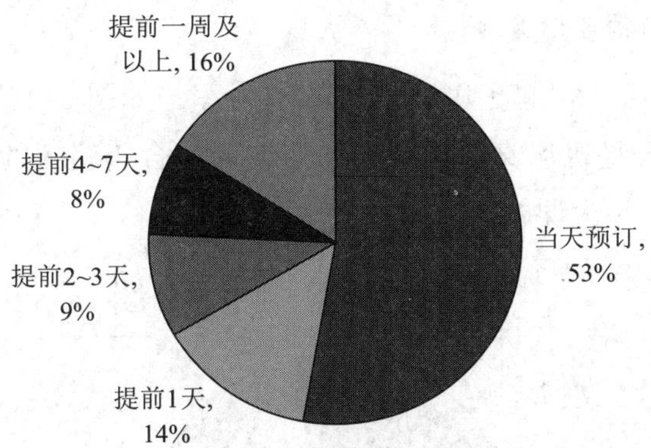

图 3–16　2019 年全国民宿预订周期占比

（三）全国民宿客户特征

1. 全国民宿 TOP10 客源地城市及占比

全国民宿游客中，北上广深四城占据 20%，一线城市的消费力远胜其他城市，旅游需求和收入呈正相关，如图 3–7 所示。

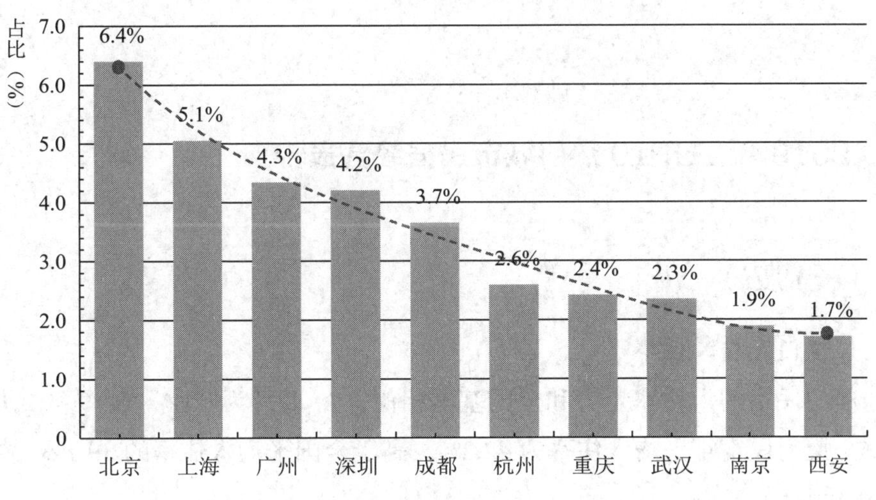

图 3–17　2019 年全国民宿 TOP10 客源地城市及占比

2. 全国民宿客源年龄分布

“90 后”“95 后” 担起了民宿消费的主力军，如图 3–18 所示。客群的年轻化对民宿而言既是机遇又是挑战，如何设计适合年轻人的服务和增强入住体验是民宿面临的一大课题。

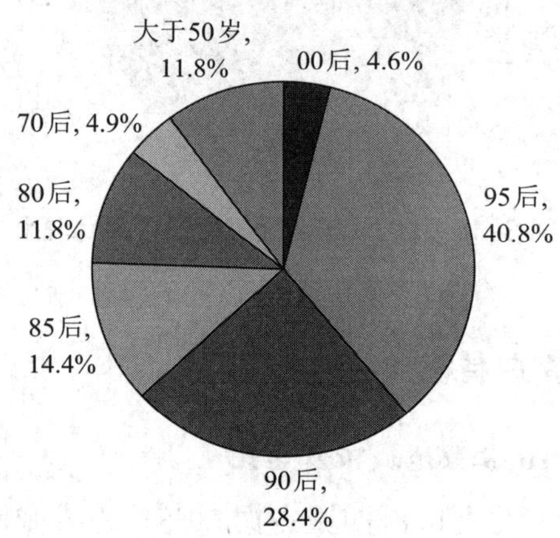

图 3–18　全国民宿客源年龄分布

二、2019 年 TOP10 热门城市民宿经营报告

（一）厦门

1. 厦门民宿入住率

厦门民宿的入住率走势和全国基本相似，7、8 月为旺季，1、9、12 月为淡季。厦门民宿年平均入住率为 42.2%，高于全国平均入住率的 39.1%。如图 3–19 所示。

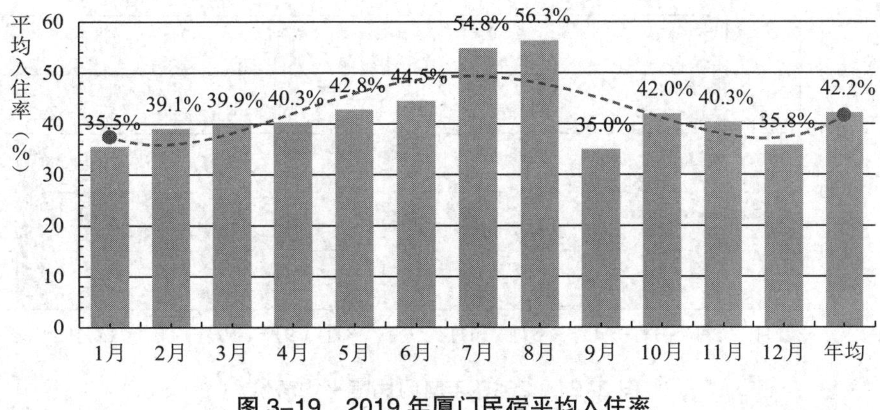

图 3–19　2019 年厦门民宿平均入住率

50 分线民宿的年均入住率为 40.5%，80 分线民宿的年均入住率为 60.9%，均高于全国平均水平（35%，54.8%），如图 3–20 所示。

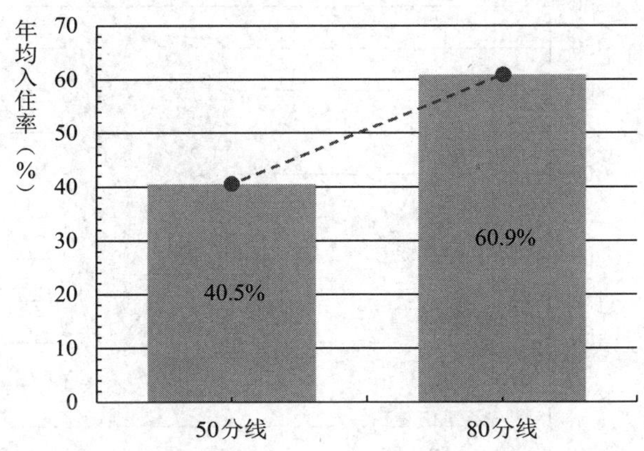

图 3–20　厦门民宿 50 分 /80 分线年均入住率

2. 厦门民宿房价

厦门民宿平均房价最高的月份为 2、7、8 月，国庆假期对厦门民宿房价的带动作用远低于其他城市。厦门民宿年均房价为 292.6 元，低于全国年均房价的 348 元。如图 3–21 所示。

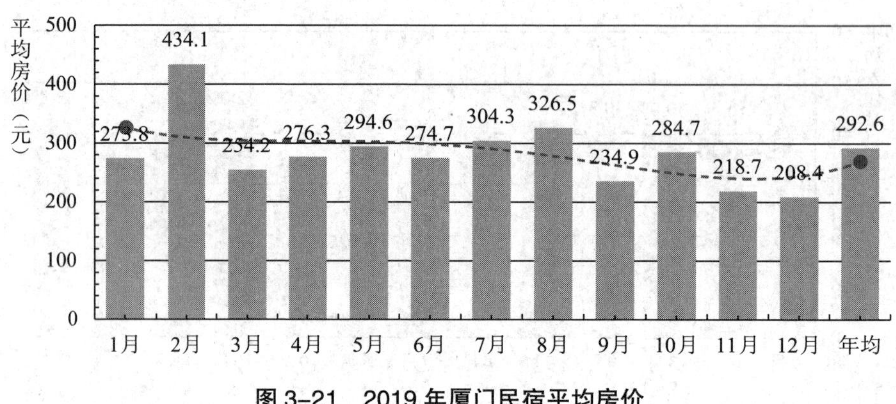

图 3-21　2019 年厦门民宿平均房价

厦门 50 分线民宿的年均房价为 262.3 元，80 分线民宿的年均房价为 466.1 元，均低于全国平均水平（327 元，651 元），如图 3-22 所示。

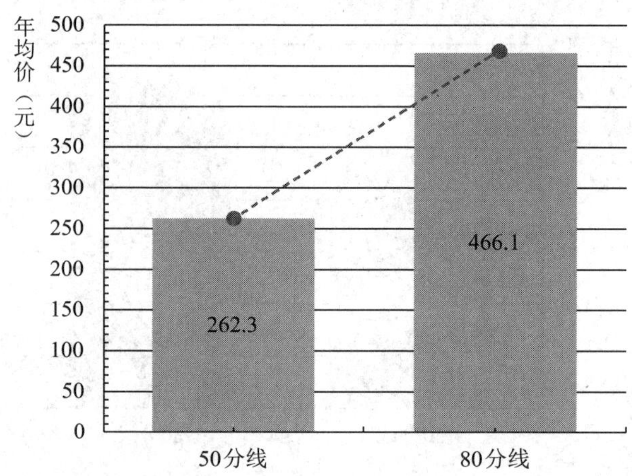

图 3-22　厦门民宿 50 分 /80 分线年均房价

3. 厦门民宿客房收益

厦门民宿平均客房收益 TOP3 的月份为 2、7、8 月，厦门民宿年平均客房收益为 123.5 元，低于全国平均客房收益的 136 元，如图 3-23 所示。

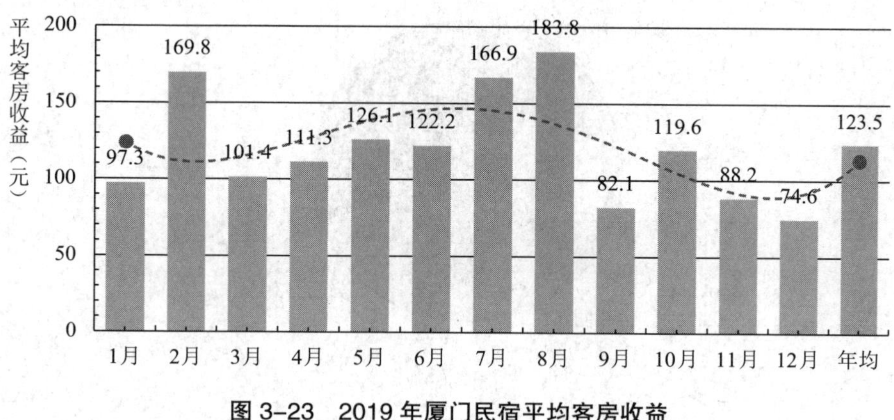

图 3-23 2019 年厦门民宿平均客房收益

厦门 50 分线民宿的年均客房收益为 116.3 元，80 分线民宿的年均客房收益为 209.4 元，均低于全国平均水平（121 元，247 元），如图 3-24 所示。

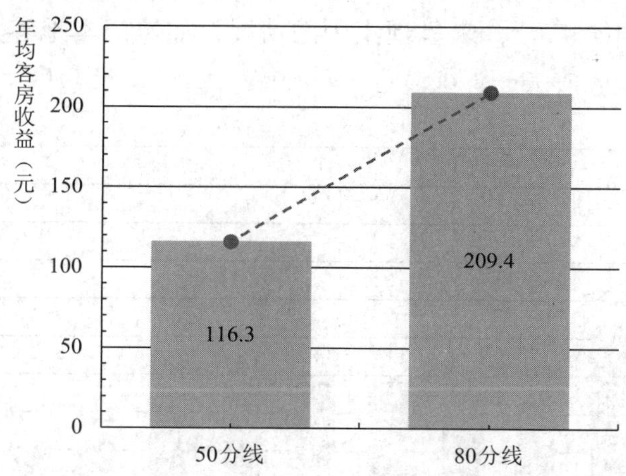

图 3-24 厦门民宿 50 分 /80 分线年均客房收益

4. 厦门民宿分销渠道

厦门民宿的分销渠道间夜占比中，携程占 24.7%，高于在全国的 19.9%，美团占比 13.1%，低于在全国的 18.2%。游客在选择厦门民宿的过程中，更倾向于从携程进行订购。如图 3-25 所示。

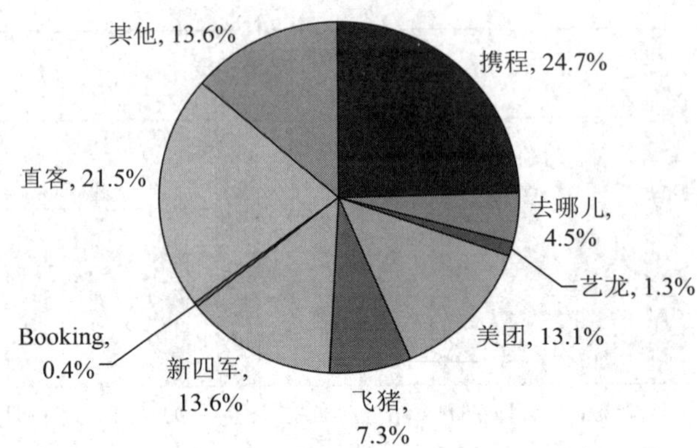

图 3-25　2019 年厦门民宿分销渠道间夜占比

5. 厦门民宿客源地分布

厦门民宿客源地，排名前三的城市分别是厦门、北京、福州，厦门民宿客源地分布相对广泛，未呈现集中的情况，如厦门本地客人最多，仅占5.39%，如图 3-26 所示。

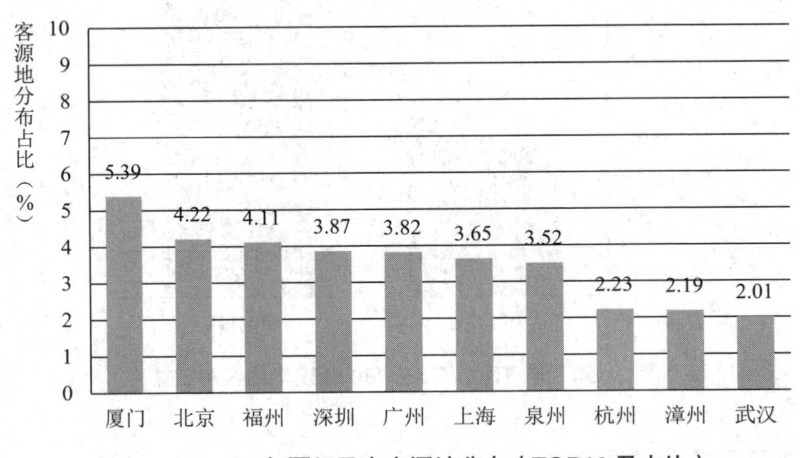

图 3-26　2019 年厦门民宿客源地分布（TOP10 及占比）

6. 厦门民宿入住率和房价的统计关系

厦门民宿房价多集中在 100~300 元之间，入住率与房价并未出现明显的正相关或者负相关的关系，如图 3-27 所示。

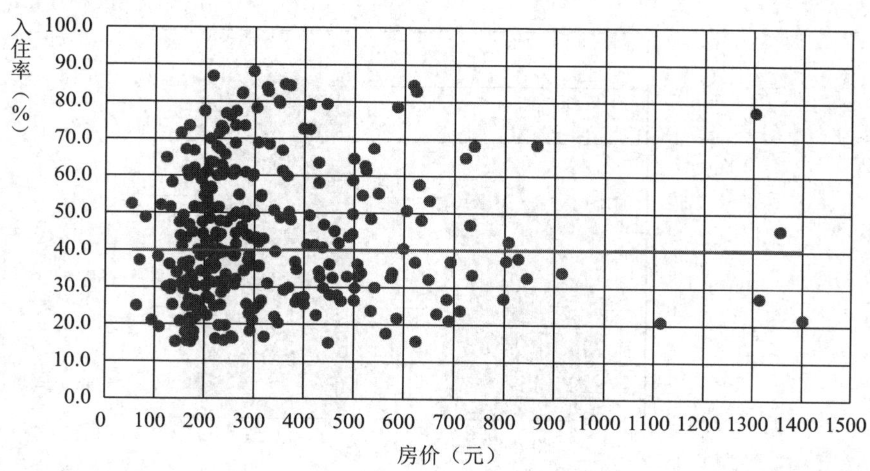

图 3-27　厦门民宿入住率和房价的统计关系

（二）丽江

1. 丽江民宿入住率

丽江民宿的入住率走势和全国基本相似，7、8 月为旺季，1、12 月为淡季。丽江民宿的年均入住率为 43.9%，高于全国年均入住率的 39.1%，如图 3-28 所示。

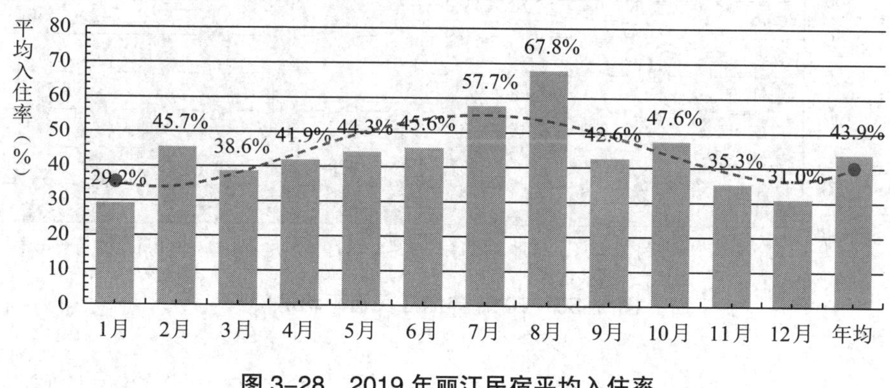

图 3-28　2019 年丽江民宿平均入住率

50 分线民宿的年均入住率为 40.7%，80 分线民宿的年均入住率为 61.3%，均高于全国平均水平（35%，54.8%），如图 3-29 所示。

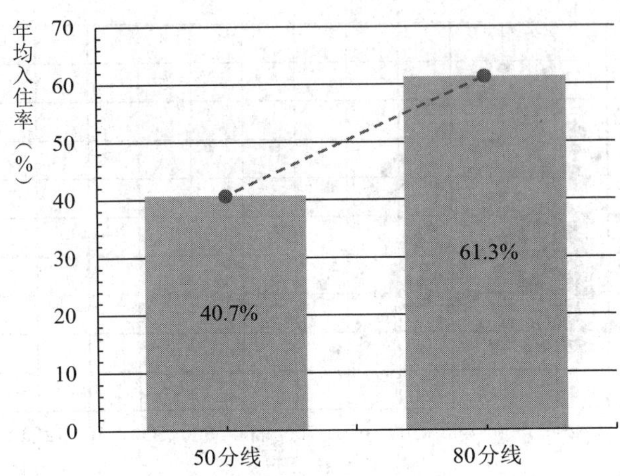

图 3-29　丽江民宿 50 分 /80 分线年均入住率

2. 丽江民宿房价

丽江民宿平均房价最高的 3 个月为 2、7、8 月。丽江民宿年均房价为 276.0 元，低于全国的 348 元，如图 3-30 所示。

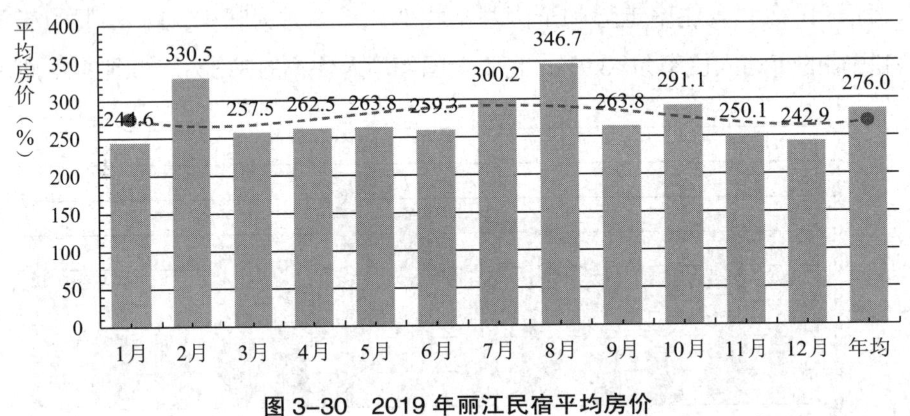

图 3-30　2019 年丽江民宿平均房价

丽江 50 分线民宿的年均房价为 271.4 元，80 分线民宿的年均房价为 433.8 元，均低于全国平均水平（327 元，651 元），如图 3-31 所示。

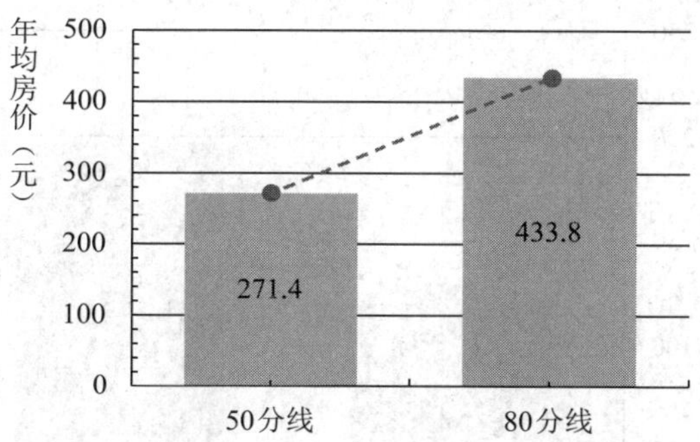

图 3–31　丽江民宿 50 分 /80 分线年均房价

3. 丽江民宿客房收益

丽江民宿平均客房收益 TOP3 的月份为 2、7、8 月，丽江民宿年平均客房收益为 125.7 元，低于全国年平均客房收益 136 元，如图 3–32 所示。

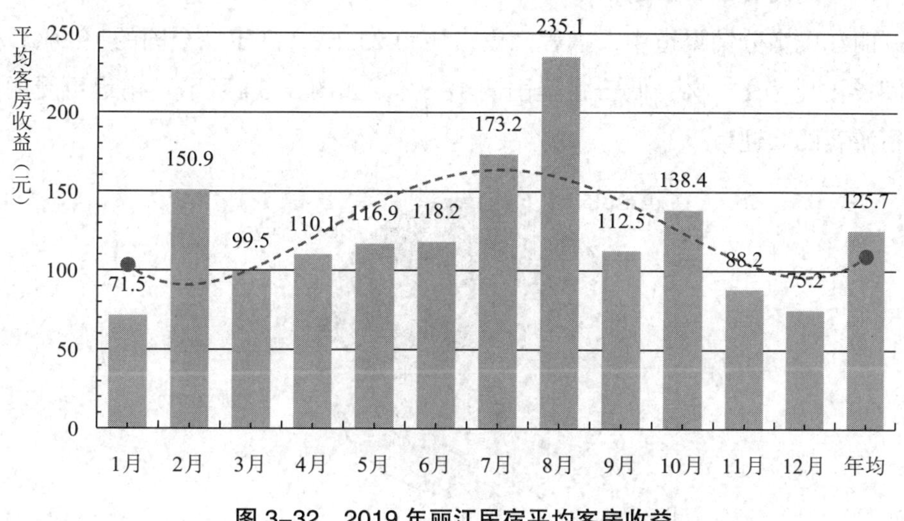

图 3–32　2019 年丽江民宿平均客房收益

丽江 50 分线民宿的年均客房收益为 126.2 元，80 分线民宿的年均客房收益为 196.9 元，均低于全国平均水平（121 元，247 元），如图 3–33 所示。

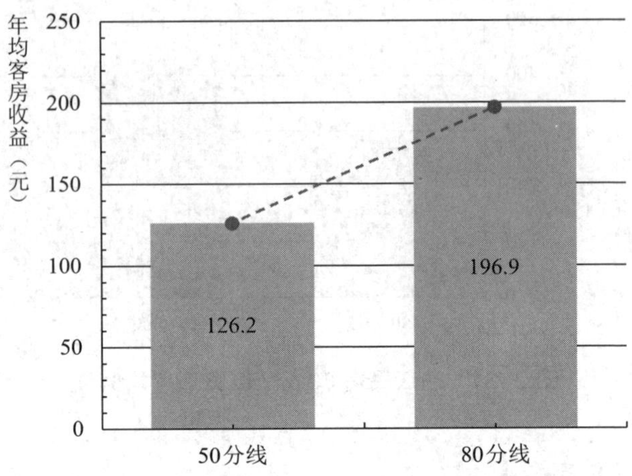

图 3–33　丽江民宿 50 分 /80 分线年均客房收益

4. 丽江民宿分销渠道

丽江民宿分销渠道中，携程间夜占比为 23.2%，高于在全国的 19.9%，美团间夜占比为 17.5%，低于在全国的 18.2%，如图 3–34 所示。携程更受丽江民宿游客的欢迎。

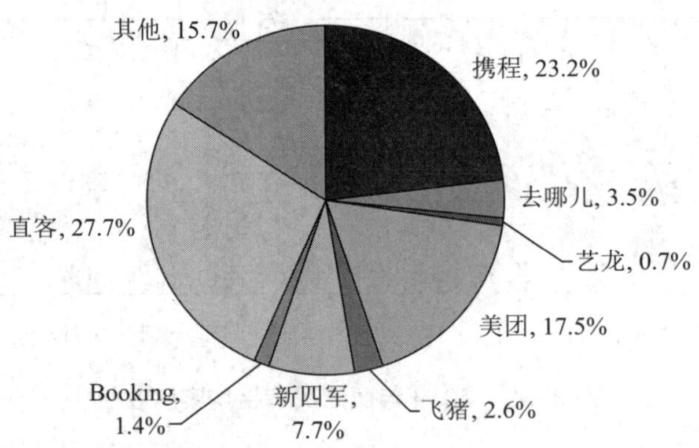

图 3–34　2019 年丽江民宿分销渠道间夜占比

5. 丽江民宿客源地分布

丽江民宿客源地，排名前三的城市分别是北京、昆明、丽江，但客源分布相对广泛，没有明显客源集中情况，如北京客人最多，仅占比 5.75%，如图 3-35 所示。

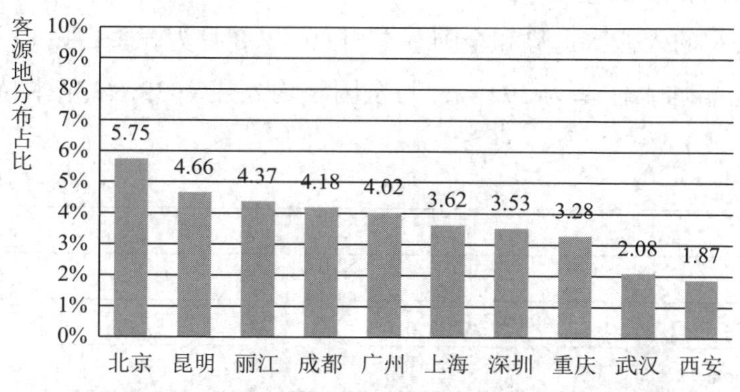

图 3-35　2019 年丽江民宿客源地分布（TOP10 及占比）

6. 丽江民宿入住率和房价的统计关系

丽江民宿房价多集中在 100~400 元之间，在此区间入住率随着房价的上升呈略微下降的趋势，在高房价部分入住率下降明显，如图 3-36 所示。

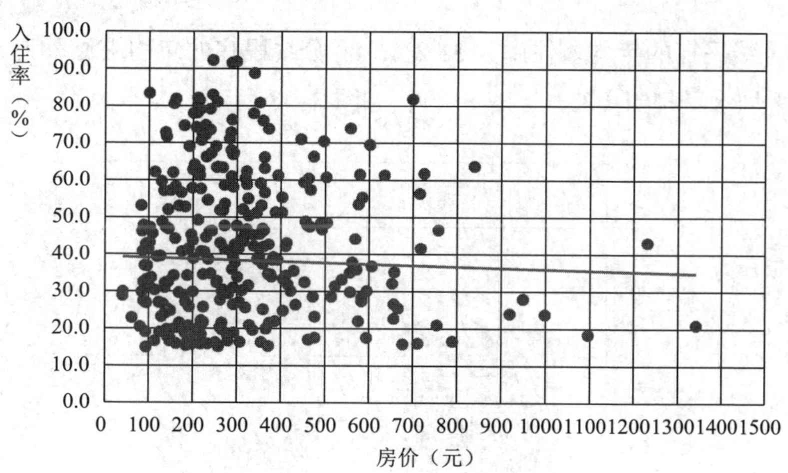

图 3-36　2019 年丽江民宿入住率和房价的统计关系

（三）大理

1. 大理民宿入住率

大理民宿的入住率走势和全国基本相似，7、8 月为旺季，1、12 月为淡季。大理年民宿年均入住率为 39.0%，与全国年均入住率 39.1% 基本持平，如图 3–37 所示。

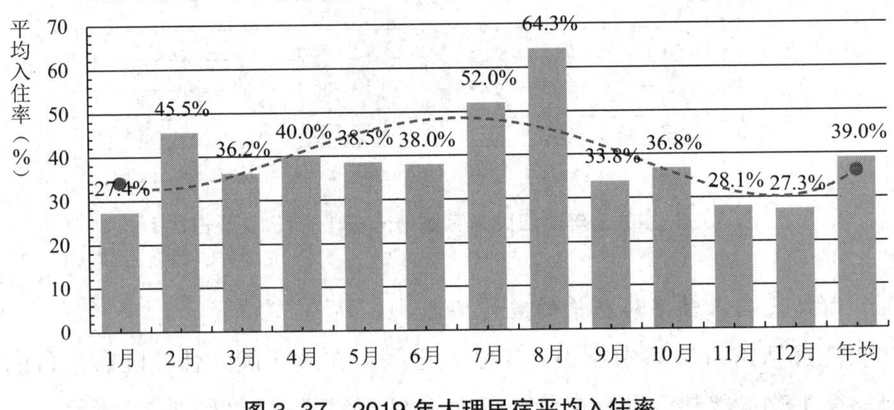

图 3–37　2019 年大理民宿平均入住率

50 分线民宿的年均入住率为 35.2%，80 分线民宿的年均入住率为 54.5%，与全国平均水平相当（35%，54.8%），如图 3–38 所示。

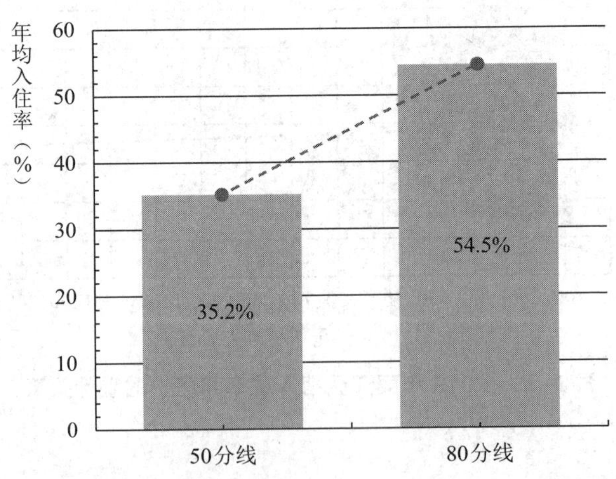

图 3–38　大理民宿 50 分 /80 分线年均入住率

2. 大理民宿房价

大理民宿平均房价 TOP3 的月份为 2、8、10 月。大理民宿年均房价为 429.5 元，远高于全国的 348 元，如图 3–39 所示。

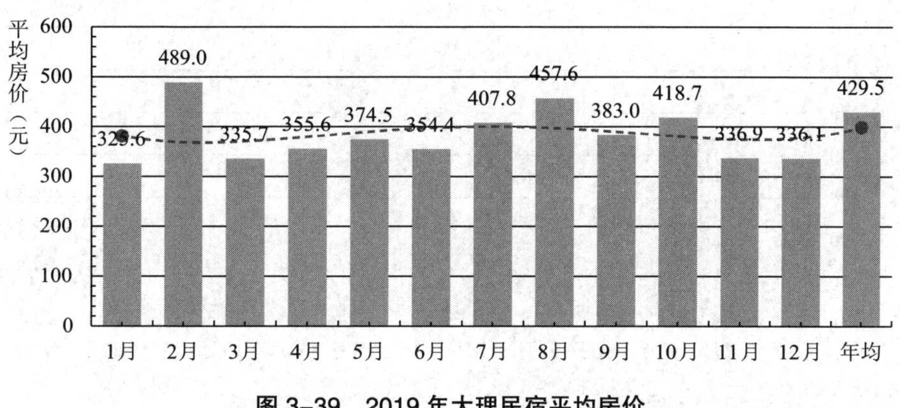

图 3–39 2019 年大理民宿平均房价

大理 50 分线民宿的年均房价为 380.5 元，80 分线民宿的年均房价为 718.1 元，均高于全国平均水平（327 元，651 元），如图 3–40 所示。

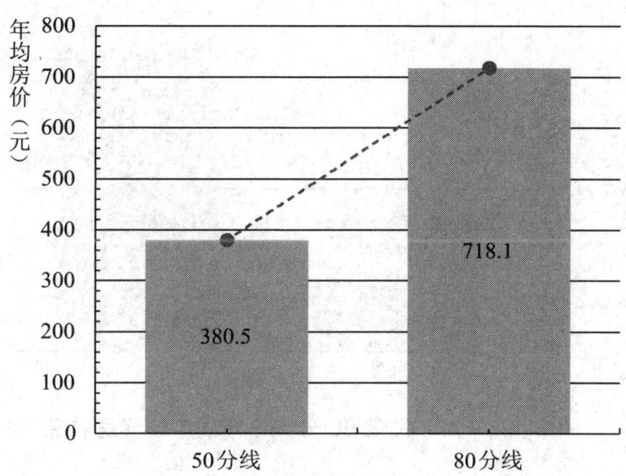

图 3–40 大理民宿 50 分 /80 分线年均房价

3. 大理民宿客房收益

大理民宿平均客房收益TOP3的月份为2、7、8月，大理民宿年平均客房收益为122.2元，高于全国年平均客房收益的136元，如图3–41所示。

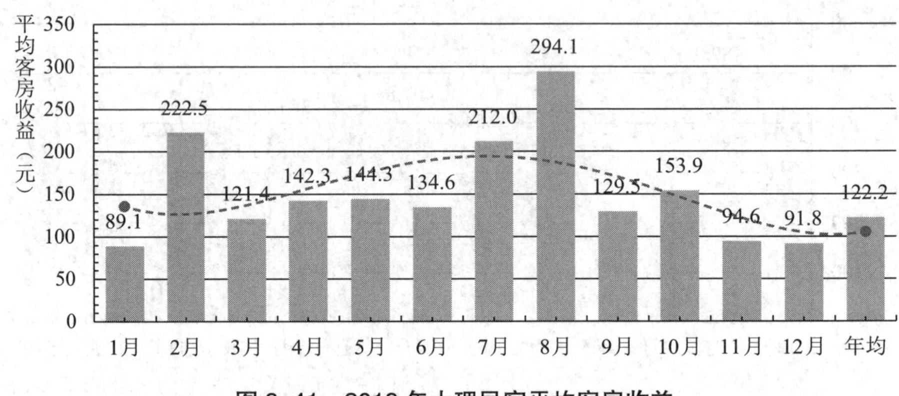

图3–41　2019年大理民宿平均客房收益

大理50分线民宿的年均客房收益为122.2元，80分线民宿的年均客房收益为280.5元，均高于全国平均水平（121元，247元），如图3–42所示。

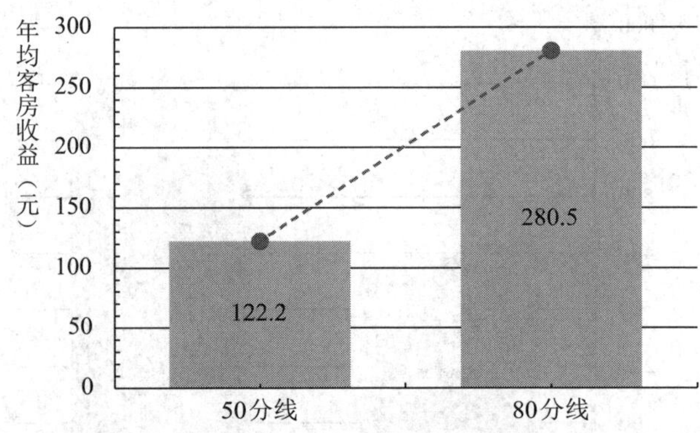

图3–42　大理民宿50分/80分线年均客房收益

4. 大理民宿分销渠道

大理民宿的分销渠道中，携程间夜占比31.9%，高于在全国的19.9%，美团间夜占比12.7%，低于在全国的18.2%，如图3–43所示。携程更受大理民宿游客的欢迎。

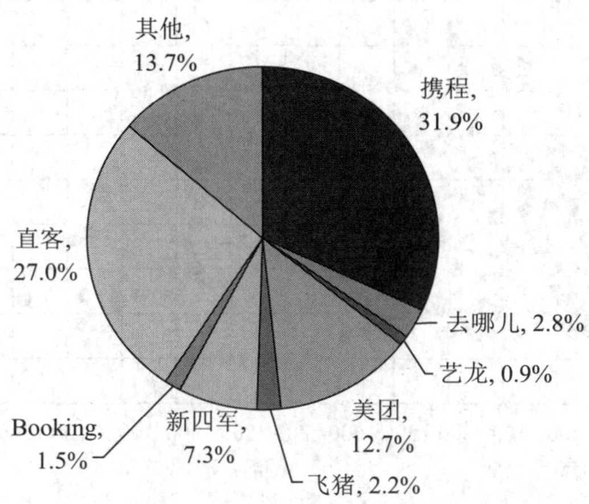

图 3–43　2019 年大理民宿分销渠道间夜占比

5. 大理民宿客源地分布

大理民宿客源地，排名前三的城市分别是昆明、北京、成都，昆明客人最多，占比 10.72%，这和昆明大理的直通高铁有关。

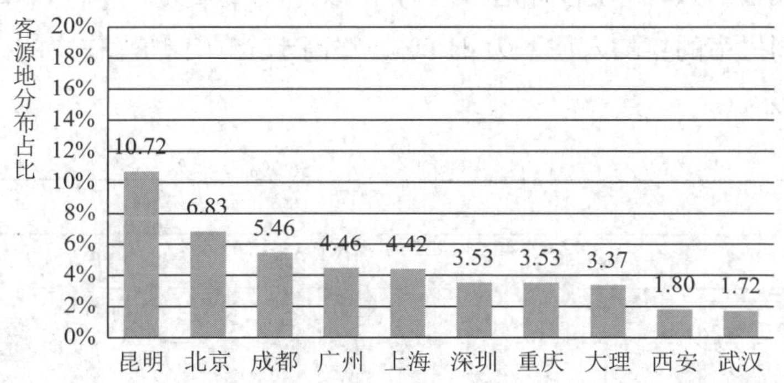

图 3–44　2019 年大理民宿客源地分布（TOP10 及占比）

6. 大理民宿入住率和房价的统计关系

大理民宿房价多集中在 100~600 元，房价越高，入住率越高，这和外地游客对当地风景（洱海等）的高期望值有关。

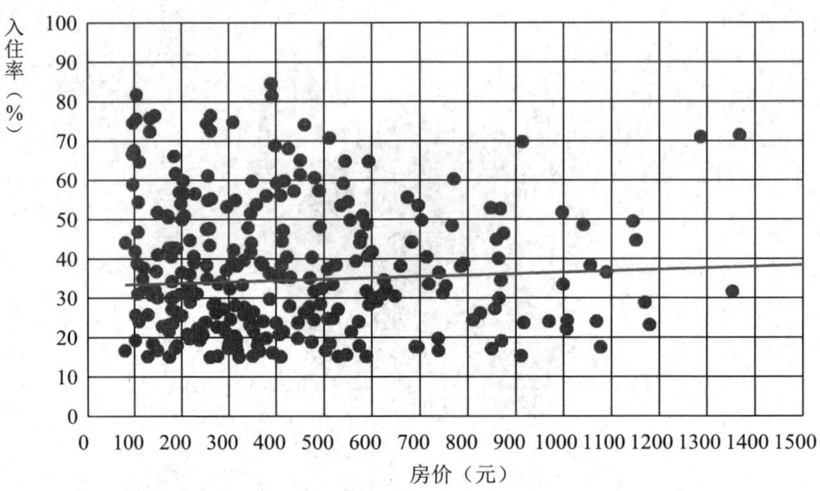

图 3-45　2019 年大理民宿入住率和房价的统计关系

（四）杭州

1. 杭州民宿入住率

杭州民宿的入住率走势和全国基本相似，7、8 月为旺季，1、2、12 月为淡季。杭州民宿的年均入住率为 41.0%，略高于全国年均入住率的 39.1%，如图 3-46 所示。

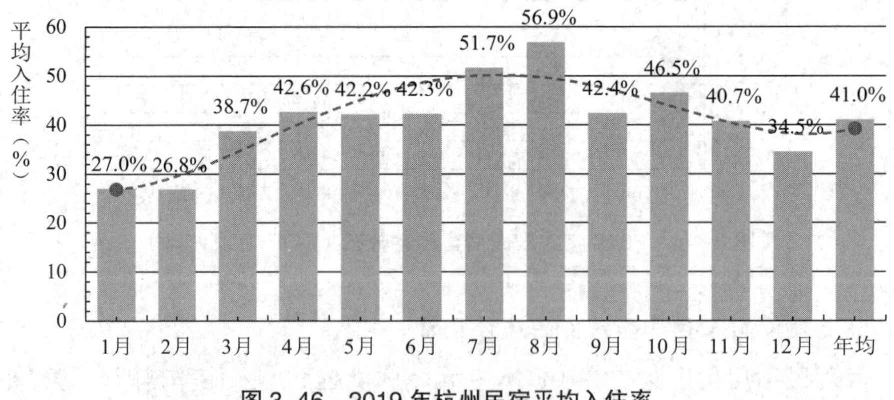

图 3-46　2019 年杭州民宿平均入住率

50 分线民宿的年均入住率为 35.2%，80 分线民宿的年均入住率为 53.7%，与全国平均水平相当（35%，54.8%），如图 3–47 所示。

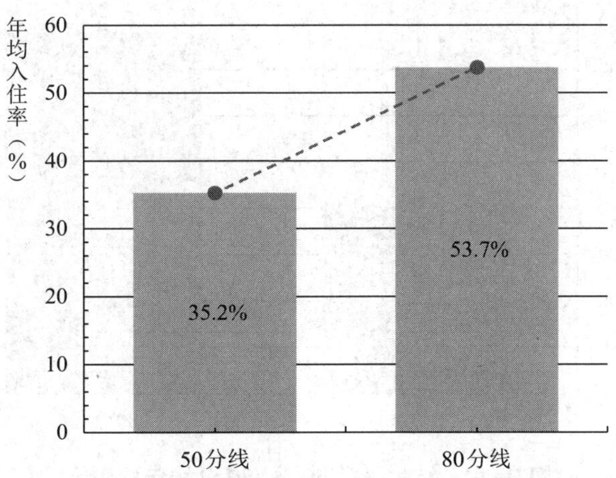

图 3–47　杭州民宿 50 分 /80 分线年均入住率

2. 杭州民宿房价

杭州民宿平均房价 TOP3 的月份为 2、5、8 月。杭州民宿年均房价为 364 元，高于全国的 348 元，如图 3–48 所示。

图 3–48　2019 年杭州民宿平均房价

杭州 50 分线民宿的年均房价为 412.8 元，80 分线民宿的年均房价为

782.5 元，高于全国平均水平（327 元，651 元），如图 3–49 所示。

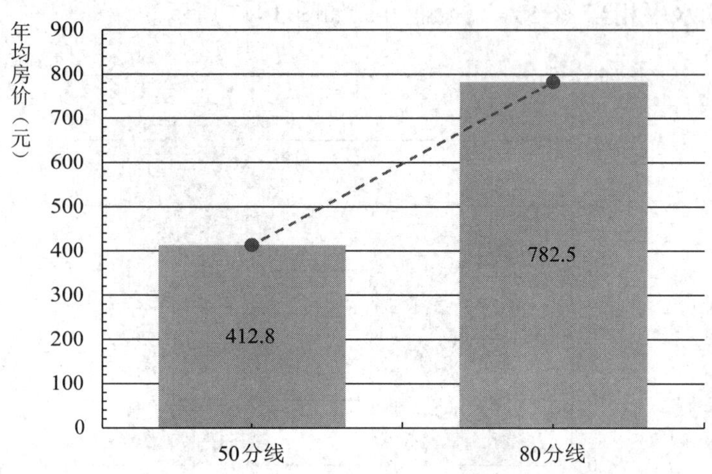

图 3–49　杭州民宿 50 分 /80 分线年均房价

3. 杭州民宿客房收益

杭州民宿平均客房收益 TOP3 的月份为 7、8、10 月，杭州民宿年平均客房收益为 149.4 元，高于全国年平均客房收益的 136 元，如图 3–50 所示。

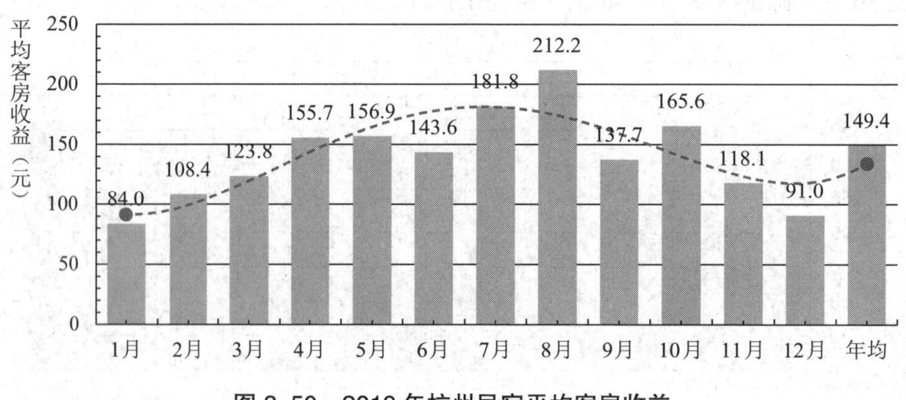

图 3–50　2019 年杭州民宿平均客房收益

杭州 50 分线民宿的年均客房收益为 153.6 元，80 分线民宿的年均客房收益为 274.0 元，高于全国平均水平（121 元，247 元），如图 3–51 所示。

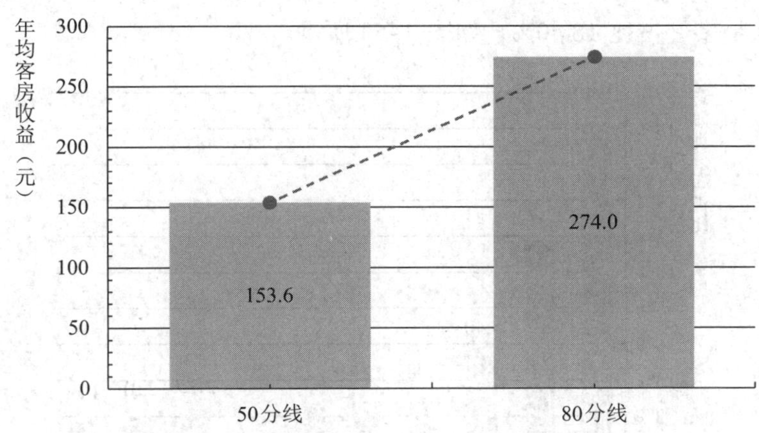

图 3–51　杭州民宿 50 分 /80 分线年均客房收益

4. 杭州民宿分销渠道

杭州民宿的分销渠道中，携程间夜占比 25.0%，高于在全国的 19.9%，美团间夜占比 19.3%，高于在全国的 18.2%，如图 3–52 所示。可见，杭州民宿的分销渠道呈现向携程和美团集中的特征。

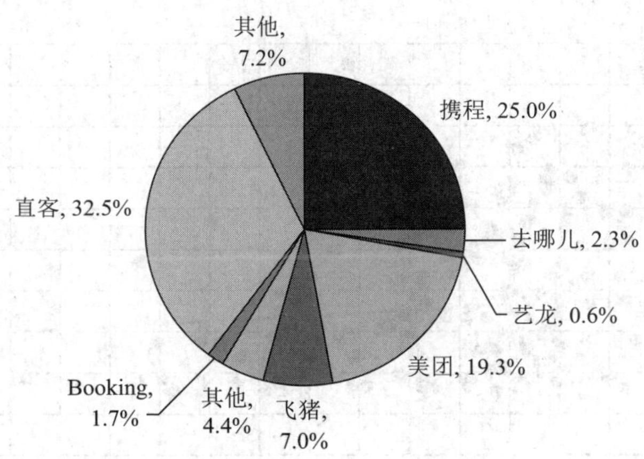

图 3–52　2019 年杭州民宿分销渠道间夜占比

5. 杭州民宿客源地分布

杭州民宿客源地，排名前三的城市分别是杭州、上海、北京，其中杭州本地客人最多，占比 18.40%，如图 3–53 所示。

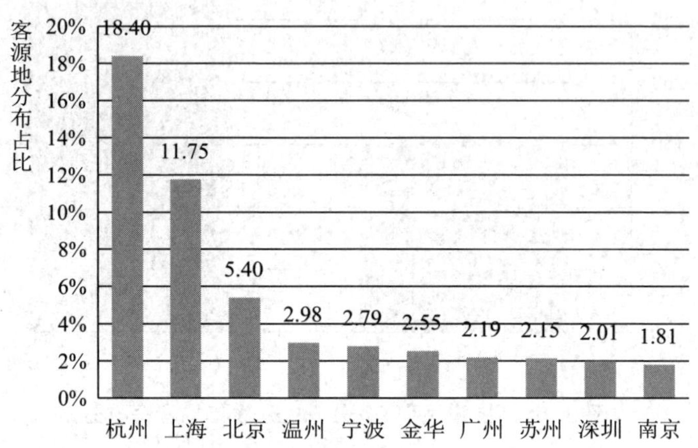

图 3–53　2019 年杭州民宿客源地分布（TOP10 及占比）

6. 杭州民宿入住率和房价的统计关系

杭州民宿房价多集中在 150~500 元之间，房价越高入住率越低，如图 3–54 所示。

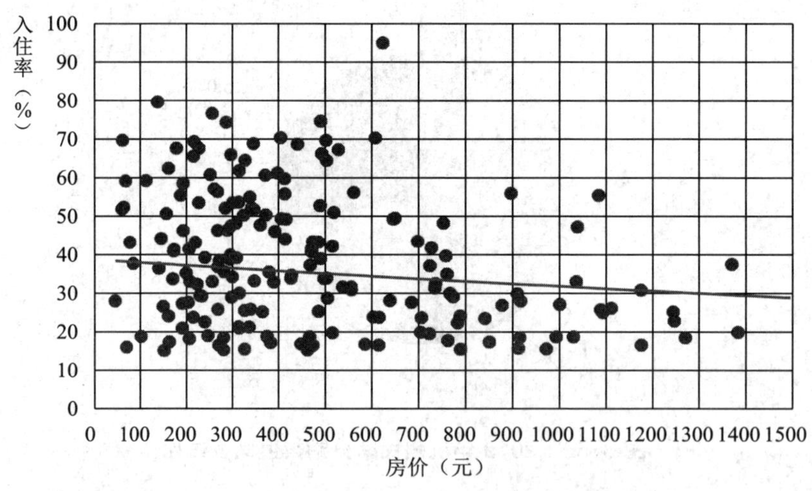

图 3–54　2019 年杭州民宿入住率和房价的统计关系

（五）三亚

1. 三亚民宿入住率

三亚民宿的入住率走势和全国不同，1、2、3、11、12 月为旺季，4、9 月为淡季。三亚民宿年平均入住率为 39.7%，略高于全国年平均入住率的 39.1%，如图 3–55 所示。

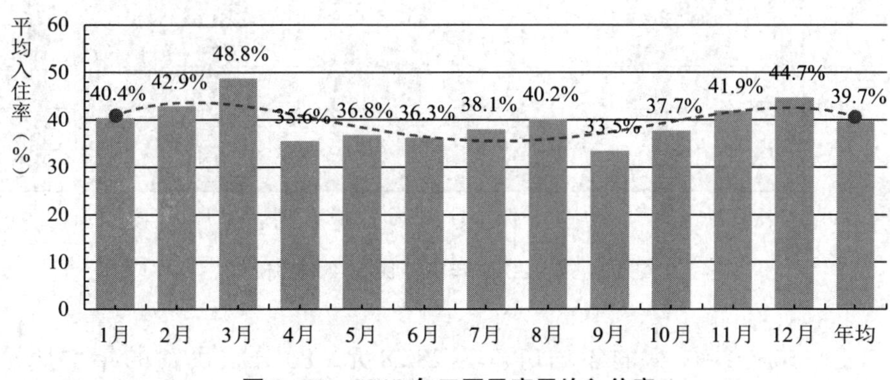

图 3–55　2019 年三亚民宿平均入住率

50 分线民宿的年均入住率为 36.1%，80 分线民宿的年均入住率为 55.2%，与全国平均水平相当（35%，54.8%），如图 3–56 所示。

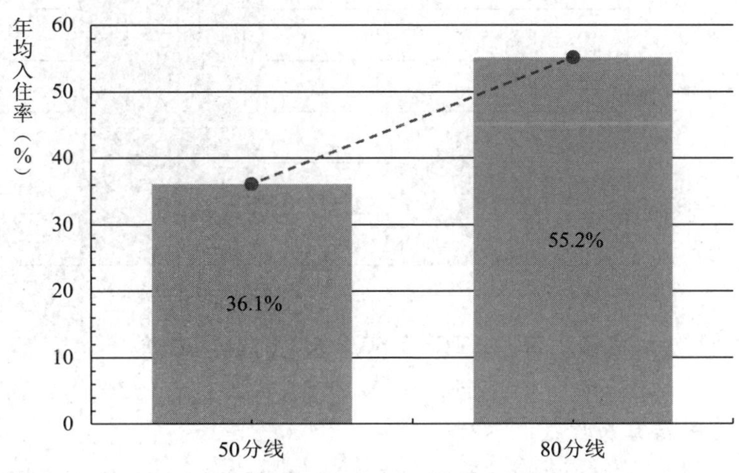

图 3–56　三亚民宿 50 分 /80 分线年均入住率

2. 三亚民宿房价

三亚民宿平均房价 TOP3 的月份为 1、2、12 月；三亚民宿年均房价为 382.4 元，高于全国年度 ADR 的 348 元，如图 3–56 所示。

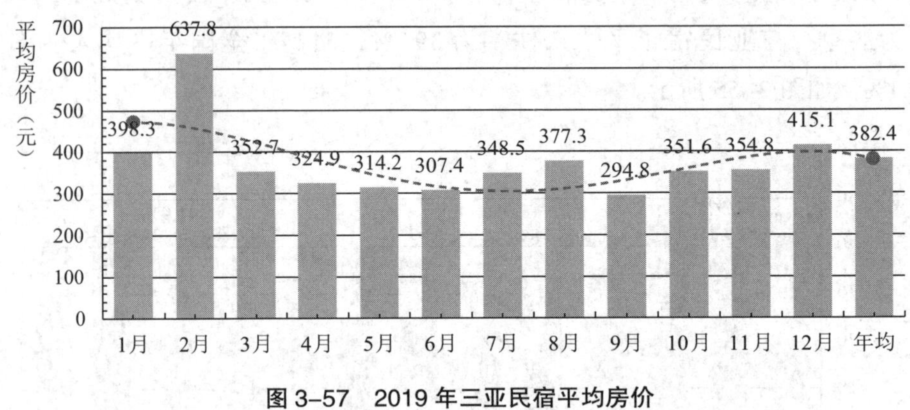

图 3–57　2019 年三亚民宿平均房价

三亚 50 分线民宿的年均房价为 282.8 元，80 分线民宿的年均房价为 575.8 元，均低于全国平均水平（327 元，651 元），如图 3–58 所示。

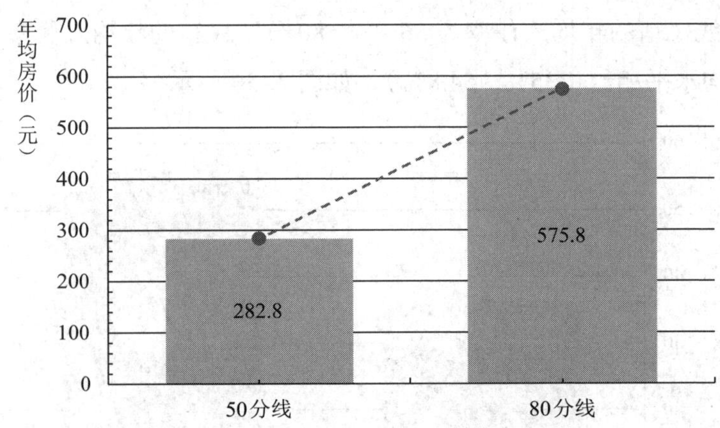

图 3–58　三亚民宿 50 分 /80 分线年均房价

3. 三亚民宿客房收益

三亚民宿平均客房收益 TOP3 的月份为 2、3、12 月，三亚民宿年平均客房收益为 151.9 元，高于全国年平均客房收益的 136 元，如图 3-59 所示。

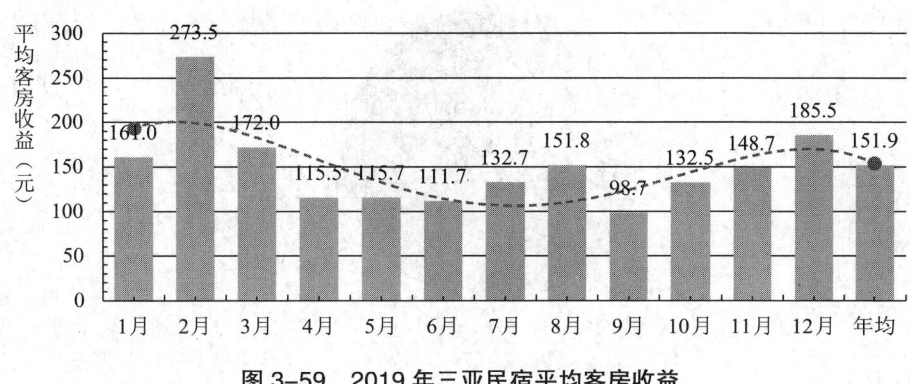

图 3-59　2019 年三亚民宿平均客房收益

三亚 50 分线民宿的年均客房收益为 115.7 元，80 分线民宿的年均客房收益为 229.7 元，略低于全国平均水平（121 元，247 元），如图 3-60 所示。

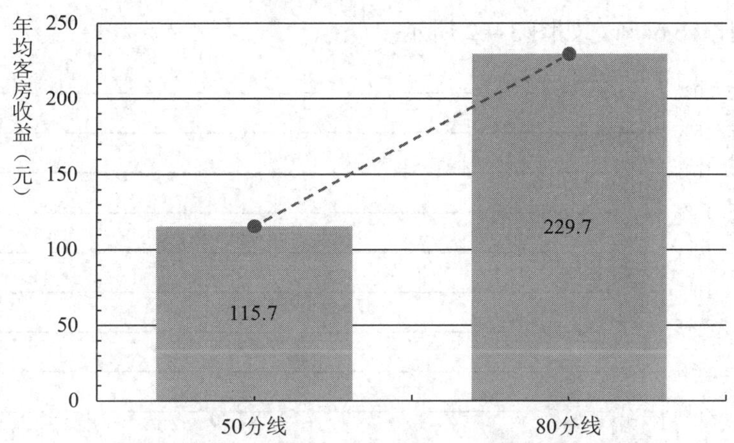

图 3-60　三亚民宿 50 分 /80 分线年均客房收益

4. 三亚民宿分销渠道

三亚民宿的分销渠道中，携程间夜占比 19.7%，与在全国的 19.9% 相近，“新四军”间夜占比 22.5%，远高于在全国的 11.8%，如图 3-61 所示。可见三亚的民宿游客更偏向使用“新四军”平台。

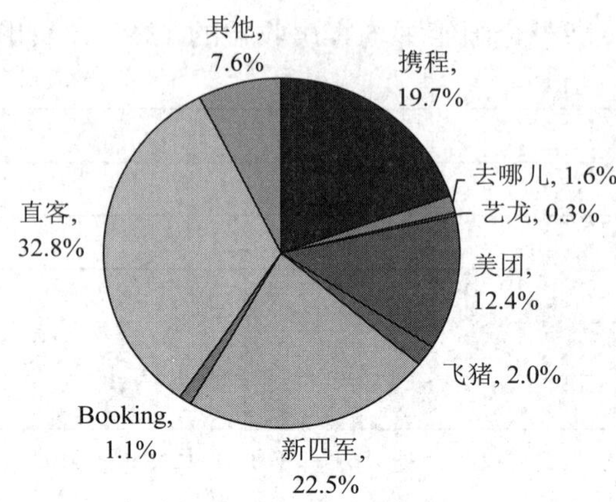

图 3–61　2019 年三亚民宿分销渠道间夜占比

5. 三亚民宿客源地分布

三亚民宿客源地，排名前三城市的分别是海口、北京、成都，海口客人最多，占比 16.64%，如图 3–62 所示。

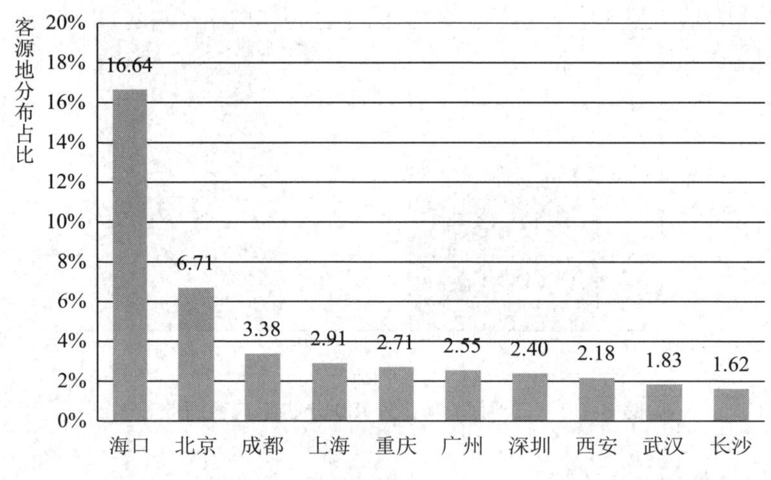

图 3–62　2019 年三亚民宿客源地分布（TOP10 及占比）

6. 三亚民宿入住率和房价的统计关系

三亚民宿房价多集中在 100~500 元之间，房价和入住率未出现明显的正相关或者负相关关系，如图 3-63 所示。

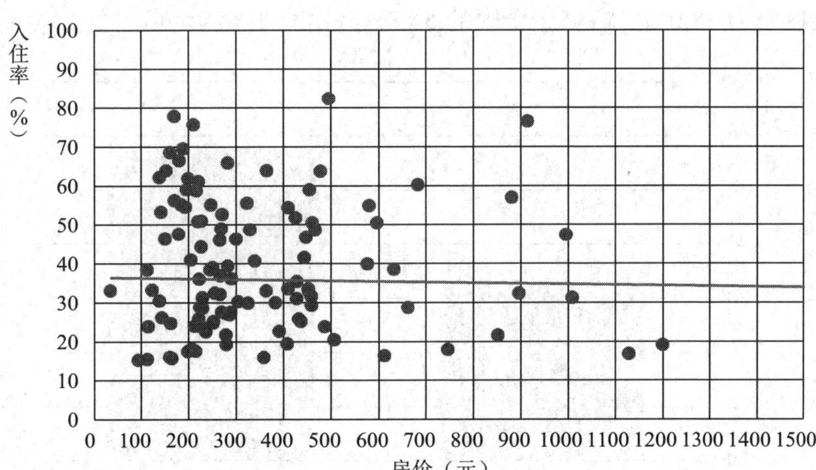

图 3-63 2019 年三亚民宿入住率和房价的统计关系

（六）北京

1. 北京民宿入住率

北京民宿的入住率走势和全国相似，7、8、10 月为旺季，1、2 月为淡季。北京民宿的年平均入住率为 40.5%，略高于全国年平均入住率的 39.1%。如图 3-64 所示。

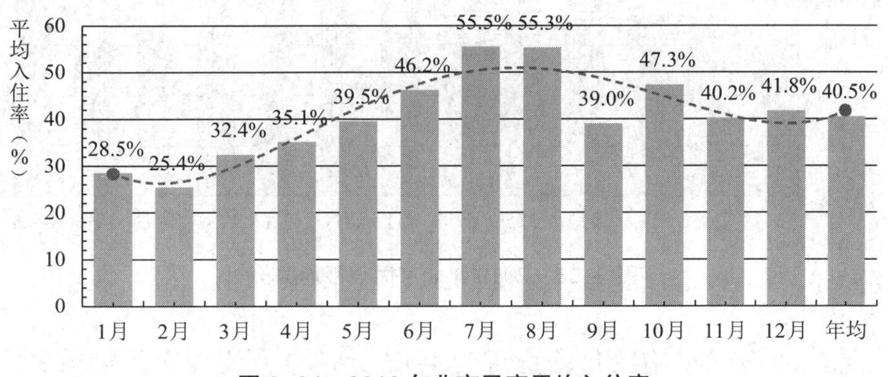

图 3-64 2019 年北京民宿平均入住率

50分线民宿的年均入住率为31.1%，低于全国的35.0%，80分线民宿的年均入住率为58.0%，略高于全国的54.8%，如图3–65所示。

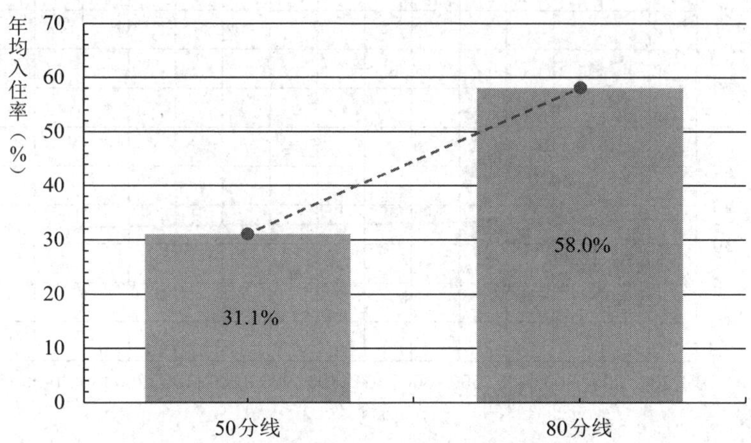

图3–65　北京民宿50分/80分线年均入住率

2. 北京民宿房价

北京民宿平均房价TOP3的月份为5、7、8月。北京民宿年均房价为442.4元，远高于全国的348元，且为全国最高。如图3–66所示。

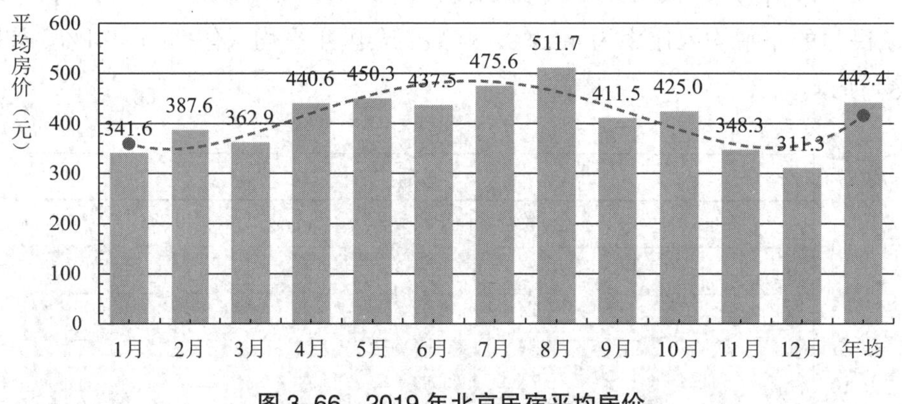

图3–66　2019年北京民宿平均房价

北京50分线民宿的年均房价为491.5元，80分线民宿的年均房价为

982.4 元，均高于全国平均水平（327 元，651 元），如图 3–67 所示。

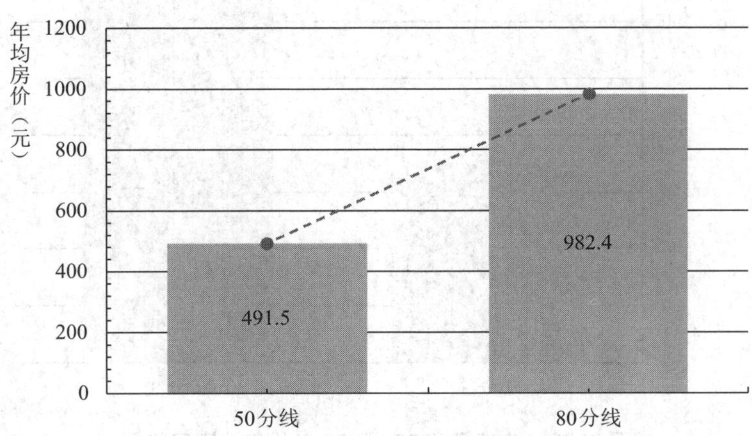

图 3–67　北京民宿 50 分 /80 分线年均房价

3. 北京民宿客房收益

北京民宿平均客房收益 TOP3 的月份为 6、7、8 月，年平均客房收益为 179.3 元，高于全国年平均客房收益的 136 元，且为全国最高。

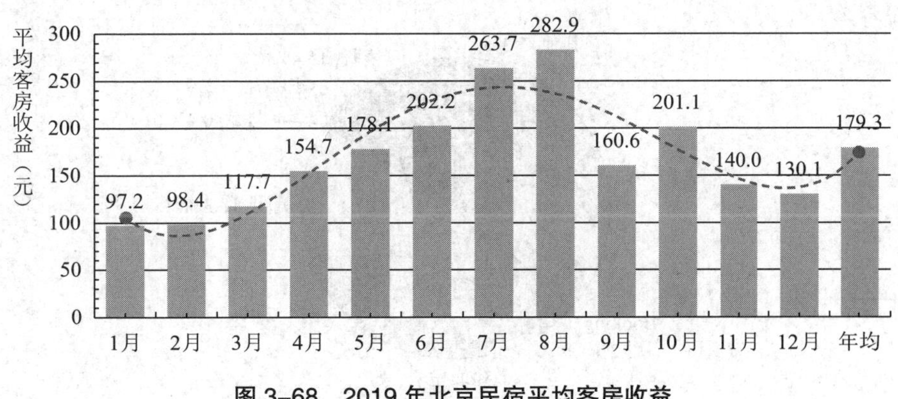

图 3–68　2019 年北京民宿平均客房收益

北京 50 分线民宿的年均客房收益为 177.0 元，80 分线民宿的年均客房收益为 323.3 元，均远高于全国平均水平（121 元，247 元），如图 3–69 所示。

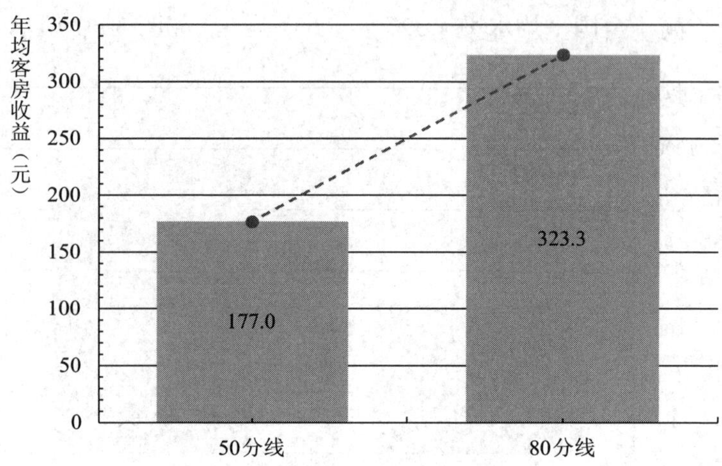

图 3-69　北京民宿 50 分 /80 分线年均客房收益

4. 北京民宿分销渠道

北京民宿的分销渠道中，“新四军”间夜占比 24.7%，远高于在全国的 11.8%，如图 3-70 所示，说明北京城市民宿比较发达。另外，美团比携程更受北京民宿客群的欢迎。

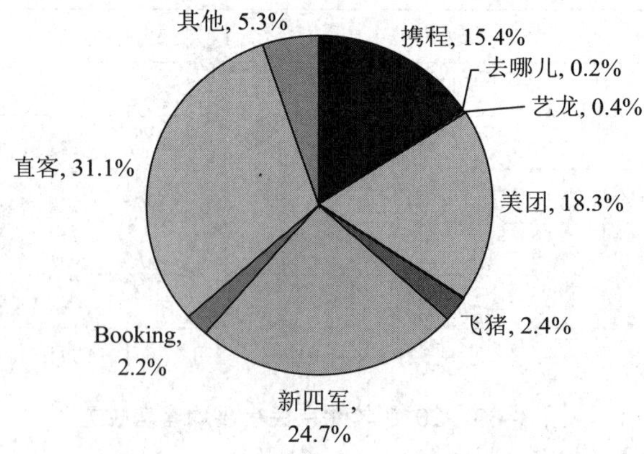

图 3-70　2019 年北京民宿分销渠道间夜占比

5. 北京民宿客源地分布

北京民宿客源地，排名前三的城市分别是北京、上海、天津，北京本地客人最多，占比 33.89%，本地客人占比也是全国最高的。如图 3–71 所示。

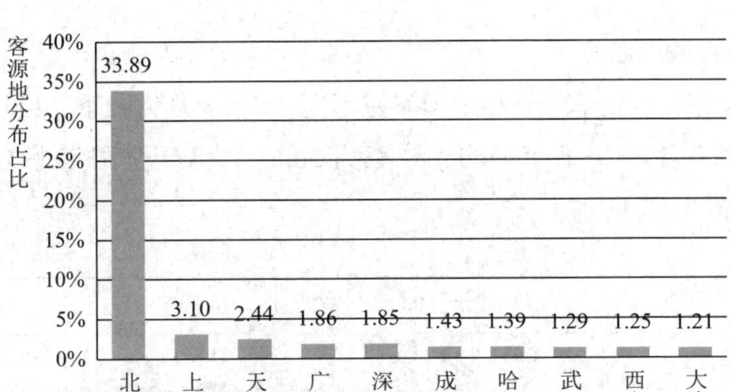

图 3–71　2019 年北京民宿客源地分布（TOP10 及占比）

6. 北京民宿入住率和房价的统计关系

北京民宿房价多集中在 200~700 元之间，入住率随着房价的上升而下降，如图 3–72 所示。

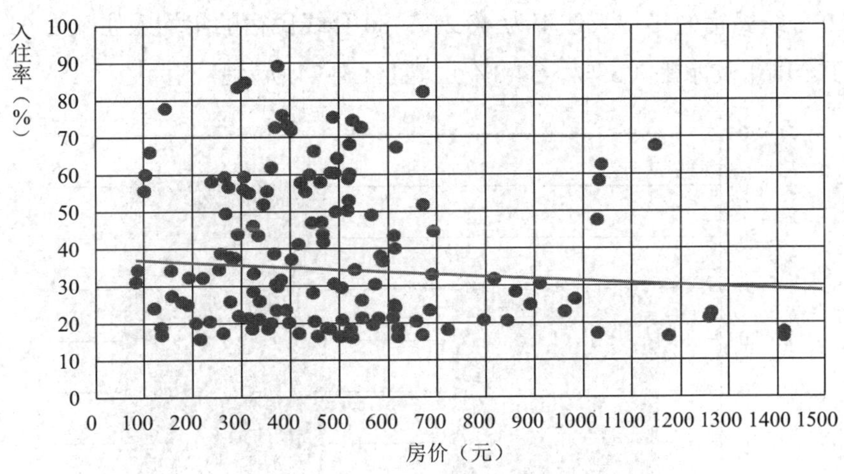

图 3–72　2019 年北京民宿入住率和房价的统计关系

（七）上海

1. 上海民宿入住率

上海民宿的入住率走势和全国略有不同，5—8月为旺季，1、2、9、11、12月为淡季。上海民宿年平均入住率为36.6%，低于全国年平均入住率的39.1%。如图3-73所示。

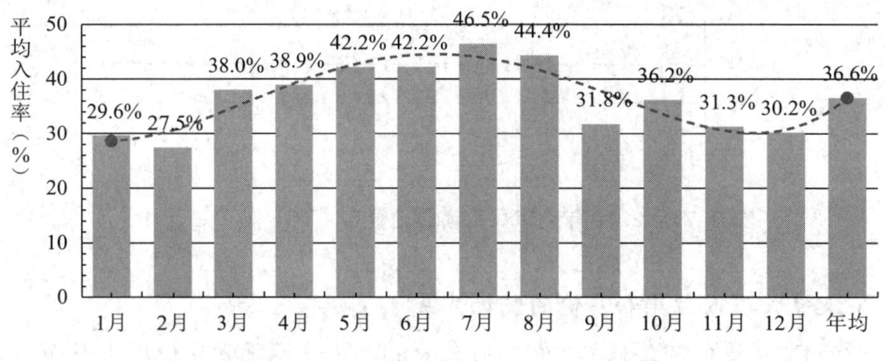

图3-73　2019年上海民宿平均入住率

50分线民宿的年均入住率为40.2%，80分线民宿的年均入住率为61.4%，均高于全国平均水平（35%，54.8%），如图3-74所示。

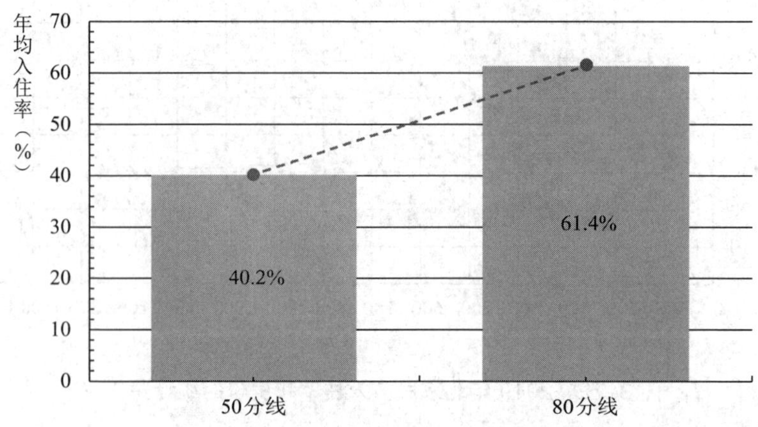

图3-74　上海民宿50分/80分线年均入住率

2. 上海民宿房价

上海民宿平均房价 TOP3 的月份为 2、5、8 月。上海民宿年均房价为 343.1 元，略低于全国的 348 元，如图 3–75 所示。

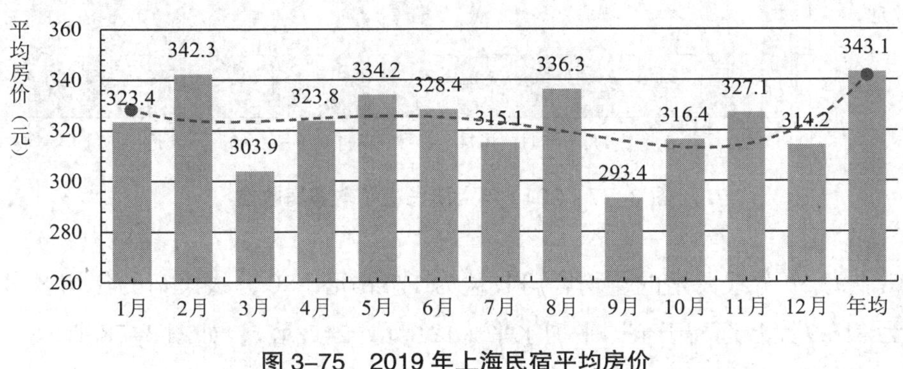

图 3–75　2019 年上海民宿平均房价

上海 50 分线民宿的年均房价为 440.3 元，高于全国的 327 元，80 分线民宿的年均房价为 573.4 元，低于全国的 651 元，如图 3–76 所示。

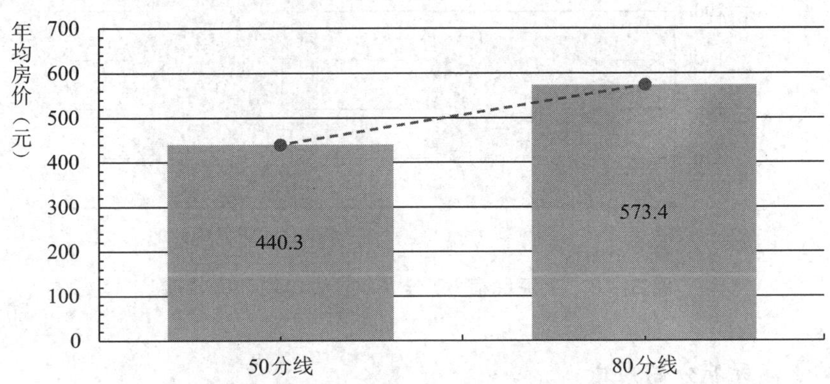

图 3–76　上海民宿 50 分 /80 分线年均房价

3. 上海民宿客房收益

上海民宿平均客房收益 TOP3 的月份为 5、7、8 月，上海民宿年均客房收益为 125.5 元，低于全国年均客房收益的 136 元，如图 3–77 所示。

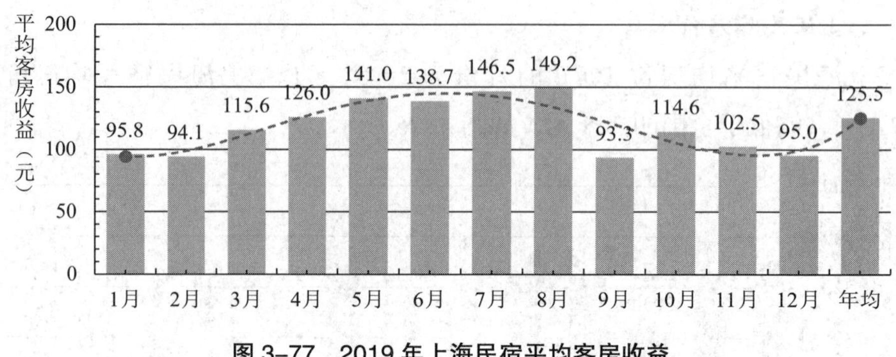

图 3–77　2019 年上海民宿平均客房收益

上海 50 分线民宿的年均客房收益为 174.6 元，80 分线民宿的年均客房收益为 316.9 元，远高于全国平均水平（121 元，247 元），如图 3–78 所示。

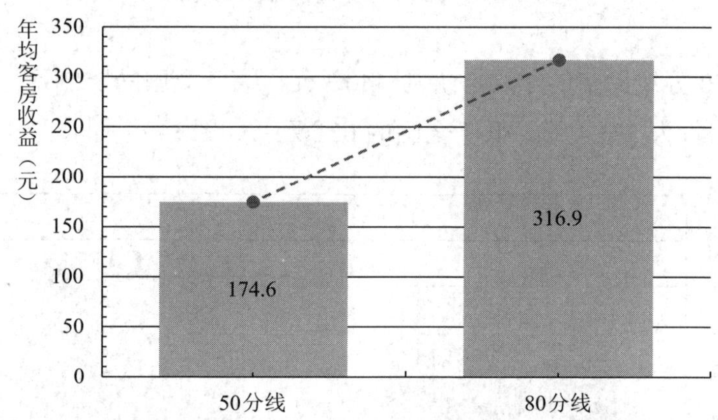

图 3–78　上海民宿 50 分 /80 分线年均客房收益

4. 上海民宿分销渠道

上海民宿的分销渠道中，“新四军”间夜占比 26.0%，远高于在全国的 11.8%，如图 3–79 所示，说明上海城市民宿比较发达。另外，美团比携程更受上海民宿客群的欢迎。

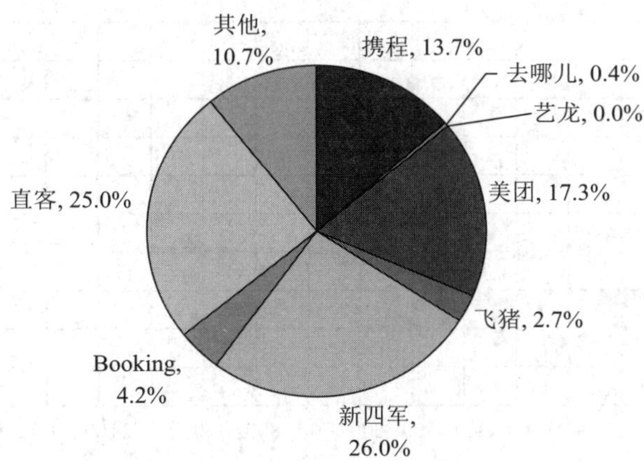

图 3–79　2019 年上海民宿分销渠道间夜占比

5. 上海民宿客源地分布

上海民宿客源地，排名前三的城市分别是上海、北京、杭州，上海本地客人最多，占比 21.16%。如图 3–80 所示。

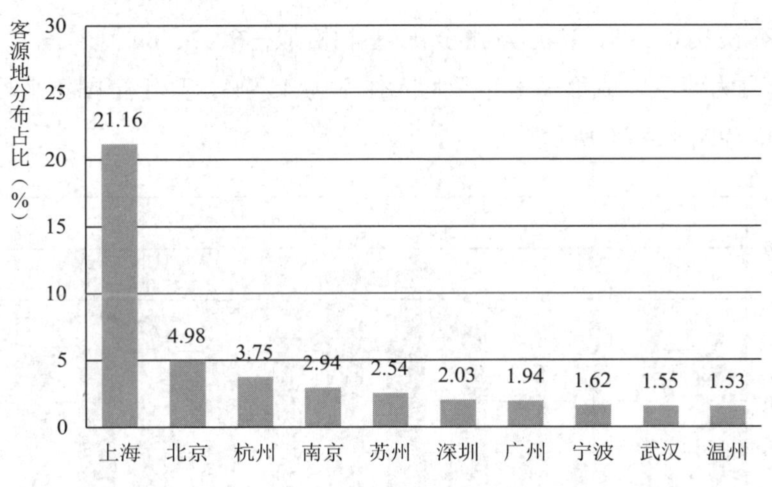

图 3–80　2019 年上海民宿客源地分布（TOP10 及占比）

6. 上海民宿入住率和房价的统计关系

上海民宿房价多集中在 300~600 元之间，入住率随着房价的上升而上升，如图 3–81 所示。

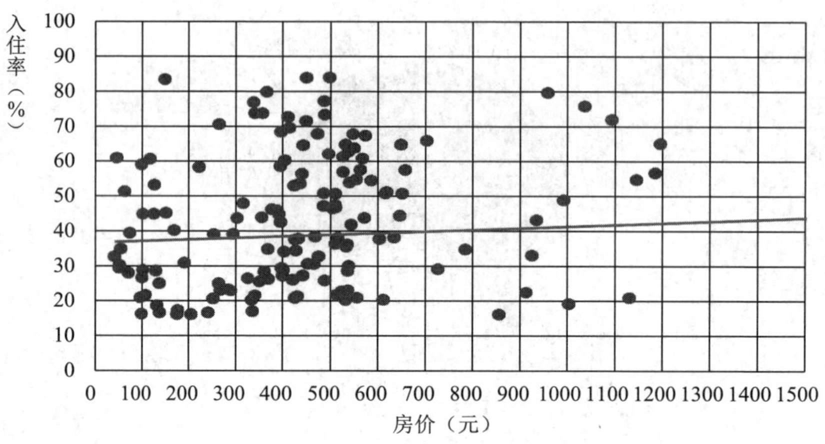

图 3-81　2019 年上海民宿入住率和房价的统计关系

(八) 成都

1. 成都民宿入住率

成都民宿的入住率走势和全国基本相似，6、7、8 为旺季，1—2 月、11—12 月为淡季，成都民宿年平均入住率为 45.9%，高于全国年平均入住率的 39.1%，如图 3-82 所示。

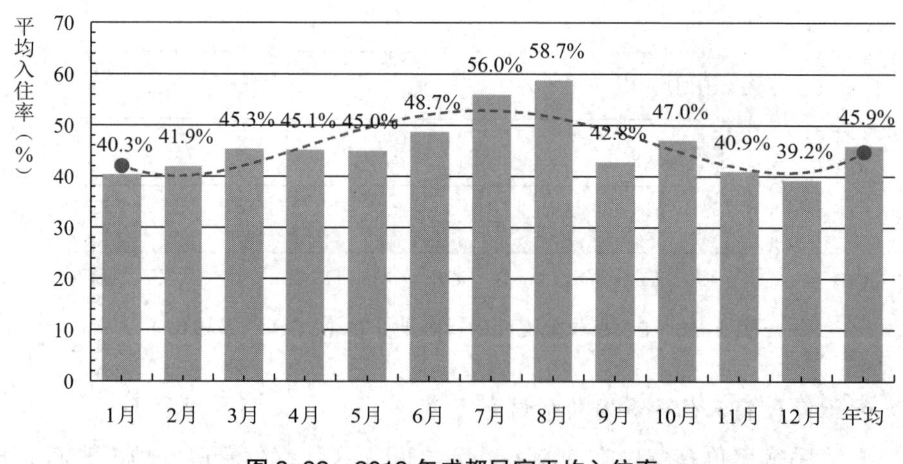

图 3-82　2019 年成都民宿平均入住率

成都 50 分线民宿的年均入住率为 39.4%，80 分线民宿的年均入住率为 59.4%，均高于全国平均水平（35%，54.8%），如图 3–83 所示。

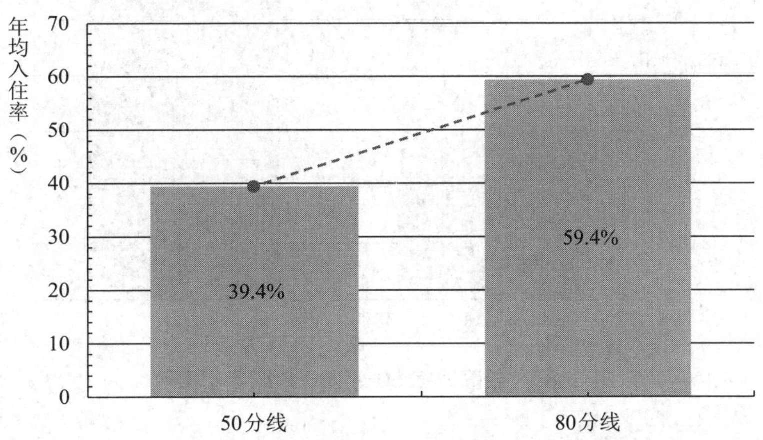

图 3–83　成都民宿 50 分 /80 分线年均入住率

2. 成都民宿房价

成都民宿平均房价 TOP3 的月份为 2、7、8 月，但全年每个月份差距不大，成都民宿的年均房价为 257.1 元，远低于全国的 348 元，如图 3–84 所示。

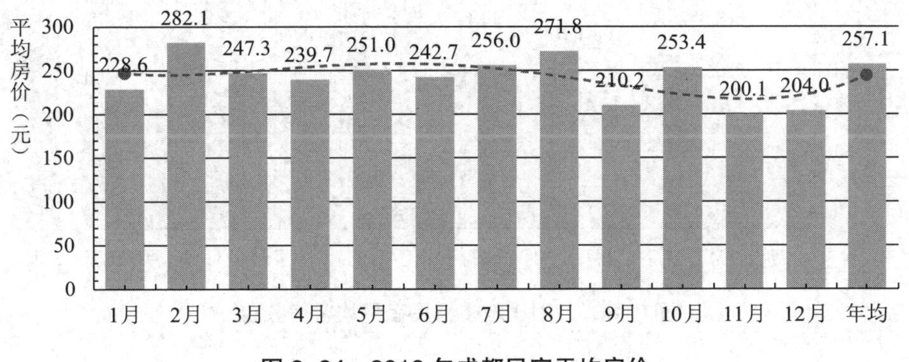

图 3–84　2019 年成都民宿平均房价

成都 50 分线民宿的年均房价为 303 元，低于全国的 327 元，80 分线民宿的年均房价为 635.2 元，低于全国的 651 元，如图 3–85 所示。

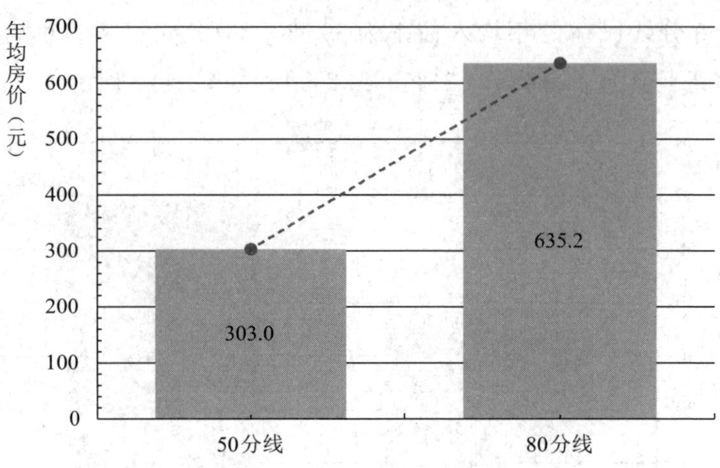

图 3-85 成都民宿 50 分 /80 分线年均房价

3. 成都民宿客房收益

成都民宿平均客房收益 TOP3 的月份为 7、8、10 月，成都民宿年平均客房收益为 118.1 元，低于全国年平均客房收益的 136 元，如图 3-86 所示。

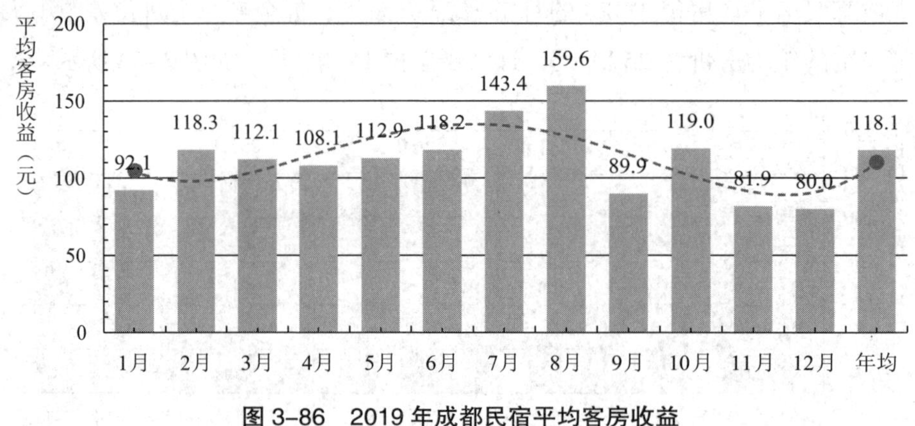

图 3-86 2019 年成都民宿平均客房收益

成都 50 分线民宿的年均客房收益为 125.5 元，80 分线民宿的年均客房收益为 261.5 元，均高于全国平均水平（121 元，247 元），如图 3-87 所示。

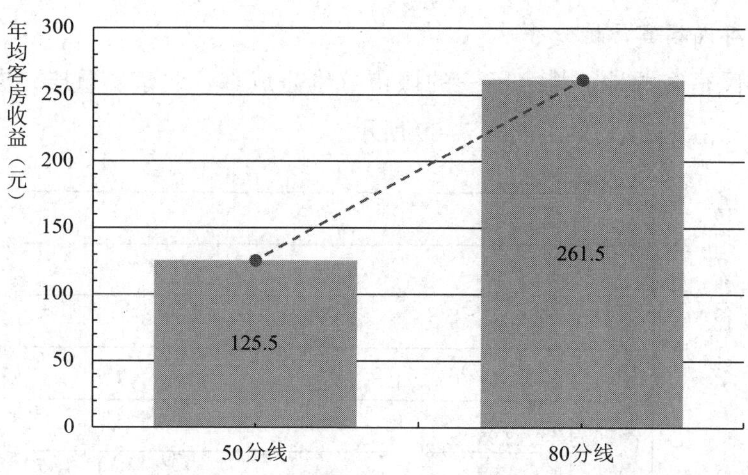

图 3–87　成都民宿 50 分 /80 分线年均客房收益

4. 成都民宿分销渠道

成都民宿的分销渠道中，携程间夜占比 21.0%，高于在全国的 19.9%，美团间夜占比 25.0% 高于在全国的 18.2%，可见在选择成都民宿时，美团更受游客的欢迎。如图 3–88 所示。

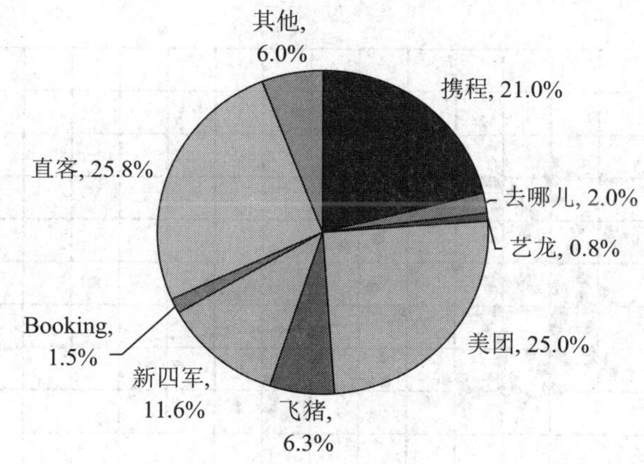

图 3–88　2019 年成都民宿分销渠道间夜占比

5. 成都民宿客源地分布

成都民宿客源地，排名前三的城市分别是成都、北京、重庆，成都本地客人最多，占比21.17%。如图3–89所示。

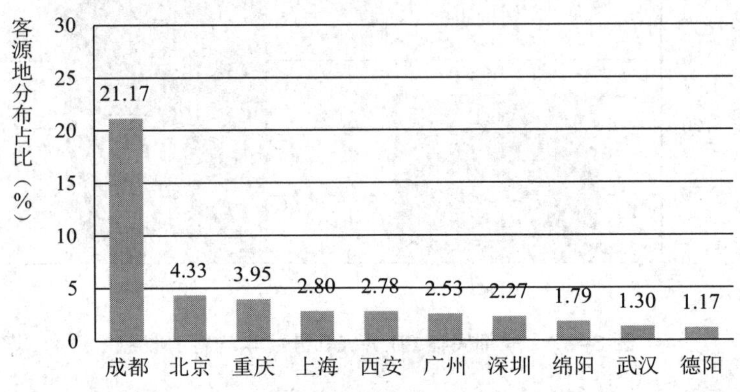

图3–89　2019年成都民宿客源地分布（TIP10及占比）

6. 成都民宿入住率和房价的统计关系

成都民宿房价多集中在100~300元之间，入住率随着房价的上升而下降，如图3–90所示。

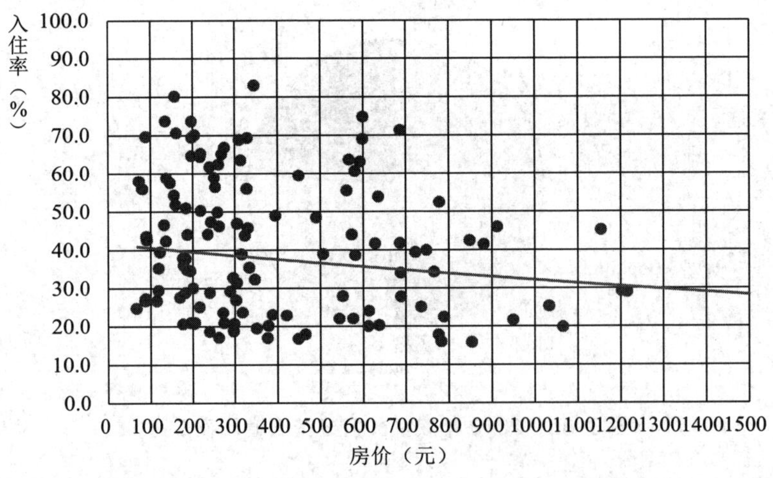

图3–90　2019年成都民宿入住率和房价的统计关系

（九）西安

1. 西安民宿入住率

西安民宿的入住率走势和全国基本相似，7、8 月为旺季，11、12 月为淡季。西安民宿年平均入住率为 37.9%，低于全国年平均入住率的 39.1%。如图 3–91 所示。

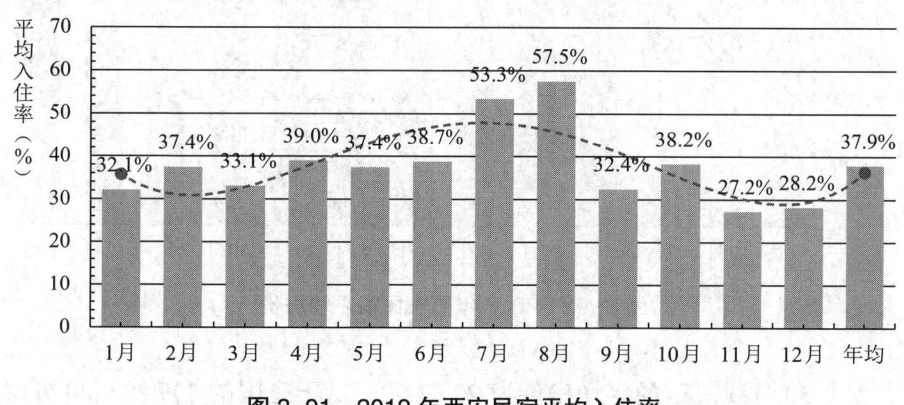

图 3–91　2019 年西安民宿平均入住率

西安 50 分线民宿的年均入住率为 36.1%，80 分线民宿的年均入住率为 59%，略高于全国平均水平（35%，54.8%），如图 3–92 所示。

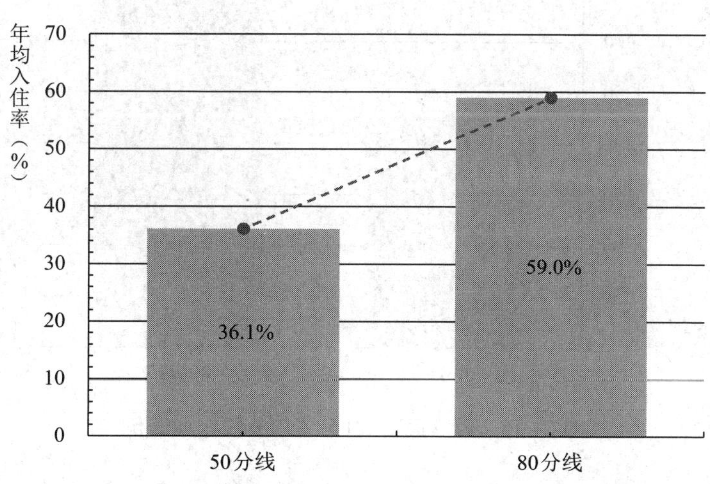

图 3–92　西安民宿 50 分 /80 分线年均入住率

2. 西安民宿房价

西安民宿平均房价 TOP3 的月份为 2、8、10 月。西安民宿年均房价为 224.6 元，远低于全国的 348 元，如图 3-93 所示。

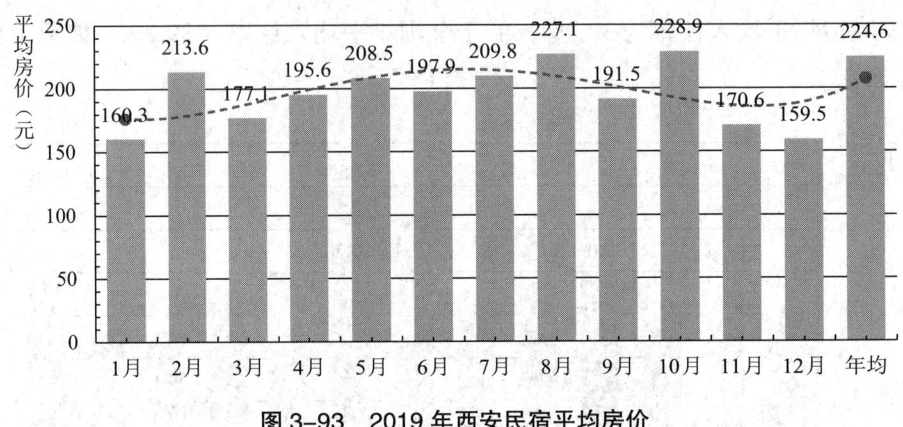

图 3-93　2019 年西安民宿平均房价

西安 50 分线民宿的年均房价为 227.3 元，低于全国的 327 元，80 分线民宿的年均房价为 354.1 元，低于全国的 651 元，如图 3-94 所示。

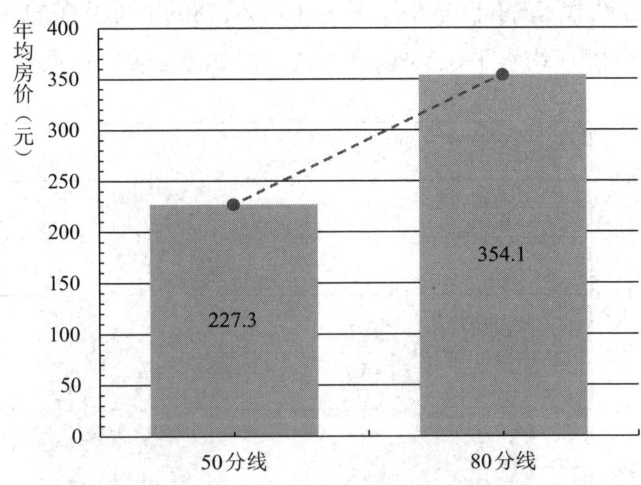

图 3-94　西安民宿 50 分 /80 分线年均房价

3. 西安民宿客房收益

西安民宿平均客房收益 TOP3 的月份为 7、8、10 月，西安民宿年平均客房收益为 85.1 元，远低于全国年均客房收益的 136 元，如图 3–95 所示。

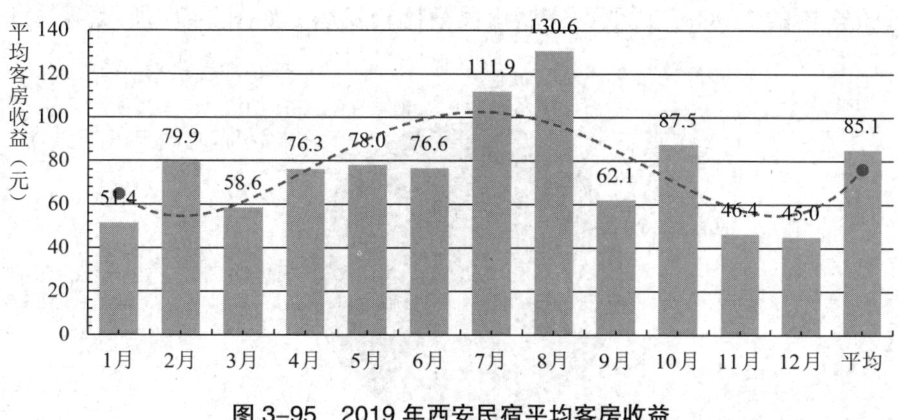

图 3–95　2019 年西安民宿平均客房收益

西安 50 分线民宿的年均客房收益为 78.9 元，80 分线民宿的年均客房收益为 172.2 元，均远低于全国平均水平（121 元，247 元），如图 3–96 所示。

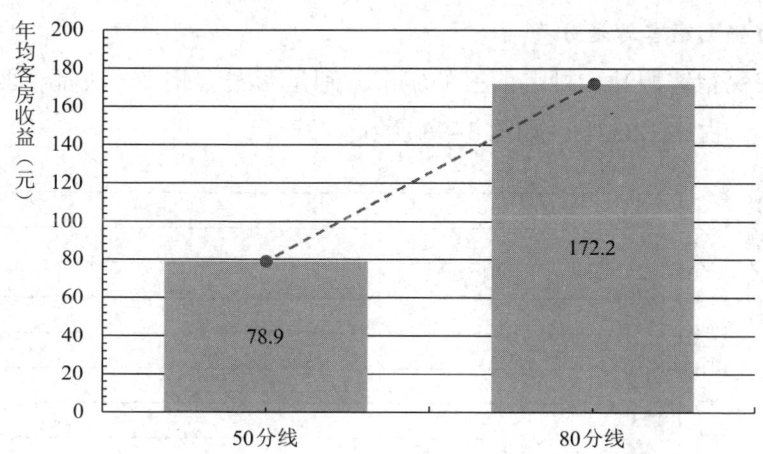

图 3–96　西安民宿 50 分 /80 分线年均客房收益

4. 西安民宿分销渠道

西安民宿的分销渠道中，携程间夜占比 11.5%，远低于在全国的 19.9%，美团间夜占比 24.9%，高于在全国的 18.2%，“新四军”间夜占比 23.1%，远高于在全国的 11.8%，说明西安城市民宿比较发达。如图 3–97 所示。

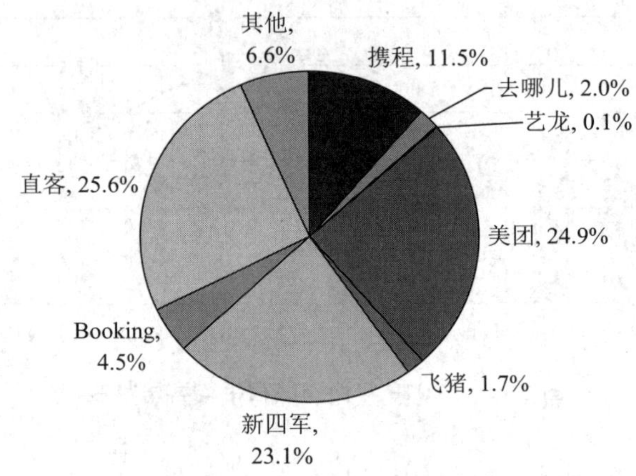

图 3–97　2019 年西安民宿分销渠道间夜占比

5. 西安民宿客源地分布

西安民宿客源地，排名前三的城市分别是西安、北京、成都，西安本地客人最多，占比 18.37%。如图 3–98 所示。

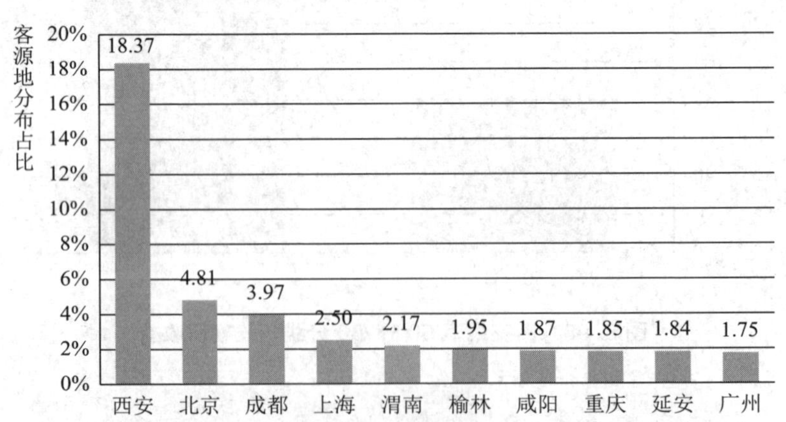

图 3–98　2019 年西安民宿客源地分布（TIP10 及占比）

6. 西安民宿入住率和房价的统计关系

西安民宿房价多集中在 100~300 元之间，入住率随着房价的上升而上升，高价民宿供给不足，仍属于蓝海市场，如图 3-99 所示。

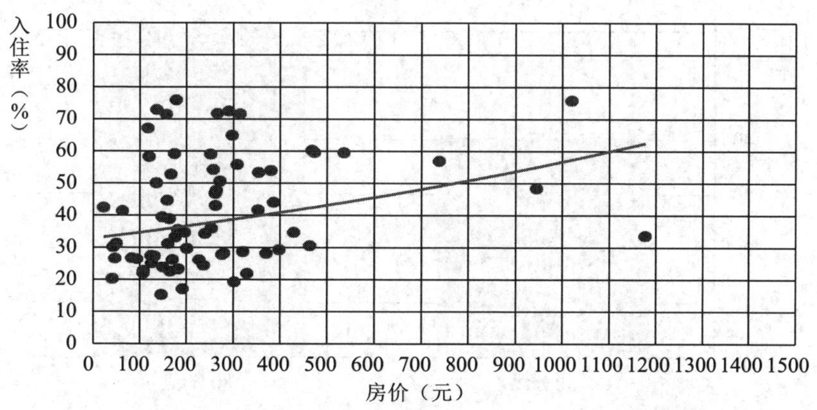

图 3-99 2019 年西安民宿入住率和房价的统计关系

（十）重庆

1. 重庆民宿入住率

重庆民宿的入住率走势和全国基本相似，7、8 月为旺季，1、2 月为淡季。重庆民宿年平均入住率为 45.5%，高于全国年平均入住率的 39.1%。如图 3-100 所示。

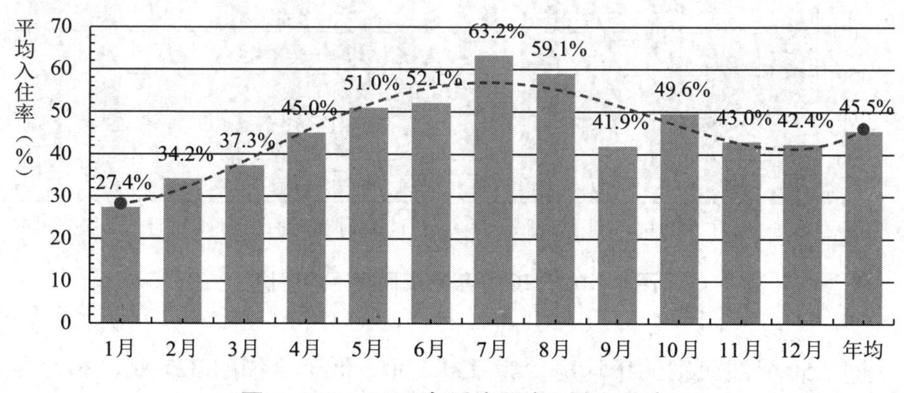

图 3-100 2019 年重庆民宿平均入住率

重庆50分线民宿的年均入住率为40.5%，80分线民宿的年均入住率为61.2%，略高于全国平均水平（35%，54.8%），如图3-101所示。

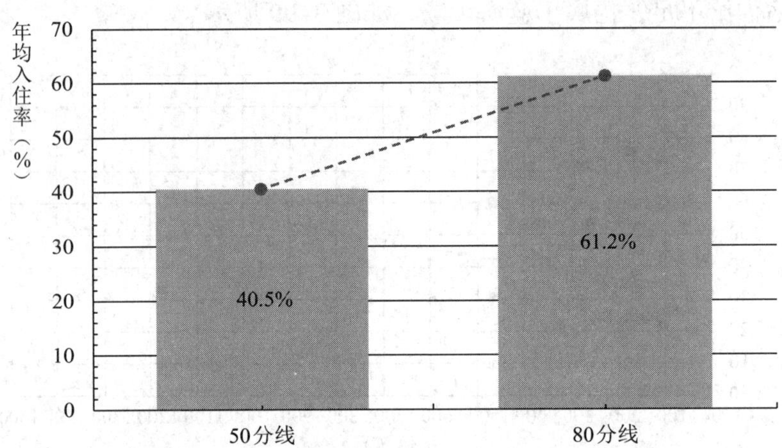

图3-101 重庆民宿50分/80分线年均入住率

2. 重庆民宿房价

重庆民宿平均房价TOP3的月份为2、8、10。重庆民宿年均房价为277.4元，远低于全国的348元，如图3-102所示。

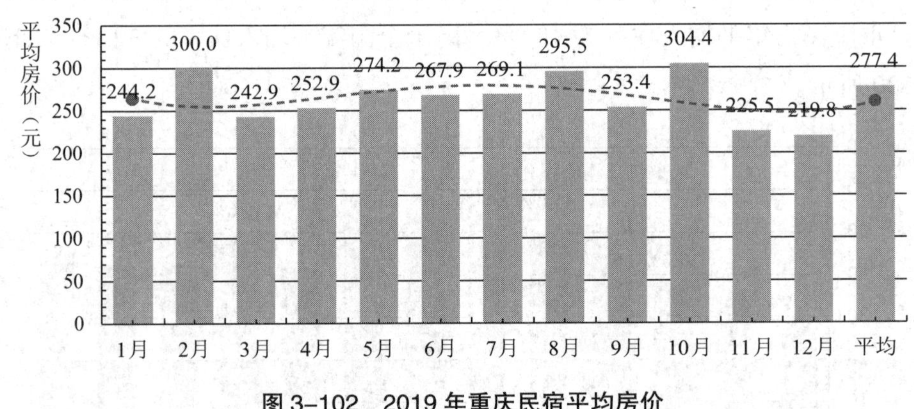

图3-102 2019年重庆民宿平均房价

重庆50分线民宿的年均房价为234.2元，低于全国的327元，80分线民宿的年均房价为 433.1 元，低于全国的 651 元，如图 3-103 所示。

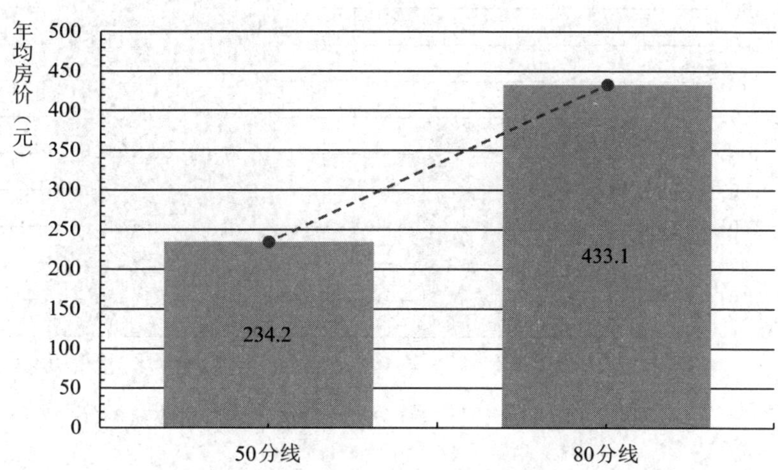

图 3-103　重庆民宿 50 分 /80 分线年均房价

3. 重庆民宿客房收益

重庆民宿平均客房收益 TOP3 的月份为 7、8、10 月，重庆民宿年均客房收益为 126.2 元，略低于全国年均客房收益的 136 元，如图 3-104 所示。

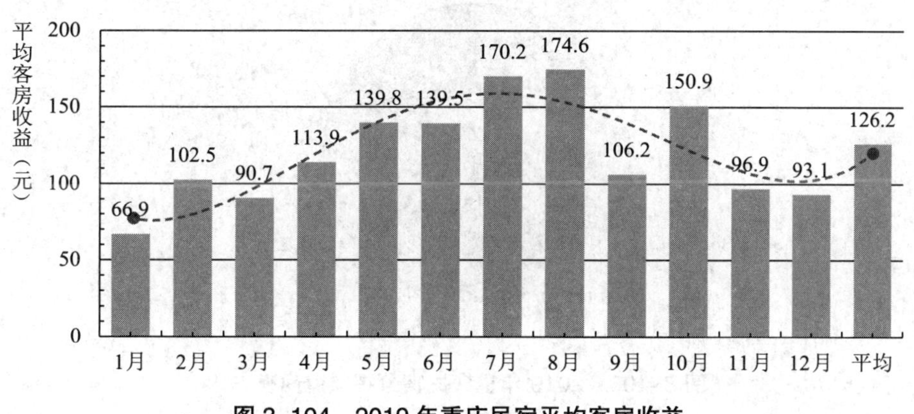

图 3-104　2019 年重庆民宿平均客房收益

重庆 50 分线民宿的年均客房收益为 117.4 元，80 分线民宿的年均客房收益为 188.3 元，均低于全国平均水平（121 元，247 元），如图 3-105 所示。

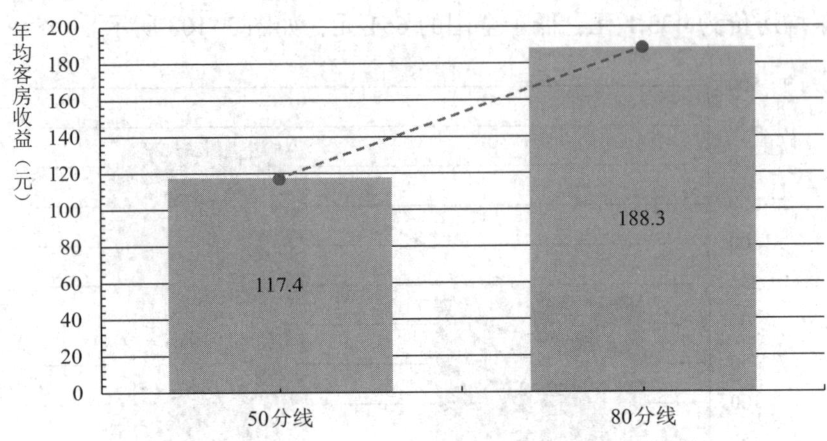

图 3-105　重庆民宿 50 分 /80 分线年均客房收益

4. 重庆民宿分销渠道

重庆民宿分销渠道中，携程间夜占比 19.5%，与在全国的 19.9% 基本持平，美团间夜占比 25.0%，高于在全国的 18.2%，“新四军”间夜占比 16.5%，高于在全国的 11.8%，如图 3-106 所示。

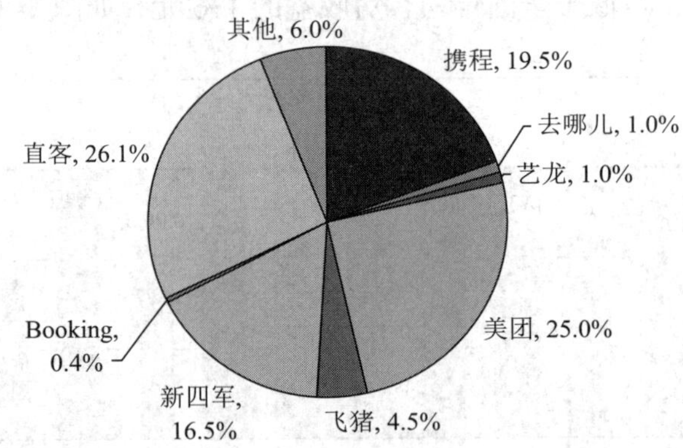

图 3-106　2019 年重庆民宿分销渠道间夜占比

5. 重庆民宿客源地分布

重庆民宿客源地，排名前三的城市分别是重庆、成都、北京，重庆本地客人最多，占比 24.32%，如图 3-107 所示。

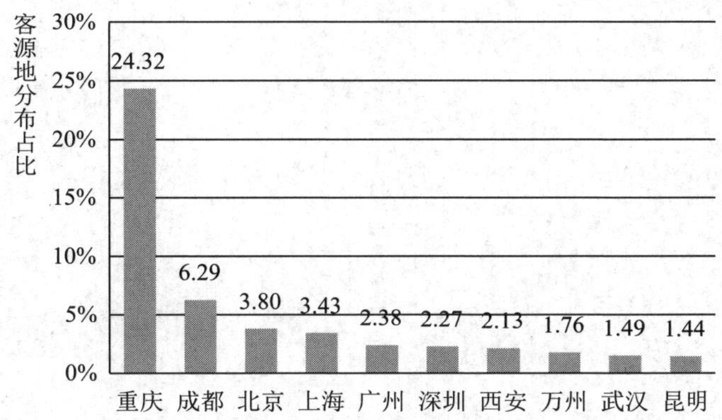

图 3–107　2019 年重庆民宿客源地分布（TIP10 及占比）

6. 重庆民宿入住率和房价的统计关系

重庆民宿房价多集中在 100~400 元之间，入住率随着房价的上升而下降，如图 3–108 所示。

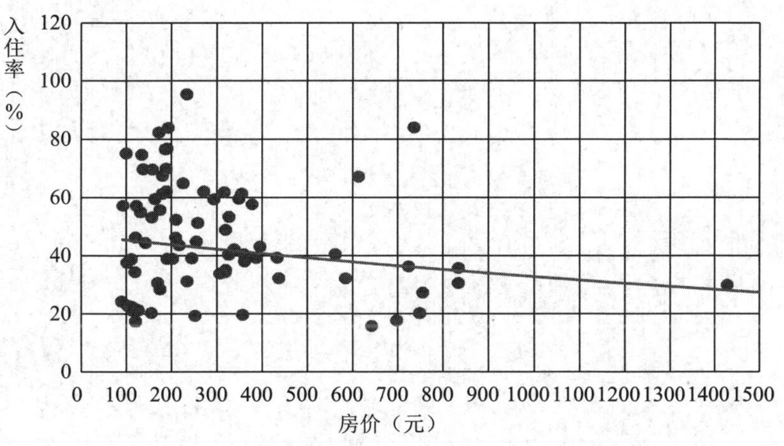

图 3–108　2019 年重庆市民宿入住率和房价的统计关系

第四章

全国民宿品牌发展[①]

① 本章作者：徐灵枝（广东民宿发展研究院），方超（广东安途文旅发展有限公司）。

随着市场对高品质民宿产品需求的增加，品牌化成为民宿发展的必然趋势。近年来，国内精品民宿品牌数量越来越多，市场竞争激烈，各民宿品牌经营规模不断扩张，民宿品牌呈现出集团型、连锁加盟型、自营连锁型、单体品牌、集群型区域品牌等类型。与此同时，区域民宿公共品牌的打造开始出现，并受到许多地方政府的重视。

一、民宿品牌类型及特点

（一）集团型

一些民宿品牌在发展过程中从“单一民宿”走向了“文旅集团”，业务覆盖精品民宿、民宿村落、田园综合体、特色小镇、规划设计、运营管理等多个领域。例如，民宿界的两大巨头乡伴文旅和千里走单骑。

乡伴文旅

乡伴文旅原舍民宿品牌创立于2010年，起源于德清莫干山，随后在阳山、苏州、南京、云南、松阳、锦溪等地进行民宿品牌扩张。经过多年积累，乡伴文旅陆续开发了一系列相关业态，包括连锁民宿“乡伴原舍”、亲子教育乐园“绿乐园”、田园综合体“理想村”、规划设计“朱胜萱工作室”、工程建设“乡伴枫桥”等。目前，乡伴文旅投资运营管理的项目，分布在浙江、江苏、山东、上海等 12 个省份，包含 20 个理想村、19 家原舍民宿、6 家绿乐园、3 家树蛙部落野奢民宿、2 个文创园等。如今，乡伴文旅已成为国内精品乡建全程服务商，以强大的设计研发和专业的运营管理及资本的助推，实现了设计、建设、运管一体化服务。①

千里走单骑

千里走单骑民宿品牌创立于 2010 年，倡导“艺术氛围与在地趣味”度假理念，走出了一条“从民宿、民宿群落到文旅小镇”的发展道路，其品牌服

① 资料来源：乡伴文旅官方网站。

务包含了精品民宿、文化艺术、定制旅行、生态农业、行业培训、文旅小镇整合运营等。2016年，千里走单骑开始联合国内外20个民宿品牌，汇聚成IP聚集，共同打造民宿群落。目前，在浙江莫干山、江苏阳山、北京延庆、福建武夷山、广西桂林等地布局以民宿群落为主体的文旅产业小镇。如2018年千里走单骑选择北京延庆的空心村，利用村内20世纪四五十年代到七八十年代的老建筑，打造延庆百里画廊度假文旅小镇，一期规划建设了100栋建筑，大约有20家民宿，文旅小镇配套功能齐全，规划了36种旅游业态，有果园、水吧、禅修、日料，以及儿童滑雪场、越野赛道、骑行长廊等项目。

（二）连锁加盟型

加盟连锁是指民宿品牌把自己开发的民宿产品，服务营业系统（包括商标、商号等企业形象，经营管理模式等），以营业合同的形式，授予加盟店，在规定区域内加盟者可以利用该品牌的形象、声誉等，吸引用户。加盟连锁的方式可以解决单体民宿在民宿投资、经营管理、宣传销售、渠道支持、标准培训、优质供应链等方面的一系列问题。这方面的主要品牌民宿有花筑、游多多久栖、亲的客栈、欢墅、云上四季民宿等。

花筑。花筑为旅悦集团旗下的客栈民宿品牌，其客群定位以青年人为主，通过加盟连锁的方式进行品牌扩张，全国门店数已超过260家，集中在云南、浙江、广东等地区，并在日本、韩国、泰国等国家开设多家民宿。

游多多。游多多分为自营店以及加盟店两种模式，并提供预订平台，游多多自行研发了一个包含订单、财务等管理，以及与OTA对接等功能的客栈民宿PMS管理系统，通过这个系统，确保各个加盟店的房价和库存的准确性，游多多主要负责远程协同信息平台的搭建、品牌整体的宣传推广，基本不干涉民宿装修、人员聘用等细节。

（三）自营连锁型

自营连锁是指民宿连锁品牌的总部通过独资、众筹等方式开设分店，所有分店由总部统一领导经营，总部对各分店实施人、财、物等方面的统一管理。自营连锁方式的优势在于统一管理的模式能够保证各个连锁店的品质。如泊云心舍、诗莉莉、过云山居、墟里、宛若故里、禾肚里、邂逅时光、童话、云山美地、阳光纳里等知名民宿品牌。

宛若故里。宛若故里目前自营了2家民宿，分别位于丽江和广州。故里的初心是通过“五个一”:“一个故乡人＋一座美宿＋一个私旅行+一个物产＋一个故里客社群”，发起新的上山下乡运动，在全国热门旅游目的地、及北上广深周边2小时车程的美丽乡村实现简单复制。通过众筹、众包、内部创业模式，在民宿业来一场故乡控、设计控、生活美学控的逆袭。这种发展模式被称为民宿界的“小米模式”。如今，宛若故里形成了“美宿+好物+好课”的产品体系。

（四）单体品牌

单体品牌是指仅开设一家门店，注重小而美、小而精，精耕品质与服务的民宿品牌，如耘境·见山、辰礼等。

耘境·见山。坐落于深圳大鹏新区七娘山脚下，距离海滩10分钟路程，苍翠群山雄伟壮丽尽收眼底，轻绕云雾宛如海上起伏的波涛，汹涌澎湃。民宿提供特色私房菜，可预订海上帆船、出海捕鱼、海鲜大餐等服务。民宿由知名设计师精心打造各种房型，房内设有日立空调、万豪洲际等星级酒店同款Serta床垫、GABO全智能电动马桶、GABO浴缸、网红冰箱、自助厨房、休闲品茗、免费Wi–Fi等设施，价格在1000~2000元之间，是深圳的网红民宿。

（五）集群型区域民宿品牌

集群型区域民宿品牌是指在特定区域内，由于民宿市场、资金、人才的推动，人为打造或自然形成的规模化的民宿集群，民宿集群不断朝着品牌化的方向发展，最终发展成为集群型区域民宿品牌。集群型区域民宿品牌有利于增强当地民宿品牌的知名度和辨识度，增强其核心竞争力和对目标客源的吸引力。例如浙江的莫干山，广东的较场尾等。

莫干山。莫干山位于浙江省湖州市德清县。莫干山的民宿在2006、2007

年以“洋家乐”开始起步，到 2013 年开始爆发。民宿规模从 2013 年的三四十家发展到如今的一千多家，精品民宿聚集，配套的休闲业态逐渐丰富，并成立莫干山民宿学院。莫干山已经成为国内民宿行业，乃至乡村休闲旅游产业的一个样板。每年有将近四五十拨来自各个省份的“考察团”前来取经。莫干山的民宿品牌也开始整合在一起，走出莫干山，在国内其他地方与政府合作开发民宿村落等项目，莫干山已经开始走向经验输出、管理输出，乃至品牌输出的另一个发展阶段。

较场尾。深圳市大鹏新区较场尾民宿小镇发端于 2007 年，是一个贴近海岸线的村子，最早由外来的冲浪及帆板爱好者自发改造民居用于经营，如今已形成拥有约 600 个民宿的民宿集群品牌。2015 年，大鹏新区颁布广东省内第一部民宿管理办法《深圳市大鹏新区民宿管理办法（试行）》，引进第三方机构制定 SGS 民宿标准。2017 年大鹏新区印发了《大鹏新区民宿综合整治与规范管理工作方案的通知》《大鹏办事处既有民宿规范纳管操作指引（2017 年 6 月版）》，大鹏新区民宿协会发布《民宿产业自律和惩戒办法》。较场尾这个自发形成的民宿村落，通过“政府 + 民宿协会 + 民宿公司 + 民宿主”的模式成为广东省内乃至国内“民宿标准化建设 + 民宿品牌化发展”的典范，入选首批全国六个“国家级美宿小镇创建示范单位”。

二、2019 年民宿品牌大事件

（一）环球融创与千里走单骑合作宿管平台

2019 年 11 月 27 日，融创中国以人民币 152.69 亿元的对价收购云南城投集团持有的环球世纪及时代环球（目标公司）51% 的股权。交易完成后，目标公司更名重组为环球融创会展文旅集团（以下简称“环球融创”）。

与此同时，环球融创和国内民宿品牌巨头千里走单骑，共同成立了四川环球融创千里走单骑民宿酒店管理平台，负责单体民宿品牌的 IP 打造和民宿群落的策划运营。此举一方面表明，环球融创对生活方式内容的创新研发，对兼具专业度和人性化的精细化运营能力的高度重视；另一方面，也表明环球融创的文旅版图，开始对分支领域民宿行业的发展产生关键影响。

环球融创千里走单骑宿管平台定位为环球融创文旅小镇民宿群落的综合服务运营商，主要有四个业务方向：一是打造五个各具特色，人群细分、消费细分的单体民宿品牌，包括艺术文化类、女性悦享类、家庭亲子类、时尚奢侈类和禅修养生类；二是进行每个民宿群落的总体布局、产品策划和规划指导，并形成一套匹配环球融创文旅小镇体系需求的标准化运营管理机制，为民宿群落的业态招商、民宿运营、品牌推广等环节提供高效服务；三是在农耕、手作、文创、餐饮、酒吧、图书馆等配套业态上进行策划落地，打造高品质的乐园场景，满足民宿群落度假区内更多层次的度假体验需求；四是协助集团公司开拓新的业务，获取更多优质土地资源及项目，完成环球融创文旅小镇的全国布局。

融创携手环球，环球融创又携手千里走单骑，至此，文旅小镇和民宿群落之间产生了具有前瞻力的新型关系：文旅小镇构筑包含会展、乐园、高星级酒店群在内的可持续生态，为民宿群落提供资金、资源、流量支持和综合管理服务；民宿群落负责生产精准内容，提供个性化服务，提供美好生活体验，民宿群落内的单体品牌也由此有足够的机会得到长远发展。中国民宿行业历经小众情怀时期、单店爆款时期、疯狂扩张时期、大浪淘沙时期，此刻似乎在新的契机下，进入更加健康、专业的发展阶段。①

（二）乡伴集团 B 轮融资

2019 年，挚信资本开始与乡伴集团接触，双方共同看重乡村发展在未来 20~30 年的长期潜力。挚信资本创建于 2006 年，集中投资于教育、医疗、文旅、娱乐等生活服务领域，如美团点评、豆瓣、一条、果壳、好大夫等知名企业，投资乡伴文旅也是其构建生活服务生态圈的布局。在 2020 年 2 月，乡伴文旅集团宣布完成 B 轮融资，引入挚信资本 2 亿元人民币等值美元投资，

① “融创”携手“环球”，民宿行业也将受到大影响？［OL］. http：//finance.sina.com.cn/stock/relnews/hk/2019-12-03/doc-iihnzhfz3258998.shtml.

估值达到 10 亿人民币。乡伴文旅也于同期完成品牌标识更新，在原有基础上加入“Xband”这一英文元素，乡伴文旅董事长朱胜萱表示，“X 代表未知，这也是我们将换标提到这一轮融资来的原因之一——在资金的支持下，我们要去做更多 X 的探索。”

（三）斯维登集团全资收购有家美宿和城宿

2019 年 12 月 3 日，斯维登集团宣布全资收购两家以发展线下城市民宿业务为主的企业——城宿和有家美宿，城宿和有家美宿成为斯维登集团旗下的两个子品牌。完成收购后，斯维登集团形成了三条业务线：城市副中心及近郊的公寓业务线，包括斯维登公寓系列、家蜓酒店公寓系列；景区目的地别墅、客栈业务线，包括欢墅（度假别墅）系列、途窝（景区客栈）系列；核心城市核心地段的城市民宿业务线，就是城宿、有家美宿。至此，斯维登集团目前拥有房源超过 6 万间。有业者称，民宿供给端市场的“独角兽”将出现。

斯维登集团收购的这两家企业来头不小。城宿成立于 2017 年 5 月，在 2018 年 7 月，因获得爱彼迎 500 万美元投资而被业界高度关注。有家美宿成立于 2018 年 4 月，脱胎于蚂蚁短租。蚂蚁短租的原控股股东是 58 集团，2016年，途家全资收购了蚂蚁短租，58集团也成了途家和斯维登的股东之一，58 集团旗下的 58 产业基金又是有家美宿的重要投资方之一。

城市民宿房源分散、服务链条长、管理成本高，出现头部企业的确更容易发挥规模效应，可以对房源进行集中化管理，提高行业效率。斯维登此举或许会加速城市民宿房源市场的整合进度。[①]

三、区域民宿公共品牌发展

（一）区域民宿公共品牌

区域民宿公共品牌是指基于特定地理区域范畴，由官方或政府控制、主

① 王玮. 斯维登全资收购城宿、有家美宿 民宿供给端再起风云［J］. 中国旅游报，2019-12-05.

导的民宿品牌，该民宿品牌由区域内的众多民宿主体共同拥有，并共同创造、共同使用、共同享受品牌带来的利益，民宿主体在政府主导下实现共同的民宿品牌建设。

区域民宿公共品牌的建立有利于提升区域民宿产品的整体形象、知名度和影响力；有利于进行整体推广营销；有利于促进当地民宿的标准化建设和品质化发展；有利于促进行业管理。因此，许多地方政府开始重视并逐步打造当地的区域民宿公共品牌。

以广东省的韶关市和广州市为例。目前韶关市规划曲江区重点打造“曲江美宿”民宿公共品牌，仁化县重点打造“丹霞仁家”民宿公共品牌，始兴县重点打造“墨江人家”民宿公共品牌，乐昌市重点打造“桃李人家”民宿公共品牌，翁源县重点打造“兰韵民宿”民宿公共品牌。广州市在《广州市民宿旅游发展专项规划（2018—2035）》中提出打造“花城人家”区域民宿公共品牌。

（二）“丽水山居”公共品牌案例

2019 年 4 月，浙江省丽水市“丽水山居”集体商标注册成功，标志着丽水市农家乐民宿正式拥有区域公共品牌，这是浙江省首个地级市注册成功的农家乐民宿区域公共品牌。

“丽水山居”是丽水市农家乐民宿区域公共品牌，是发展乡村产业、促进农民增收、助力乡村振兴的重要抓手。通过全域化布局、多样化推进、集群化发展和品质化提升，“丽水山居”在“富民、旺业、兴农”道路上跑出了“加速度”。截至 2019 年，丽水市农家乐民宿共有 4300 余家。2018 年，全年共接待游客 3451 万人次，实现营业总收入 41 亿元，分别同比增长 24%、33%。截至 2019 年 4 月，丽水市已认定了 71 家“丽水山居”农家乐综合体示范项目和 83 家精品民宿示范项目。形成了“协会 + 经营户”“村 + 合作社”“股份制 + 农户”“工商资本”等四种经营模式，不断推动“产区变景区、产品变商品、民房变客房”，促进一、二、三产业融合发展和农民增收致富。“丽水山居”集体商标成功注册后，将进一步提升产业品牌知名度，并为接下来全市农家乐民宿品牌保护奠定坚实法律基础，将在维护广大经营主体的权利，推动农民脱贫致富，努力实现乡村振兴进程中发挥积极作用。①

四、广东民宿品牌的地区发展特点

广东民宿近年来发展迅猛，根据中国旅游协会民宿客栈与精品酒店分会在2019年全国民宿大会上发布的行业报告，截至2019年11月14日，广东民宿数量17176家，位居全国各省份第一。深圳大鹏半岛民宿群、仁化丹霞山民宿群、增城“万家旅舍”民宿群、从化米埗民宿群、清远“清新人家”民宿群、惠州罗浮山和南昆山民宿群等区域民宿集群品牌已经形成。丹霞印象、禾肚里、爱树、吾乡石屋、泊云心舍、宛若故里、慕吉、耘境、壹品寒舍、辰·禮等精品民宿品牌不断涌现，花筑、诗莉莉、乡伴等国内民宿品牌也纷纷落户广东。但是，广东不同地区的民宿发展特点却各不相同。

（1）深圳市大鹏新区——小品牌众多且富集。深圳大鹏半岛山海等自然资源和古城等历史文化资源相辅相成，是深圳的旅游名片。大鹏的民宿品牌特点是小品牌众多且富集，半数以上的民宿为单店经营，连锁经营的民宿品牌以2个门店居多，但耘境、壹品寒舍、辰·禮、52赫兹等精品网红品牌较多，且集中分布在较场尾、东西涌、葵涌等沿海村落。最早自然形成了一个个民宿村落，进而形成大鹏半岛民宿集群，最终发展成为区域民宿品牌。

（2）韶关市丹霞山——1个民宿品牌巨头+N个小品牌。韶关市的民宿起源于世界自然遗产、5A级旅游景区丹霞山，丹霞山已形成拥有约400家客栈民宿的集群，主要集中在丹霞山周边的瑶塘村、断石村、青湖塘村。丹霞山的民宿品牌发展特点是“1个民宿品牌巨头+N个小品牌”，丹霞印象拥有10家民宿，曾获得“首批中国精品民宿客栈示范店”“2017最受欢迎客栈民宿”等荣誉。

（3）广州市增城区——当地政府打造“万家旅舍”公共民宿品牌。增城

① 钟根清.“丽水山居”集体商标注册成功　全省首个地级市农家乐民宿区域公共品牌诞生［J］.丽水日报，2019-04-19.

“万家旅舍”由当地政府大力培育，并成立国有企业广州增城万家旅舍管理有限公司进行统一运营管理。目前，增城区有257家民宿符合“万家旅舍”民宿标准，并悬挂统一标识的灯箱，占全区民宿总量的32%。增城区民宿产业的火热发展吸引了一批精品民宿客栈入驻，目前慕吉云溪·山居、麦客·和客等精品民宿已有50多家，其中慕吉云溪·山居荣获“2017世界华人建筑师创作奖”。

第五章

2019全国民宿投融资分析[①]

① 本章作者：张巍华、周海斌（北京多彩投网络科技有限公司）。

一、2019 年国内民宿投融资分析报告

2019 年，国内民宿产品在品牌化、标准化方面发展较为缓慢，民宿融资情况整体也出现增速放缓。因为民宿行业一直存在融资渠道单一的困境。本章重点聚焦民宿常见的融资渠道，包括银行贷款、专业投资机构（风险投资）以及互联网融资服务三个方面，来具体分析 2019 年民宿领域的投融资情况。

（一）银行业务寻求创新，支持非标住宿行业发展，短期较难突破传统风控体系

银行作为传统的金融机构，为支持实体经济建设，发挥了不可替代的作用。据中国人民银行统计，2019 年末，金融机构人民币各项贷款余额 153.11 万亿元，同比增长 12.3%；全年增加 16.81 万亿元，同比多增 6439 亿元。

住宿业是实体经济的重要组成部分，在传统酒店领域，因产权清晰、经营规范、收益稳定等优势，无论是抵押性贷还是经营性贷款，审批相对容易。甚至有些银行，如中旅银行、光大银行、桂林银行等联合酒店品牌集团及头部 OTA，针对行业研发金融产品，如酒店装修贷等。

相比传统酒店而言，民宿属非标住宿，体量小且分散，营收波动大、分险承受能力弱，属于银行次级关注的领域。但因其在乡村振兴与城市更新中，发挥了重要作用，逐步被银行等金融机构关注，并加大支持力度。尤其是地方性商业银行，将其视为激活当地经济新增长的重要领域。然而在银行业务的开展实践中，在控制整体性风险的考虑下，银行的风控体系短期难有较大突破，依然以个人担保、实物抵押等作为先决条件。

建设银行在行业内较早开展民宿融资业务，2015 年出台了《“民宿贷”个人助业贷款产品方案》，全力助推民宿建设，并以深圳市大鹏新区为先行试点。其中，较场尾已成长为深圳最大、最集中的民宿基地，从初期的仅 20 多家民宿，迅猛发展到如今的 500 多家，享有“深圳的鼓浪屿”之盛誉。

北京银行，立足北京“文化中心”定位，为特色民宿产业注入更大驱动力，发布了“千院计划”，以金融支持北京银行特色民宿项目，计划 3 年内建

设改造 1000 家特色民宿小院，新增 2 万个就业岗位。

江浙沪一带，是中国高端民宿聚集地，数量和品质均排名前列。浙商银行为加大扶持力度推出“小微民宿贷”。产品在贷款期限、还款方式等方面都做了调整。考虑到民宿改造、装修耗时较长，该贷款期限最长可达 2 年，保证借款人能充分利用资金。根据贷款用途、资金周转情况，借款人可选择分期还款等多种还款方式。根据借款人信用等级直接确定授信额度和贷款利率，金额最高 75 万元。

（二）专业投资机构投资民宿数量减少，资本青睐在行业内深耕垂直领域的品牌，注重企业壁垒

根据中国饭店协会民宿客栈委员会与众安民宿联合起草的《2018 中国民宿客栈行业发展报告》，截至 2018 年，民宿产业资本基金规模达 1000 亿元，专业机构达 50 余家。

2018 年，通过各种媒体渠道追踪到文旅行业公开的投融资事件 296 起，以此统计已披露的投融资总金额达到 13741.97 亿元，但总金额中的 92.53% 流向了文旅特色小镇和文旅综合体，两者投资规模合计达到 12714.99 亿元。在 2018 年资本市场收紧的大背景下，非标住宿业态的投资和融资热度有所下降。但在国家政策的推动下，中小学生研学旅游市场正在增长，同时体育、自驾、康养等细分市场正在朝更加成熟的方向发展，研学营地、户外扩展营地、汽车营地、康养营地等业态投资有所增长。非标住宿主要指民宿、客栈、营地、房车、短租公寓等住宿服务。2018 年非标住宿领域新增投融资事件 6 起，投融资总额为 6.13 亿元，仅占投融资总额的 0.044%。

2019 年整个民宿市场的发展仍保持平稳态势，投资机构趋于理性。截至 2020 年 1 月底，笔者统计得到公开的民宿融资共计 14 笔，如表 5–1 所示。可以看到，民宿预订平台获得 6 笔投资，民宿托管运营公司获得 3 笔投资，民宿品牌获得 4 笔投资。

表 5–1　2019 年全国民宿融资情况统计（根据公开信息统计）

融资时间	公司 & 产品特色	融资金额	投资方
2019 年 1 月	夜鱼快宿：快捷式 C2B 住宿反向预订平台。该平台提出了“把定价权交给用户，由用户说了算的”反向预订概念，同时还借鉴了滴滴打车模式，带给用户良好的预订体验，能做到自己出价、酒店抢单、三秒订房。	天使轮，未披露融资金额	万漉资本
2019 年 1 月	美丽新乡村：国内首家乡村闲置农房运营商，盘活乡村房屋资产，提供房屋装修、改造，并提供民宿预订服务。	天使轮，未披露融资金额	土流网
2019 年 2 月	想住科技：民宿领域的科技公司，旗下拥有时尚民宿预订平台“悦宿”。	数百万元天使轮	西藏柏树投资
2019 年 2 月	易民宿：主打民宿 + 主题游方向，将视野延伸到欧美等旅游资源国家。	A 轮，未披露融资金额	香港旅馆集团
2019 年 4 月	周末酒店：最初定位是高端度假酒店推荐和预订服务平台，后调整为会员制度假服务平台。	B 轮，未披露融资金额	晨兴资本、戈壁创投
2019 年 5 月	蚂蚁民宿：是一家以“连锁 +”为核心发展模式，为民宿投资人提供更便捷投资方向的民宿管理公司，门店选址定在国内 4A 景区内或周边。	500 万元	杭州鹭青文化创意有限公司
2019 年 5 月	木鸟短租：共享住宿平台，房源超过 80 万套。	数千万元 B2 轮	华冠资本、达晨创投、梅花创投
2019 年 7 月	盒子空间：面向本地高校，除提供住宿服务外，还提供集游戏观影、商务会客等多元场景为一体的分时休闲住宿空间。	过千万元 A+ 轮	浅石创投
2019 年 7 月	城市经济民宿品牌“让渡居”，主打高性价比，强调通过数字技术来提效降本。	200 万元种子轮	DELSK
2019 年 10 月	「OSTAY」：早期以自营的模式在日本打造民宿样本，之后以全托管业务为主，服务对象包括民宿和酒店，并将业务拓展至澳大利亚、泰国等国家。	近千万美元 A 轮	大和证券、新加坡 ACA 投资集团以及日本的一家地产投资基金

续表

融资时间	公司 & 产品特色	融资金额	投资方
2019年11月	共享闲居（全名：海南优的家物业管理有限公司）：是一家旅游住宿共享服务平台。避开酒店、民宿等短租市场的竞争，共享闲居定位在三个月至一年的长租市场，目标用户为来岛深度旅游者、家庭旅游者、企业团体旅游者等。	150万元天使轮	个人投资者牛丽娜
2019年11月	潮宿Keys：提供民宿中台服务，管理房源2500套。	数百万元战略轮	YC中国，陆奇博士
2019年12月	ttg：成立于2011年，前身是设计工作室，现以住宿为核心，打造了复合式旅宿空间，同时创造了"住+X"消费场景和流动社区。	千万元A轮融资	魔量资本
2019年12月	斯维登集团收购城宿、有家美宿，拥有民宿房源超过6万套。城宿定位于城市民宿运营商，曾获得爱彼迎（Airbnb）投资，运营国内一、二线城市的住宿产品，包括高档社区公寓、胡同四合院、洋房别墅等。有家美宿产品线包括城市民宿、酒店公寓、度假别墅、景区民宿等全系列旅游住宿场景。	收购	斯维登集团、爱彼迎、58集团

通过对公开披露的投资投融资信息进行分析，我们不难发现，2019年专业投资机构在筛选投资标的时的一些变化：

首先，专业机构更加青睐于深耕垂直领域的品牌，并且注重产品的竞争优势。比如让渡居主打消费降级，提供经济平价的民宿住宿产品；盒子空间针对大学生这样的特定消费人群。

其次，在民宿共享预订平台的投资选择上，风险投资机构也更注重从国内向海外的布局。如易民宿深耕东南亚地区，并有着进军欧美市场的规划。AsiaYo拥有我国台湾、香港，以及日本、韩国、泰国等其他国家和地区的房源。

（三）伴随着度假民宿品牌发展增速放缓，头部互联网融资平台对民宿项目的投资趋于严格，增速同比放缓

我国互联网非公开股权融资平台发轫于2011年，在过去近10年的时间

里快速经历了萌芽、增长、爆发和洗牌等阶段。互联网非公开股权融资是一种新型投融资服务方式，主要是指融资项目方通过互联网形式进行的非公开股权融资行为，这类融资服务通常被称为“众筹”或“股权众筹”。

2015 年 7 月 18 日，中国人民银行等相关部委共同发布的《关于促进互联网金融健康发展的指导意见》中明确了，“股权众筹融资主要是指通过互联网形式进行的公开小额股权融资的活动。”股权众筹融资具有公开、小额、公众的特点，这与当时的“私募股权众筹”有着本质的不同。2015 年 8 月 10 日，中国证券业协会根据《关于对通过互联网开展股权融资活动的机构进行专项检查的通知》（证监办发〔2015〕44 号）精神，将《场外证券业务备案管理办法》第二条第（十）项“私募股权众筹”修改为“互联网非公开股权融资”。至此，意味着互联网非公开股权融资平台已不宜再冠以股权众筹的名义。

编者针对《众筹服务行业年度报告（2016—2017）》和《2017 年中国互联网非公开股权融资行业发展报告》中提及的融资平台的运营现状进行了调查，整体情况如表 5-2 所示。

表 5-2 我国主要实体项目互联网非公开股权融资平台

序号	平台名称	投资实体行业	注册地	注册时间	2020 年现状
1	众筹客	酒店民宿、休闲娱乐	北京	2015-2	正常
2	天使街	酒店民宿、休闲娱乐	北京	2014-5	正常
3	人人合伙	充电站	深圳	2015-3	正常
4	九点投	精品连锁酒店	深圳	2015-11	无法登录
5	靠谱投	餐饮	天津	2018-11	正常
6	开始吧	餐饮、民宿、休闲娱乐	厦门	2014-9	正常
7	第五创	餐饮、酒店民宿、商业	深圳	2015-4	正常

续表

序号	平台名称	投资实体行业	注册地	注册时间	2020 年现状
8	迷你投	公寓、酒店、商业	北京	2015-10	正常
9	投融界	综合型，包括酒店、民宿	杭州	2012-6	正常
13	多彩投	酒店、民宿、商业	北京	2014-10	正常

注：表中官网现状的调查时间为 2020 年 6 月。

资料来源：各平台官方网站、企查查。

通过整理，我们发现，2019 年仍在活跃的融资服务平台已出现明显的业务侧重点调整，将原有以民宿及精品酒店为主的业务对象，开始转向农业、餐饮并行，或者是将民宿业务占比下调，这也与民宿行业发展放缓息息相关。

二、2019 年民宿互联网非公开股权融资数据分析

我国民宿投融资的渠道较为单一，专业投资机构公开的融资数据也较少涉及这一具体领域，所以为了便于更多民宿从业者了解融资情况，本部分将集中对互联网非公开股权融资这一融资方式的头部平台数据即：多彩投、开始吧进行分析，以 2019 年 1 月 1 日—2019 年 12 月 31 日的数据为主，并与 2018 年同期进行对比，以一窥全貌。报告中所呈现的信息皆采集自各融资平台官网，采集时间点为 2020 年 1 月。

（一）融资项目增速放缓

平台比较而言，多彩投和开始吧两大平台基本全面占领民宿融资服务市场，数量上开始吧在全国平台中属于领先地位，金额上多彩投线上已成功的民宿项目平均认筹金额为 391.1 万元，开始吧平均认筹金额为 300 万元。

2019 年全年，两家平台成功融资的民宿项目数量为 93 个，其中多彩投 45 个，开始吧 48 个。公开融资总额 3.2 亿元，其中多彩投近 1.76 亿元，占比

约 55%，开始吧约 1.44 亿，占比 45%。

从数据反馈的情况，可以看到民宿融资项目整体增速放缓，同时融资规模和认筹金额同比下降。分析其原因有以下两点：

（1）民宿经过 2015 年、2016 年这两年的高速增长后，逐渐进入行业冷静期。民宿产业在经过几年的实际运营后，出现了投资回报不及预期的情况，所以，项目方更加谨慎和理性地看待开新店。

（2）各大平台的业务调整。为了保证平台较低的融资风险率，平台对融资项目的筛选流程更为严格。大量小规模家庭旅馆、农家乐等已很难达到融资平台上线标准，同时融资平台更加强调民宿的品牌化、标准化。从融资难易程度来看，品牌化和标准化将是未来民宿产业重要升级提质的重要方向。

（二）民宿融资地区分布

如图 5-1 所示，在 2019 年，融资成功的民宿仍集中分布在云南、福建、浙江、四川等省份，这与我国民宿整体分布较为一致。对比 2018 年的数据，可以看到，海外、江苏、云南、浙江等地区在平台上成功完成融资的项目数量严重下滑，而北京、上海作为国内的一线城市，保持稳定及增长势头，其中，上海成功完成民宿融资的项目数量增长超过 50%。

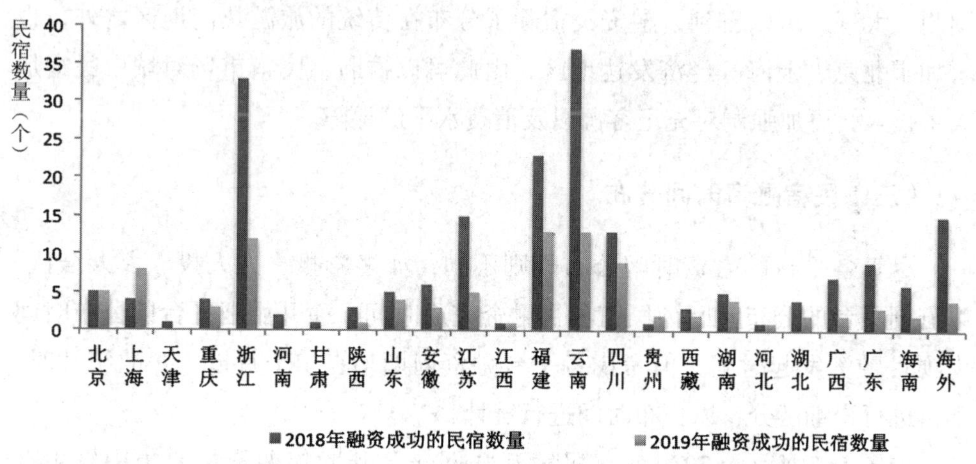

图 5-1　2019 年互联网非公开股权融资成功的民宿项目地区分布

如图 5–2 所示，从项目的融资额度来看，北京、上海、浙江等地区的民宿项目整体投资规模较大，多以精品度假民宿为主；而云南、福建等地民宿行业发展起步较早，以休闲舒适民宿居多，且投入规模略低，故出现项目数量多，但融资认筹规模较低的情况。

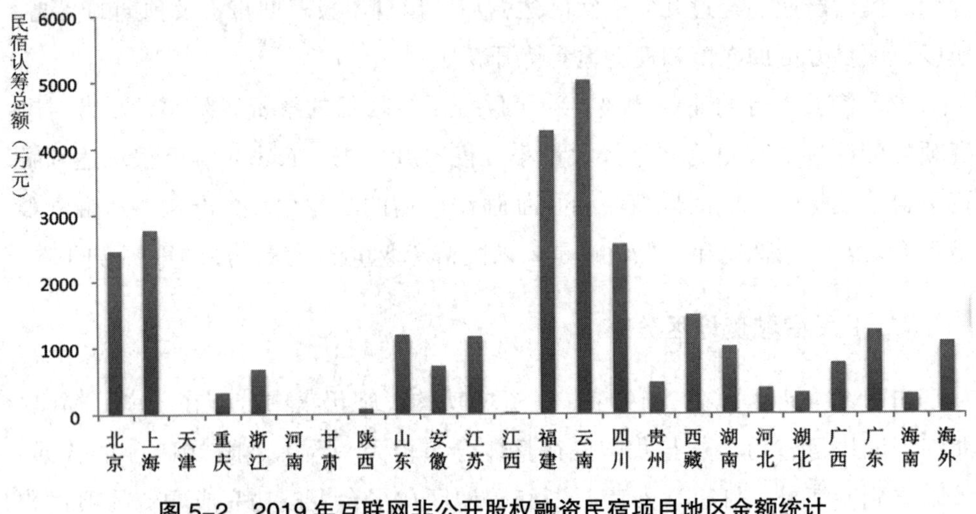

图 5–2　2019 年互联网非公开股权融资民宿项目地区金额统计

其中，民宿融资项目数量排名前五位的城市为厦门、上海、成都、北京、湖州、大理。可以看到，融资民宿除了分布在传统的旅游热门地区之外，也增加了北京、上海等经济发达地区，由此可以推断，民宿市场对城市民宿加大了投入，更加强调对充足客源以及消费水平的保障。

（三）民宿融资时间分布

尽管各平台的融资时间公布规则不同，如多彩投、人人投、人人合伙、第五创平台的公布时间为民宿项目融资完成时间，而开始吧平台的公布时间为项目融资发起时间，但考虑各平台融资周期均在 1 个月以内，故统计时，不再进行详细区分，以公布时间进行统计。

如图 5–3 所示，2019 年，民宿互联网非公开股权融资主要集中发生在 Q1、Q2 两个季度，其中 3—5 月较为持续密集完成融资。此处，暑期至国庆

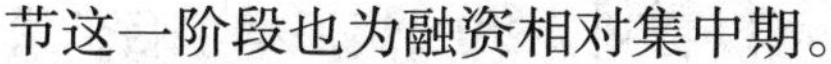
节这一阶段也为融资相对集中期。

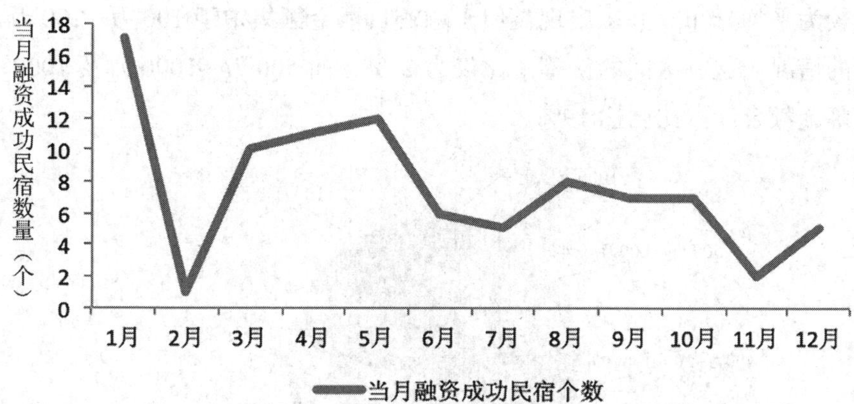

图 5-3　2019 年互联网非公开股权融资民宿项目数量时间分布

（四）民宿融资规模分布

由于开始吧平台公布的民宿融资目标金额普遍为 10 万元或 20 万元，该数据的参考价值不高，故以多彩投平台数据为样本对 2019 年民宿项目的融资目标金额进行统计，如图 5-4 所示。2019 年，我国民宿融资目标金额集中在 100 万 ~200 万元区间，占比为 61%，其次是 100 万元以下，占比 13%，获得 500 万以上融资的项目仅占 4%。

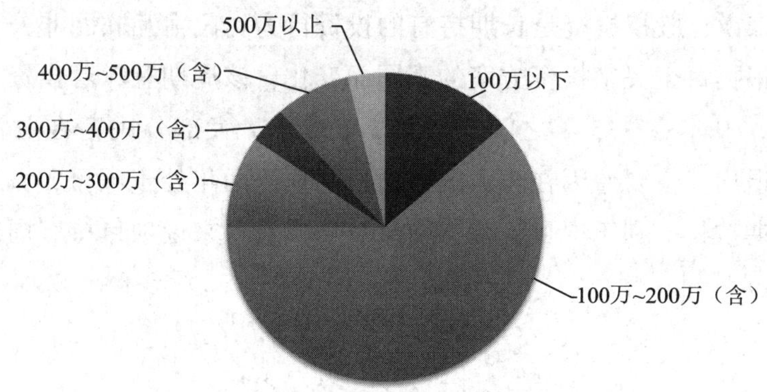

图 5-4　2019 年民宿项目互联网非公开股权融资目标金额

如图 5–5 所示，根据多彩投认筹数据，可以看到，2019 年民宿项目认筹金额较为平均分布，并未出现类似于融资目标金额集中于 100 万 ~200 万这一区间的情况。这一区间的认筹占比仅为 23%，而 500 万 ~1000 万及 1000 万以上认筹金额合计占比已达 19%。

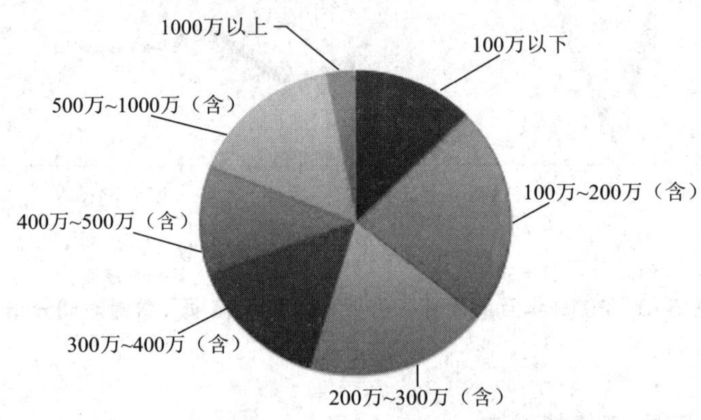

图 5–5　2019 年互联网非公开股权融资民宿项目认筹金额分布

由此可以看到，融资平台对于项目金额预估趋于保守，而资本对于民宿项目抱有极大的投资热情，于是出现目标金额与认筹金额分布不一致的情况。

（五）民宿融资周期分布

一般来说，股权投资是长期持有的投资行为。民宿互联网非公开股权融资的周期根据每个民宿投资方案的不同而变化，该周期意味着投资人股份的退出节点，基本在 3~5 年之间。如图 5–6 所示，大部分民宿在融资第三年或第五年退出。主要原因在于，民宿项目开业前两年处于项目爬坡期，将投资回本周期拉长，利于项目运营，同时对于投资人来说项目持有周期也可以接受。

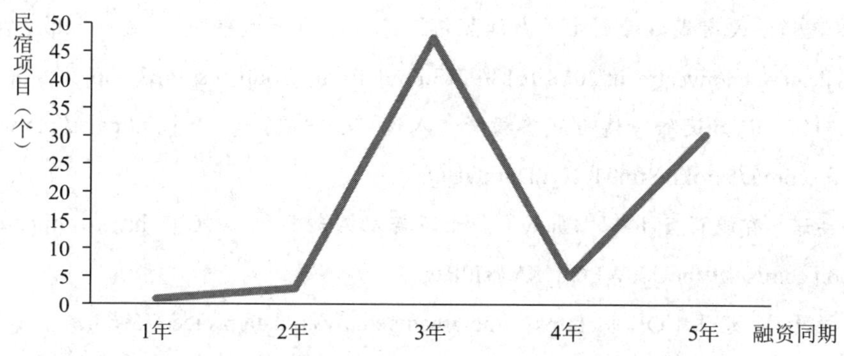

图 5-6　2019 年民宿项目互联网非公开股权融资周期分布

本章参考文献：

［1］杨玉红．为何超三成民宿相继“脱单”？“民宿 +”有望成为未来发展趋势［J/OL］．新民晚报，2019-09-09. http：//newsxmwb.xinmin.cn/chengsh/2019/09/09/31582142.html.

［2］中国饭店协会民宿客栈委员会．2018 年中国民宿客栈行业发展报告［R/OL］. https：//www.sohu.com/a/302727502_653484.

［3］罗瑞红．旅游民宿评星定级！资本涌入，文旅 2.0 投资机构都关注哪些行业？［OL］. http：//www.tripvivid.com/articles/21834.

［4］格隆汇．盒子空间获千万融资，另类民宿的品牌化道路［OL］. http：//finance.sina.com.cn/stock/relnews/us/2019-07-10/doc-ihytcitm1075991.shtml.

［5］36 氪．城市经济民宿品牌“让渡居”近期获得了 200 万种子轮融资［OL］. https：//tech.hexun.com/2019-07-09/197789121.html.

［6］虎投邦．蚂蚁民宿完成 500 万元人民币融资［OL］. http：//www.ctcnn.com/html/2019-05-08/14567631.html.

［7］36 氪．木鸟短租完成数千万元 B2 轮融资，华冠资本领投［OL］https：//36kr.com/p/5202008.

［8］执惠．“台版 Airbnb”AsiaYo 获阿里等 700 万美元投资［OL］. http：//www.trip-vivid.com/articles/17955.

［9］铅笔道．民宿代运营创企“浙江黑樽”完成数百万元融资［OL］．http：//www.lvjie.com.cn/investment/2018/1113/9743.html?from=groupmessage&isappinstalled=0.

［10］潮宿．潮宿获陆奇博士战略投资，入选YC中国！［OL］．https：//mp.weixin.qq.com/s/5xfokD8fm94uN72D5txQUQ.

［11］英诺．智能酒店品牌［Ostay］获千万美元A轮融资［OL］．https：//mp.weixin.qq.com/s/4PVbeU_sWLO0_KVksI0RIg.

［12］投资界．想住［OL］．https：//newseed.pedaily.cn/data/project/72968.

［13］企查查．国内首家乡村闲置农房运营商美丽新乡村获土流网投资［OL］．https：//news.qichacha.com/postnews_ab3cea658ac5224d4d14ba7807ca1874.html?from=qcc.

［14］清科研究．万漉资本投资夜鱼快宿［OL］．https：//invest.pedata.cn/237225023.html.

［15］36氪．“共享闲居”获150万元天使轮融资［OL］．https：//baijiahao.baidu.com/s?id=1651448666617761895&wfr=spider&for=pc.

［16］界面新闻．斯维登全资收购城宿、有家美宿，爱彼迎成股东，58战略投资，行业再现“独角兽”？［OL］．http：//finance.sina.com.cn/stock/relnews/us/2019-12-03/doc-iihnzhfz3404243.shtml.

［17］投资界．周末酒店完成B轮融资［OL］．https：//newseed.pedaily.cn/data/invest/46837.

［18］36氪．想成为年轻人旅宿入口，「ttg」获魔量资本千万元A轮融资［OL］．https：//baijiahao.baidu.com/s?id=1653304026018957773&wfr=spider&for=pc.

［19］前瞻产业研究院．中国民宿行业市场前景预测与投资战略规划分析报告［R/OL］．https：//www.sohu.com/a/143954213_114835.

第六章

民宿社团建设分析[①]

① 本章作者：叶航（深圳市尽心致美文化发展有限公司）。

民宿行业社会团体组织，简称民宿社团，是指从事民宿行业的企事业单位、个体工商户及与民宿业密切相关的单位以及民宿行业的研究专家、学者等自愿建立起的，制定遵守行规行约、规范行业行为、协调同行争议、维护公平竞争、维护行业企业合法权益和民宿市场秩序的非营利性社会团体组织。

随着民宿行业的快速发展，以民宿行业协会为主的民宿社会团体组织应运而生，积极促进民宿行业健康、有序、可持续发展。

一、2019 年民宿社团组织发展特点

截至 2019 年 12 月底，国内共有 189 个在民政部门正式审批注册的民宿客栈社团组织[①]，另外，我国港澳台地区约有20个民宿客栈社团组织，且主要集中在台湾地区。

（一）国内民宿社团数量快速增长

从 2015 年开始国内民宿社团数量开始大幅度逐年增加，其中 2018 年、2019 年增长迅速，分别新增了 49 家、59 家民宿社团，如图 6–1 所示。

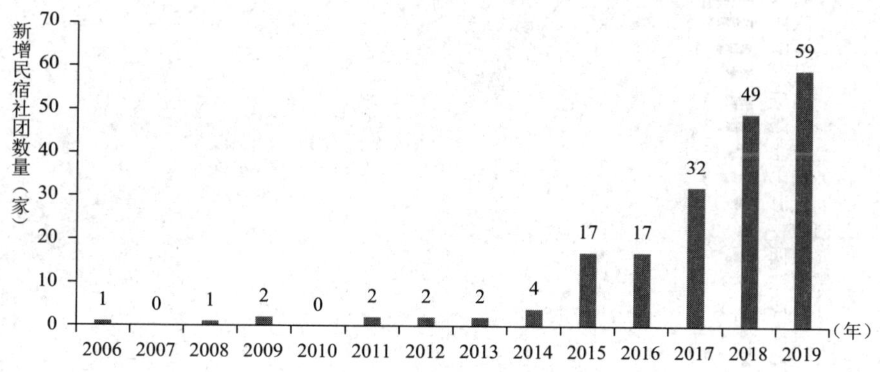

图 6–1　国内新增民宿社团数量

① 盘锦市大洼区民宿协会、莫干山镇巾帼民宿协会、江宁区禄口街道石埝社区民宿协会等3个民宿协会已成立，但未能在中国社会组织网查询到。

（二）浙江省民宿社团数量居全国首位

除5个国家级民宿社团，我国各省份共有民宿社团184个，如图6-2所示，浙江、广东、四川、云南、安徽的民宿社团数量在国内各省份中排名前五，分别有60、11、10、10、9家。浙江省以压倒性趋势居全国首位，占国内民宿社团总量的31.75%。浙江省共有2家省级协会民宿分会，即浙江省休闲学会民宿与客栈专业委员会和浙江省发明协会民宿创新专业委员会；2家省级民宿社团组织，浙江省民宿产业协会和浙江省旅游民宿产业联合会；4家地市级民宿行业协会；2家地市级协会民宿分会；24家区县级民宿社团；26家乡镇级、风景区级民宿社团。

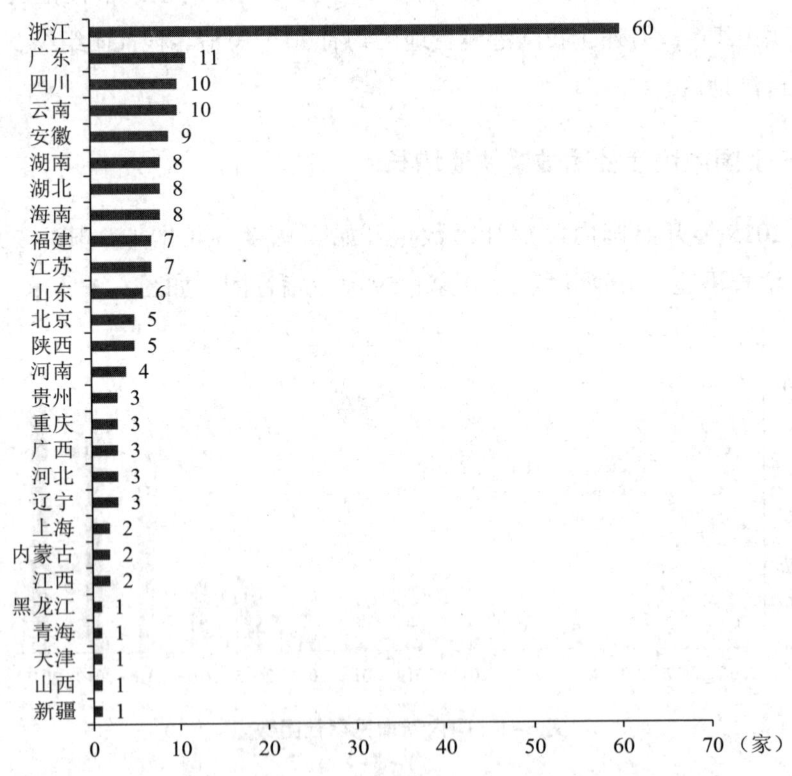

图6-2 全国不同省份民宿社团数量（未注明省份无民宿社团）

（三）2019 年地市级和区县级社团增长快

如图 6–3 所示，在国内各级民宿社团中，“区县级”和“乡镇级、风景区级”的民宿社团数量总体较多，分别有 63 家和 53 家。究其原因，一方面是民宿大多分布在乡村、小镇、景区周边，并大多呈现集聚效应，有利于行业自发成立当地民宿社团组织；另一方面是由于民宿能够促进当地乡村旅游和乡村振兴，而受到当地政府部门和旅游行业组织的鼓励和支持。

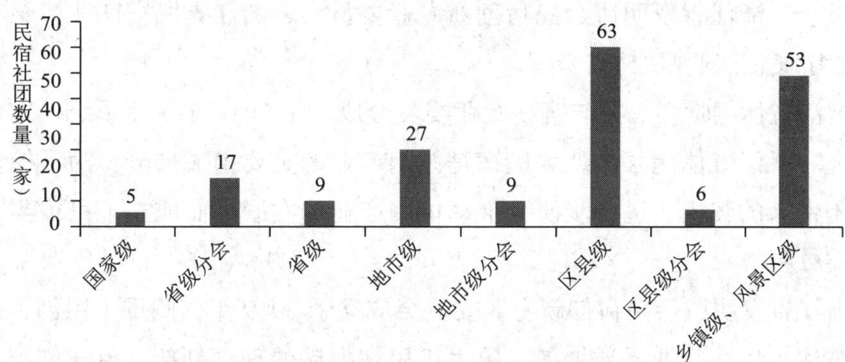

图 6–3　国内各级民宿社团数量

如图 6–4 所示，在 2019 年全国新增的 59 个民宿社团中，“地市级”和“区县级”数量较多，分别有 15 个和 20 个。原因是地方对民宿标准化的重视和行业管理的需要。

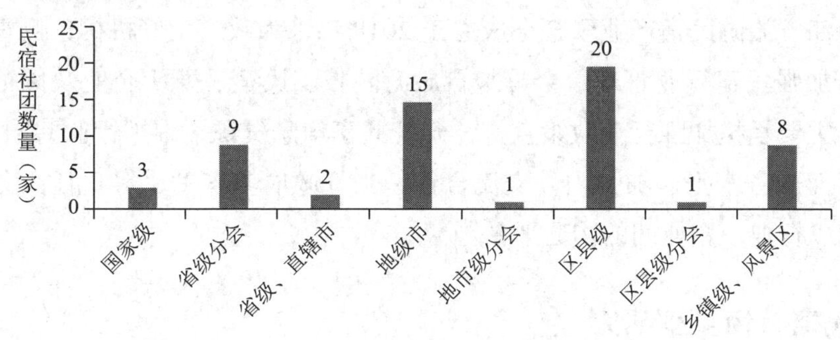

图 5–4　2019 年国内新增的各级民宿社团数量

（四）出现一个省份多个省级民宿社团的现象

浙江、北京、广东、河南、陕西、重庆等地出现一个省份多个省级民宿社团的现象，这说明民宿行业的发展受到旅游行业、休闲产业、建筑行业、创新产业等不同领域的关注和支持，同时，不同省级民宿社团侧重点各有不同，能从多方面促进民宿行业的发展。

例如，浙江有4家省级民宿社团，分别是浙江省休闲学会民宿与客栈专业委员会、浙江省发明协会民宿创新专业委员会、浙江省民宿产业协会、浙江省旅游民宿产业联合会。

浙江省休闲学会民宿与客栈专业委员会成立于2015年，侧重于民宿休闲的研究。浙江省休闲学会认为民宿是休闲产业的重要组成部分，为了挖掘民宿休闲带来的契机，进一步研究推动休闲产业的发展进而成立了民宿与客栈专业委员会。

浙江省发明协会民宿创新专业委员会成立于2019年，侧重于用创新的思维和方法为民宿行业提质增效，致力于民宿发展的理念创新、模式创新、产品创新、管理创新、服务创新等课题的研究和实践。

浙江省民宿产业协会成立于2017年，侧重于服务民宿从业者，主要承担行业指导和企业服务的责任，发挥政府与民宿产业之间的桥梁作用，研究行业发展，维护会员的合法权益，建立和推行行业自律机制，协调会员与会员之间的关系等。

浙江省旅游民宿产业联合会成立于2018年，为政府主管机构，侧重于协助政府加强民宿行业管理，会员来自旅游院校、民宿、龙头企业及民宿行业协会，主要承担加强行业政策宣贯、开发共享信息资源、维护行业共同利益、提升行业服务水平、加强内外交流合作、当好政府参谋助手等责任义务，搭建政府、行业、企业间的沟通平台。

二、民宿社团类型研究

国内民宿社团包含了旅游业协会民宿分会、具有独立法人资格的民宿社团、其他非传统旅游社团的民宿专业委员会等类型。此外，除正式注册的社团组织外，还存在一些没有在政府机构审批注册的民间民宿社团，以及民办非企业单位等社会组织类型。

（一）旅游业协会民宿分会

旅游业协会民宿分会包括国家、省、市、区县等不同等级的饭店协会民宿分会、旅游协会民宿分会等。民宿分会是所属行业协会的分支机构，不具备独立法人资格，所属行业协会具有独立法人资格。

例如，中国旅游协会民宿客栈与精品酒店分会即属于此类民宿分会。其成立于 2016 年 10 月，是中国旅游协会的分支机构，由中华人民共和国境内从事和促进中国创新型住宿产业发展的相关企事业单位，在平等自愿的基础上组建的行业性、非营利性社会组织。民宿分会以行业引导、行业自律、行业交流、行业促进为职责，推动旅游供给侧结构性改革，促进以民宿（客栈、精品酒店）为代表的创新型住宿产业健康、有序、可持续发展。民宿分会立足行业，服务企业、行业组织和地方政府机构，提供民宿（客栈、精品酒店）全产业链的一站式创新服务。

（二）独立法人资格的民宿社团

各省级、市级、区县级、乡镇级、风景区级民宿协会、民宿发展促进会、民宿组织联合会、民宿联盟、商会、民宿发展交流中心、民宿互助会等则是由当地从事民宿行业的企业单位、个体工商户及与民宿业密切相关的单位、专家、学者等自愿组成的，在各地民政部门审批注册、具有独立法人资格的民宿行业社团。

（三）其他非传统旅游社团的民宿专业委员会

国内的一些建筑、企业管理、休闲、发明创新等民宿相关行业和产业的研究会、学会、促进会、商会等也纷纷成立了民宿专业委员会。民宿专业委员会是所属社团的分支机构，不具有独立法人资格。目前，此类专业委员会有中国民族建筑研究会民宿专业委员会、中国商业企业管理协会民宿（客栈）与非遗专业委员会、中国城镇化促进会民宿发展专业委员会、浙江省休闲学会民宿与客栈专业委员会、上海市商业经济学会民宿民居产业发展专业委员会、浙江省发明协会民宿创新专业委员会等。

以中国民族建筑研究会民宿专业委员会为例，中国民族建筑研究会是1995年经国家建设部和国家民族事务委员会批准，在国家民政部登记注册的全国性社会团体，以“发展民族建筑事业，弘扬民族建筑文化”为宗旨，长期致力于传统村落、少数民族特色村寨、各类民居的保护与发展，汇聚了众多专家、学者。业务范围主要包括学术研究、展览展示、专业培训、咨询服务、学术交流、编辑出版、国际合作等。中国民族建筑研究会民宿专业委员会成立于2017年8月，致力于中国民族建筑在民宿中的技术研究和交流。

（四）民宿行业联盟

前文提到的189个民宿社团均是通过民政部门审批、正式注册的社会团体。除此之外，国内还存在另一种形式的民间民宿社团，即民宿行业联盟，如北方民宿联盟、南方民宿联盟、西部民宿联盟、清新民宿联盟、东北民宿联盟等。民宿行业联盟为一定区域民宿行业内的企业、团体、个人等自发组织的民间社会团体，无须政府部门审批，无须注册，致力于区域民宿产业一体化建设，促进区域民宿行业在市场、品牌、人才、营销等多方面的合作，打造行业利益共同体。

以北方民宿联盟为例。2018年11月14日，北京市延庆区组织召开“北方民宿联盟”成立大会及联盟第一次会议，通过并发布《北方民宿联盟共同宣言》。北方民宿联盟以“资源共享、机遇共赢、协调发展”为核心理念，包括了北京市门头沟、房山6个区，天津市津南区，河北省承德市、秦皇岛市，以及内蒙古兴和县等地的行业团体及企业代表等44家成员单位，延庆区民宿联盟任秘书长单位。该民宿联盟致力于京津冀区域民宿产业的一体化建设，将借助冬奥世园的发展机遇，深化在市场客源、资源推广、项目开发、人才培养等方面的合作，打造联合发声的共同体，开启北方民宿由单一品牌、单一地区到多区域发展的 3.0 时代。

（五）民宿行业民办非企业单位

除民宿社会团体外，民宿行业还存在一种民办非企业单位的社会组织，民办非企业单位并非社会团体。根据《民办非企业单位登记管理暂行条例》的界定，民办非企业单位是指企业事业单位、社会团体和其他社会力量以及公民个人利用非国有资产举办的，从事非营利性社会服务活动的社会组织。

目前，国内正式注册的民宿行业民办非企业单位共有 8 个，有民宿服务类、培训类、金融服务类等类型，具体如表 6-1 所示。最早的民宿民办非企业单位是成立于 2017 年 2 月 1 日的海口市秀英区民宿培训中心，主要为当地民宿从业者提供技术培训和业务咨询服务。

表 6-1　国内民宿行业民办非企业单位统计表（截至 2020 年 2 月底）

序号	名称	登记管理机关	所在省份	成立时间	职能
1	青原区渼陂民宿服务中心	吉安市青原区民政局	江西	2020-01-06	发展古村民宿，促进全域旅游。
2	彭州市龙门山民宿产业发展中心	彭州市行政审批局	四川	2019-07-11	1. 彭州市龙门山民宿资源调查； 2. 彭州市龙门山民宿建设管理服务规范宣导； 3. 彭州市龙门山民宿宣传推广； 4. 组织策划文化艺术交流； 5. 会员及展览展示服务。
3	西安蓝田民宿职业技能培训学校	蓝田县民政局	陕西	2019-05-28	技术培训。
4	上海金山区民宿发展交流中心	上海市金山区社会团体管理局	上海	2018-09-11	民宿课题研究、民宿发展规划、民宿发展咨询服务、民宿管理培训、民宿学术交流等。

续表

序号	名称	登记管理机关	所在省份	成立时间	职能
5	德清县莫干山民宿乡村旅游交流中心	德清县民政局	浙江	2018-02-28	民宿对外交流讲座，活动策划，培训会展，互联网平台宣传推广，文化旅游田园综合体项目创意策划，影视制作，礼仪服务，文创产品设计制作等。
6	开化县农家乐民宿农民资金互助会	开化县民政局	浙江	2017-12-26	筹集和调剂会员和闲余资金，接受社会捐赠资金、财政扶持资金，为会员提供资金融通互助服务。
7	厦门海沧利金楼民宿旅游公寓	厦门市海沧区民政局	福建	2017-03-01	开展民宿旅游调查研究、人才培训、对外交流、权益保护、行业宣传推广；发掘优质民宿旅游资源，承接和承办各种旅游民宿服务、活动，规范市场秩序；促进民宿旅游公寓档次提升，带动村民就业；出版民宿旅游刊物专著、拍摄录制民宿旅游文化作品。
8	海口市秀英区民宿培训中心	海口市秀英区民政局	海南	2017-02-21	宣扬民宿文化，举办民宿产业经验交流，为民宿经营者提供业务咨询，提高从业者素质。

三、创新案例研究

2014 年，广州市增城区启动万家旅舍民宿项目，同时成立广州增城万家旅舍管理有限公司（以下简称“公司”）。公司由增城区国资办注资，通过“政府规划、企业牵头、群众参与、逐步推进”实施企业化统一规范管理，建立统一的营销、管理机制，遵循“一张床、两间房、三顿饭，留下几百元，收入翻一番”的总体思路，发动村（居）民、企业及社会团体等投资主体，依托生态旅游核心景区（点）和优质的生态及人文资源，利用现有的村（居）民、村集体及企事业单位合法闲置住房进行群众创业。公司积极发挥增城区民宿行业的平台作用，以策划、管理、市场营销为主要职能，推出《万家旅舍连锁加盟管理规范》（T/GDMA　7-2019）等管理办法，为万家旅舍个体经营者提供轮训、策划、监督、宣传、统计、电商技术服务支持等一条龙服务。

截至 2019 年 11 月，增城区共有万家旅舍 / 民宿及农家乐 819 家，符合万家旅舍标准并悬挂万家旅舍灯箱的民宿 257 家，统一加盟上线万家旅舍免费官网平台的民宿约 150 余家，其中精品民宿超过 50 家。公司以严格的民宿标准推动增城区民宿向精品化、标准化发展，拥有广州邓村石屋田园度假酒店、汉湖和客精品民宿、慕吉云所、慕吉云溪、正果镇云水间精品酒店、二龙山态林山居、莲塘印象园房车营地精品民宿等一批高端精品万家旅舍，半边山度假村、湖岸小舍、杜涓湾畔旅舍、江左农庄、新竹农庄等一批中端精品万家旅舍。如今，增城万家旅舍已经成为继增城白水寨、增城绿道之后的又一乡村旅游的新品牌，受到当地人民群众和广大游客的欢迎，引起广东省和广州市的高度重视及肯定。

与国内大多数民宿社团的发展模式不同，增城区没有成立民宿行业协会，而是成立国有企业，在兼具民宿社团各项职能的同时，发挥国有企业的资金优势，通过专业化的管理经营能力、资源整合能力、人才培养能力和创新能力，高效率带动当地民宿行业的健康发展。

四、国内正式注册的民宿行业社会组织名录

如表 6–2 所示为国内正式注册的民宿客栈协会等社会组织一览表，统计截止时间为 2019 年 12 月 31 日，其中包括港澳台地区的 20 家。

表 6–2　国内正式注册民宿客栈协会社团组织一览

级别	民宿协会或组织	成立时间	所在地区	备注
国家级（5 家）	中国旅游协会民宿客栈与精品酒店分会	2016.10.12	—	
	中国民族建筑研究会民宿专业委员会	2017.07.23	—	
	中国商业企业管理协会民宿（客栈）与非遗专业委员会	2019.09.15	—	

续表

级别	民宿协会或组织	成立时间	所在地区	备注
国家级（5家）	中国饭店协会文旅（民宿）专业委员会	2019.09.20	—	
	中国城镇化促进会民宿发展专业委员会	2019.12.02	—	
省级分会（17家）	浙江省休闲学会民宿与客栈专业委员会	2015.10.	浙江	
	陕西省旅游协会民宿分会	2015.12	陕西	
	山东省旅游饭店协会新业态旅游住宿业分会	2017.06.26	山东	
	贵州旅游协会乡村旅游与民宿发展分会	2018.01.16	贵州	
	湖南省旅游饭店协会民宿客栈分会	2018.03.31	湖南	
	福建省旅游协会民宿分会	2018.04.17	福建	
	广东省旅游协会民宿分会	2018.11.06	广东	
	上海市商业经济学会民宿民居产业发展专业委员会	2018.12.07	上海	
	山东省精品旅游促进会民宿发展专业委员会	2019.02.27	山东	
	北京市旅游行业协会民宿分会	2019.03.20	北京	
	河南建设文化协会民宿与乡村保护分会	2019.05.16	河南	
	河南旅游业商会民宿与农村农业专业委员会	2019.05.16	河南	
	浙江省发明协会民宿创新专业委员会	2019.05.29	浙江	
	河南省旅游协会民宿与精品酒店分会	2019.09.27	河南	
	江西省旅游协会民宿分会	2019.10.29	江西	
	广西旅游协会民宿客栈与精品酒店分会	2019.12.18	广西	
	四川省旅游协会民宿客栈与精品酒店分会	2019.12.27	四川	
省级协会（9家）	福建省民宿协会	2016.02.26	福建	
	北京城乡民宿发展促进会	2016.10.21	北京	
	浙江省民宿产业协会	2017.09.20	浙江	
	浙江省旅游民宿产业联合会	2018.04.12	浙江	
	海南省旅游民宿协会	2018.07.20	海南	

续表

级别	民宿协会或组织	成立时间	所在地区	备注
省级协会（9家）	广东省民宿行业协会	2018.07.26	广东	
	重庆市民宿产业协会	2018.11.23	重庆	
	重庆市民宿文化研究会	2019.03.08	重庆	
	陕西省民宿服务行业协会	2019.03.19	陕西	
地市级（27家）	惠州市民宿客栈与精品酒店协会	2019.12.04	广东	
	韶关市客栈民宿协会	2019.09.18	广东	
	伊春市民宿产业协会	2019.09.03	黑龙江	
	苏州市民宿行业协会	2019.08.28	江苏	
	万宁市民宿协会	2019.07.26	海南	
	黔南州民宿协会	2019.06.28	贵州	
	广州市民宿协会	2019.06.21	广东	
	潮州市民宿客栈行业协会	2019.06.18	广东	
	张家口市民宿行业协会	2019.06.04	河北	
	三亚市旅游民宿协会	2019.05.18	海南	
	恩施市民宿行业协会	2019.04.01	湖北	
	凉山州民宿协会	2019.03.29	四川	
	黄山市徽州民宿协会	2019.03.04	安徽	
	日照市民宿协会	2019.01.23	山东	
	大同市民宿行业协会	2019.12.17	山西	
	吐鲁番民宿行业协会	2018.08.20	新疆	
	连云港市民宿行业协会	2018.05.19	江苏	
	海口民宿协会	2018.04.02	海南	
	义乌市旅居民宿行业协会	2017.12.27	浙江	
	大理白族自治州客栈民宿行业协会	2017.09.06	云南	

续表

级别	民宿协会或组织	成立时间	所在地区	备注
地市级（27家）	桂林民宿协会	2017.07.17	广西	
	杭州市民宿行业协会	2017.03.13	浙江	
	恩施土家族苗族自治州民宿生态旅游协会	2017.03.06	湖北	
	黄山市农家乐民宿客栈协会	2016.05.05	安徽	
	三明市乡村旅游民宿协会	2015.12.03	福建	
	温州市乡村民宿发展协会	2015.03.10	浙江	
	丽水市农家乐民宿协会	2014.06.17	浙江	
地市级分会（9家）	大连市旅游协会民宿与客栈分会	2019.09.16	辽宁	
	临沂市旅游行业协会民宿分会	2018.11.14	山东	
	成都市旅游住宿业协会民宿及客栈分会	2018.08.15	四川	
	邵阳市旅游协会民宿分会	2018.05.17	湖南	
	湖州市旅游协会民宿分会	2017.08.16	浙江	
	宁波市饭店业协会客栈民宿委员会	2016.09.20	浙江	
	张家界市旅游协会旅游客栈分会	2016.05.10	湖南	
	舟山市旅游协会民宿分会	2016.03.22	浙江	
	黄山市旅游协会农家乐（民宿客栈）分会	2015.07.29	安徽	
区县级（63家）	歙县民宿协会	2019.09.30	安徽	
	宜昌市夷陵区民宿协会	2019.09.30	湖北	
	缙云县仙都轩辕民宿部落协会	2019.09.27	浙江	
	江北区民宿经济促进会	2019.08.23	浙江	
	杭州市余杭区民宿农家乐行业协会	2019.08.22	浙江	
	海口市龙华区民宿协会	2019.08.09	海南	
	黟县民宿协会	2019.07.26	安徽	
	肇庆市端州区民宿协会	2019.06.25	广东	

续表

级别	民宿协会或组织	成立时间	所在地区	备注
区县级（63家）	涉县民宿发展协会	2019.06.20	河北	
	衢州市柯城区民宿行业协会	2019.06.05	浙江	
	岱山县民宿协会	2019.05.16	浙江	
	常山县民宿行业协会	2019.05.14	浙江	
	南京市浦口区民宿业协会	2019.04.19	江苏	
	桂东县民宿协会	2019.04.16	湖南	
	青岛市崂山区民宿协会	2019.04.09	山东	
	浦江县民宿行业协会	2019.04.01	浙江	
	周至县乡村旅游（民宿）协会	2019.03.04	陕西	
	秦皇岛市北戴河区民宿协会	2019.12.10	河北	
	西安市莲湖区民宿协会	2019.12.16	陕西	
	都江堰市民宿协会	2019.12.27	四川	
	永嘉县民宿行业协会	2018.12.10	浙江	
	青神县民宿协会	2018.12.07	四川	
	杭州市西湖区民宿行业协会	2018.11.15	浙江	
	信阳新县民宿协会	2018.11.01	河南	
	余姚市民宿行业协会	2018.09.14	浙江	
	上海金山区民宿发展交流中心	2018.09.11	上海	
	阳朔民宿协会	2017.08.28	广西	
	北京市延庆区民宿联盟	2018.08.10	北京	
	新昌县民宿（农家乐）产业协会	2018.07.25	浙江	
	广州市从化区流溪人家民宿协会	2018.07.18	广东	
	成都市新都区正因民宿协会	2018.06.27	四川	
	周至县乡村旅游（民宿）协会	2018.06.15	陕西	

续表

级别	民宿协会或组织	成立时间	所在地区	备注
区县级（63家）	景宁畲族自治县畲家民宿（农家乐）协会	2018.05.03	浙江	
	苍南县民宿协会	2018.05.02	浙江	
	南京市江宁区民宿发展促进会	2018.04.09	江苏	
	仁化县客栈民宿协会	2018.01.23	广东	
	桐庐县民宿行业协会	2018.01.23	浙江	
	盘山县民宿发展行业协会	2018.01.18	辽宁	
	盘锦市大洼区民宿协会	2017.09.24	辽宁	
	婺源县民宿协会	2017.12.19	江西	
	天津市蓟州区民宿发展协会	2017.10.23	天津	
	剑川县酒店客栈协会	2017.10.17	云南	
	平昌县巴山民宿旅游协会	2017.10.11	四川	
	海口市琼山区民宿协会	2017.08.21	海南	
	青田县侨家乐民宿协会	2017.06.14	浙江	
	松阳县农家乐民宿协会	2017.04.19	浙江	
	杭州市临安区民宿行业协会	2017.04.19	浙江	
	利川民宿旅游发展促进会	2017.03.10	湖北	
	开化县民宿产业农民合作经济组织联合会	2017.01.03	浙江	
	乐清市民宿协会	2016.04.13	浙江	
	海口市秀英区民宿协会	2015.11.30	海南	
	松阳县民宿业协会	2015.11.02	浙江	
	大理市客栈协会	2015.08.18	云南	
	厦门市海沧区民宿旅游协会	2015.07	福建	
	海南省琼中民宿协会	2015.07	海南	
	深圳市大鹏新区民宿协会	2015.05	广东	

续表

级别	民宿协会或组织	成立时间	所在地区	备注
区县级（63家）	丽江市古城区星级特色民居客栈协会	2014.02.27	云南	
	衡阳市南岳区香期客栈行业协会	2013.05.06	湖南	
	新昌县民宿农家乐产业协会	2012.07.26	浙江	
	龙泉市农家乐（民宿）协会	2012.03.06	浙江	
	丽江市客栈商会	2011.11.10	云南	
	莲都区民宿（农家乐）协会	2009.06.04	浙江	
	庆元县农家乐（民宿）协会	2006.12.04	浙江	
区县级分会（6家）	凤凰县旅游行业商会客栈分会	2009.10.	湖南	
	宜昌市夷陵区旅游协会民宿分会	2019.8.13	湖北	
	凤凰县旅游行业商会民宿分会	2018.10.	湖南	
	重庆市江津区旅游协会旅游民宿分会	2018.05.21	重庆	
	北京市门头沟区旅游行业协会民宿分会	2018.04.21	北京	
	北京市怀柔区旅游行业协会民宿分会	2018.03.16	北京	
乡镇级、风景区级（53家）	嵊泗县花鸟岛渔家民宿协会	2019.11.11	浙江	
	宜昌市夷陵区分乡镇农家乐民宿协会	2019.07.23	湖北	
	黄果树旅游区龙宫镇桃子村民宿协会	2019.07.23	贵州	
	峨眉山市黄湾民宿协会	2019.05.14	四川	
	宁海县岔路镇民宿产业促进会	2019.04.11	浙江	
	鄂托克前旗旅游餐饮民宿协会	2019.03.06	内蒙古	
	舟山市岱山县衢山民宿协会	2019.01.30	浙江	
	普者黑民宿协会	2019.01.08	云南	
	景洪市告庄西双景酒店客栈协会	不详	云南	
	神农架林区松柏镇民宿协会	2018.11.28	湖北	
	昆山市周庄镇民居客栈行业协会	2018.11.5	江苏	

续表

级别	民宿协会或组织	成立时间	所在地区	备注
乡镇级、风景区级（53家）	大岚镇旅游（民宿）产业协会	2018.10.30	浙江	
	戴村镇民宿（农家乐）行业协会	2018.10.22	浙江	
	梓潼县东风民宿产业协会	2018.10.16	四川	
	临沂蒙山旅游度假区民宿协会	2018.09.30	山东	
	松阳县新兴镇横溪村民宿协会	2018.09.17	浙江	
	光福镇民宿（农家乐）协会	2018.08.30	江苏	
	杭州市富阳区新桐乡桐洲民宿协会	2018.08.28	浙江	
	淳安县姜家民宿协会	2018.07.20	浙江	
	分乡镇农家乐民宿协会	2018.04.14	湖北	
	邛崃市天台山景区民宿行业协会	2018.04.08	四川	
	丽江市古城区大研古城客栈经营者协会	2018.03.20	云南	
	博罗县罗浮山民宿协会	2017.12.27	广东	
	宁海县前童古镇民宿产业促进会	2017.12.18	浙江	
	资兴市东江湖民宿协会	2017.12.06	湖南	
	松阳县古市镇山下阳民宿协会	2017.10.23	浙江	
	黟县西递广交乡村客栈协会	2017.08.09	安徽	
	乌兰县茶卡镇民宿行业协会	2017.06.27	青海	
	松阳县上梅畲寨休闲农场农家乐民宿协会	2017.05.24	浙江	
	千岛湖民宿行业协会	2017.05.05	浙江	
	嘉善县西塘镇民宿客栈协会	2017.04.25	浙江	
	繁昌县孙村镇中分村民宿旅游协会	2017.03.22	安徽	
	江宁区禄口街道石埝社区民宿协会	2017.06.21	江苏	
	东阳市横店人家民宿协会	2016.12.28	浙江	
	扬州市广陵区东关古城民宿业协会	2016.11.24	江苏	

续表

级别	民宿协会或组织	成立时间	所在地区	备注
乡镇级、风景区级（53家）	松阳县水韵象溪民宿协会	2016.11.22	浙江	
	桐庐县瑶琳镇桃源民宿协会	2016.11.08	浙江	
	德清县莫干山民宿行业协会	2016.11.16	浙江	
	松阳县安民乡李坑村民宿协会	2016.10.20	浙江	
	阿拉善右旗大漠人家民宿旅游协会	2016.08.10	内蒙古	
	仙居县淡竹乡农家乐（民宿）行业协会	2016.02.23	浙江	
	莫干山镇巾帼民宿协会	2016.07.06	浙江	
	黄山市徽州区唐模民宿客栈旅游协会	2015.12.13	安徽	
	云南省景洪市告庄西双景酒店客栈协会	2015.11.18	云南	
	嵊泗县离岛民宿协会	2015.09.16	浙江	
	腾冲市和顺古镇客栈行业协会	2015.08.14	云南	
	武夷山市南源岭民宿协会	2015.03.04	福建	
	杭州市富阳区新登镇农家乐（民宿）休闲协会	2015.02.02	浙江	
	德清县筏头民宿行业协会	2014.10.10	浙江	
	杭州西湖风景名胜区民宿行业协会	2014.11.21	浙江	
	黟县宏村村乡村客栈协会	2013.12.20	安徽	
	舟山市普陀区朱家尖乌塘风情渔家客栈协会	2011.03.22	浙江	
	厦门市思明区鼓浪屿家庭旅馆商家协会	2008.07.29	福建	
港澳台地区（20家）	台湾地区民宿协会联合总会	2003.04.28	台湾	
	基隆市民宿观光文化发展协会	不详	台湾	
	新北市民宿发展协会	不详	台湾	
	桃园市民宿发展协会	不详	台湾	
	新竹县观光民宿协会	不详	台湾	
	苗栗县民宿发展协会	不详	台湾	

续表

级别	民宿协会或组织	成立时间	所在地区	备注
港澳台地区（20家）	台中市民宿协会	不详	台湾	
	彰化县民宿协会	不详	台湾	
	南投县日月潭民宿发展协会	2003	台湾	
	云林县民宿发展协会	不详	台湾	
	嘉义县民宿发展协会	不详	台湾	
	台南市民宿文化发展协会	不详	台湾	
	高雄市民宿发展协会	不详	台湾	
	屏东县民宿协会	不详	台湾	
	宜兰县乡村民宿发展协会	不详	台湾	
	花莲县民宿协会	不详	台湾	
	台东县民宿协会	不详	台湾	
	澎湖县民宿发展协会	不详	台湾	
	金门县民宿旅游发展协会	不详	台湾	
	马祖民宿发展协会	不详	台湾	

第七章

全国民宿人才培养与教育[①]

① 本章作者：谭金凤（广东南华工商职业学院），吴静（旅粤家民宿学院创始人、广东粤宿学院广州负责人）。

习近平总书记曾提出发展是第一要务，人才是第一资源，创新是第一动力。高素质复合型的技术技能型专业人才队伍建设成了民宿行业高速发展的重要保障。但目前为止，民宿人才发展严重滞后，影响了民宿产业的健康发展，培养储备民宿主、店长、管家、服务员、文创导师、研学导师、营销宣传等专业人员成了民宿行业普遍关心的问题。因此，分析我国民宿人才培养的现状，探求民宿人才培养与教育的对策显得非常必要，本章而聚焦民宿人才培养的问题展开讨论。

一、我国民宿人才供求概况

（一）民宿业发展现状

中商产业研究院发布的《2018 年中国民宿行业市场前景研究报告》显示，我国民宿总数达 42658 家，而《2019 全国民宿产业发展研究报告》显示，2017 年全国包括城市、乡村在内的民宿大约 21 万家，相比 2016 年增长率为 321.15%，出现了井喷式增长。2019 年，我国民宿数量继续保持高增长。

（二）民宿人才需求迅猛增长

按照目前 21 万家民宿的数量，一家民宿配备一位主人、两位管家的保守估计，我国民宿行业至少需要 60 万高素质的从业者。除此之外，从我国在线民宿市场交易规模的数据来看，从事民宿线上营销的电子商务人才需求量将逐年上升。可以预见，随着全域旅游和乡村旅游的蓬勃发展，旅游将成为国民普遍的一种生活方式，成为实现人民日益增长的美好生活的一种途径，将进一步促进体验良好的高质量民宿的发展，进而扩大高素质专业民宿人才的需求。

（三）民宿人才供给现状

2018 年 9 月，《国务院办公厅关于印发完善促进消费体制机制实施方案

（2018—2020 年）的通知》（国办发〔2018〕93 号）发布，提出鼓励多业务共同发展，主张实现行业的多业态、多形式、多维度的生态圈层化发展。从长远来看，我国民宿产业将从横向和纵向贯穿融合餐饮、文化、农业、旅游、历史、美学、环保、健康等领域，形成新业态和新消费模式，进而形成一批有影响力的中国品牌。近年来我国民宿业的发展迎来了春天，民宿经营管理人才成了民宿业高速发展的重要保障，但现阶段民宿业的人才供给不平衡，严重影响了民宿业的健康发展。

1. 高素质民宿人才匮乏

我国民宿业起步较晚但发展迅速，民宿人才需求增长迅猛。民宿“小而精特”的特点，要求民宿管理和运营团队必须既小又专，同时还要求主要管理人员必须是综合素质强的复合型人才，精通管理、沟通、文化、旅游、摄影、文案、设计、服务等方面。但我国职业院校未能精准对接市场人才需求，尚未建立完善的民宿专业人才培养体系，民宿人才的培养也仅仅是挂靠在旅游管理专业或者酒店管理专业下，甚至有些仅仅开设相关课程而已。如 2016 年广东南华工商职业学院开设全国首个旅游文创民宿专业，2017 年浙江旅游职业学院酒店管理系开设民宿方向创新班，2018 年柳州市第一职业技术学校开设民宿经营与管理专业班，到 2019 年才培养出了第一届毕业生，全国民宿专业人才远远不能满足民宿业的人才需求。

2. 民宿业对人才的吸引力不足

民宿是一种“非标”[①] 住宿业态，运营过程中重视文化性和原真性，因此一般选址于风景优美或者拥有夯实文化基础的乡村，普遍存在地理位置偏僻的特性；同时民宿管家基本是 24 小时提供服务，工作时间长、工作内容琐碎，工作能力要求高，对年轻一代缺乏吸引力。

3. 民宿业员工流失率高

民宿业属于现代服务业，具有工作强度大，工作时间不规律，入行门槛较低，薪资和福利待遇不高等特点；再者行业淡旺季明显，旺季过于忙碌，

① “非标”，行业术语，是指不同于星级酒店等以追求不同级别的标准化的建设和服务模式为显著特征，而是突显个性化的一种经营理念，是以突破标准而非违反标准为目标。

淡季甚是清闲和寂寞，从业人员的生活比较单调；同时民宿一般规模较小，民宿管理集团缺乏，民宿业管家的职业生涯发展受限。以上种种，导致了行业员工的流失率居高不下。

二、民宿人才培养与教育现状

虽然民宿产业发展迅猛，但通过检索中国知网（CNKI）发现，鲜有学者专门针对民宿人才的培养进行研究，截至目前，仅有 8 篇关于民宿人才培养的文献资料，培养对象仅仅是中职层面，涉及区域人才培养的论文也仅有 2 篇，分别是丽水和海口民宿人才的培养。我国民宿人才培养与教育的速度远远落后于民宿的发展速度，导致人才问题成了我国民宿行业的痛点。

近三年，我国也陆续开始重视并采取措施开展民宿人才的培养与教育工作，根据组织机构的不同，主要分为政府、学校和社会主导的民宿人才培养与教育三大类别。

（一）政府主导的民宿人才培养与教育

不少地方政府在认真贯彻落实党的十九大精神和习近平新时代中国特色社会主义思想的实践中，将民宿产业作为发展全域旅游、实施乡村振兴战略的重要抓手和重要载体，尤其是在民宿产业起步较早、规模较大的地区，由于首先面临了行业发展与人才供给不匹配的问题，因而当地政府在民宿人才培养与教育方面给予了有力支持。以我国民宿产业先行省之一浙江省为例，该省丽水市政府相关部门在民宿人才培养方面构建了市、县、乡镇三级民宿人才培养体系，形成了“立体式、专业化、实用性”的培养方式（见表 7–1）。2018 年，丽水市松阳县“民宿管家”人才培养计划入选 2018 年浙江省“希望之光”计划资助项目。截至 2018 年 12 月 1 日，丽水市松阳县的高级“民宿管家”人才队伍拥有近 50 人，成为提升民宿品质，推进民宿经济发展的重要支撑。

表 7–1　浙江省丽水市民宿人才培养方式

培养方式	培训内容与特色	
立体式	搭建培训网络	市级农民学院 + 县级农民学校 + 实训基地
	丰富配套培训	围绕民宿相关产业，优化使用培训资金，使培训内容多样化，如开展“松阳工匠”之古建筑传统工匠培训班。
	匹配民宿产品	针对立体式的产品体系开展培训，强化示范和精准培训。
专业化	乡土系列培训	打造农家乐民宿乡土人才，推出乡土导游、乡土厨师、乡土管家等“乡土”系列人才培训。
	建立师资教材体系	2017 年组建丽水市农家乐民宿专家库；2018 年制定了农家乐民宿农村实用人才培育课程指导名录。
	善用专业人才	引进各类人才参与特色民宿建设和经营；自 2010 年开始，不仅每年举办赴台学习考察民宿研讨班，而且邀请台湾专家学者到丽水市指导民宿产业发展。
实用性	校企合作	在当地政府指引下，农民学校主动对接高端民宿，为学生提供实习成长机会。
	培养后备人才	政府组织开展创客培训班，跟踪有意向的创客人员，围绕主题村落打造，重点培养后备人才。
	提升实用技能	开展市、县级别的民宿创业大赛、乡土厨师培训班等。

（二）学校主导的民宿人才培养与教育

学校是民宿人才培养和输出的重要基地。在民宿产业发展的推动下，国内越来越多的中高等院校开始设立民宿专业、民宿课程、民宿班，如表 7–2 所示为近几年学校主导的民宿人才培养与教育的典型案例。学校开展民宿人才培养与教育之初，民宿企业或民宿经营者发挥了重要的推动作用，如参与发起或以讲师身份进行分享与授课等。

表 7–2　学校主导的民宿人才培养与教育典型案例

人才培养与教育方式	组织方	人才培养与教育内容
设立民宿专业 / 民宿班（或民宿专业方向）（百度可查实际开班只有前三校）	广东南华工商职业学院	2016 年 10 月，与广州桃花湖旅行集团合作在旅游管理学院的旅游管理专业下开设民宿班（旅游管理专业下旅游文创旅游民宿方向）。成为国内第一家设立民宿方向班的高等院校。
	浙江旅游职业学院	2017 年 11 月，酒店管理系开设民宿方向创新班。
	柳州市第一职业技术学校	2018 年 9 月，与町隐民宿学院合作，在 2018 级学生中开设民宿专业，重点面向县域生源，为潜在的民宿主生源提供民宿创业管理的应用型人才，成为国内第一家民宿人才培养的全日制学校。
	松阳县职业中等专业学校	2018 年 9 月，设立浙江省首个“民宿管家”方向专业班。
	两岸民宿培训基地（学院）	2017 年 11 月，拟在太仓当地职业学校，开设民宿管理方向专业。
	南京旅游职业学院	2018 年 4 月提出，拟在酒店管理专业之下，开设民宿经营与服务等方向课程。
开设民宿选修课程	成都信息工程大学银杏酒店管理学院	该学院作为国内顶级的住宿业人才培养基地，与无华民宿管理集团合作，为民宿业提供优秀人才。
	广西师范大学职业师范学院	2015 年开设专业选修课《精品客栈民宿发展与运营》。
民宿短期培训班 EMBA 课程 / 研修班	清华大学美术学院	2016 年 6 月，开办《民宿客栈室内设计高级研修班》。
	上海交通大学继续教育学院	2017 年 5 月，与趣住啊合作，开设《民宿经营与管理 EMBA 总裁班》。
	浙江大学继续教育学院	2018 年 8 月，开始《信息化时代下民宿旅游与农家乐经济发展培训班》，理论教学与实地调研相结合，主要内容为政策研判、民宿旅游发展分析、实操技巧、成功案例参观学习等。成为国内第一个民宿管理研修班。

续表

人才培养与教育方式	组织方	人才培养与教育内容
民宿短期培训班 EMBA 课程 / 研修班	宁波市前童成人学校	2018 年 6 月，由宁波市现代服务业公共职业培训平台，宁波市民宿协会，宁海县农办、旅委、教育局主办，前童镇政府、宁海县民宿产业培训中心、前童镇成人学校、前童镇民宿产业党建联盟、前童古镇民宿产业促进会、前童镇民宿产业联合工会联合承办的《现代民宿业主高级研修班》开班。

（三）社会主导的民宿人才培养与教育

由于自身发展的需要和行业责任担当，民宿行业成了我国目前开展民宿人才培养与教育最重要的力量。社团组织、民宿培训及代运营机构、民宿经营者、民宿连锁规模化发展成了培养与教育民宿人才的重要途径。

自 2016 年 5 月，浙江省湖州市德清县成立了国内首家民宿学院（莫干山民宿学院）开始，在民宿社团的牵头和大力推动下，各地民宿学院陆续出现，如表 7–3 所示为近几年国内开办的民宿培训学院（校）。

表 7–3　国内民宿培训学院（校）一览

序号	民宿学院	所在地	开办时间
1	慢游民宿学院	云南省大理市	2015 年 12 月
2	自在客民宿学院	线上培训	2016 年 2 月
3	莫干山民宿学院	浙江省德清县	2016 年 5 月
4	古村民宿学院	江苏省无锡市	2016 年 6 月
5	宛若故里民宿学院	线上	2016 年 7 月
6	上海交大梵舍民宿学院	上海市	2016 年 9 月
7	游多多客栈民宿学院	浙江省湖州市	2016 年 10 月
8	参差民宿学院	杭州西湖	2016 年 12 月
9	町隐民宿学院	云南省大理市	2017 年 3 月

续表

序号	民宿学院	所在地	开办时间
10	重庆一起学院	重庆市	2017 年 3 月
11	深圳大鹏民宿旅游培训学院	深圳市大鹏新区	2017 年 4 月
12	舟山海岛民宿学院	浙江省舟山市	2017 年 4 月
13	淘民宿商学院	线上	2017 年 6 月
14	智宿联邦 – 民宿商学院	线上	2017 年 6 月
15	红海难民宿学院	辽宁省盘锦市	2017 年 9 月
16	乡伴 WAKA 国际民宿学院	上海市徐汇区	2017 年 11 月
17	北方民宿学院	北京市延庆区	2017 年 11 月
18	四川省阆中客栈民宿学院	四川省阆中市	2017 年 12 月
19	乡创四川民宿学院（筹）	四川省成都市	2018 年 1 月
20	昆山锦溪祝家甸民宿学校	江苏省昆山市	2018 年 2 月
21	民宿头条民宿学院	北京市朝阳区	2018 年 3 月
22	跨商 · 浙中民宿学院	浙江省金华市	2018 年 3 月
23	惠州市旅游民宿学院	广东省惠州市	2018 年 4 月
24	町隐 · 广西民宿学院	广西桂林市	2018 年 6 月
25	町隐 · 江南民宿学院	江苏省苏州市	2018 年 6 月
26	町隐 · 八闽民宿学院	福建省福州市	2018 年 9 月
27	町隐 · 鼓岭民宿学院	福建省福州市	2018 年 9 月
28	阳朔民宿学院	广西桂林市	2018 年 10 月
29	町隐 · 巴蜀民宿学院	四川省成都市	2018 年 11 月

说明：相关资料由深圳新旅民宿客栈发展研究中心根据网络资料整理，统计时间截至 2018 年 12 月 5 日。

（四）民宿研究机构

随着民宿业的发展，相关部门和机构陆续成立了专门的民宿研究中心或机构，具体如表 7–4 所示，相关机构也为民宿行业的人才交流与培养提供了重要渠道。

表 7–4　国内民宿行业研究机构一览

序号	名称	成立时间	创始人	主要业务
1	深圳新旅民宿客栈发展研究中心	2016–09–16	徐灵枝	依托深圳新旅民宿客栈发展研究中心有限公司实体
2	云天海双全民宿学院	2016–11–7	贺双全	依托广东云天海集团、大理客栈联盟； 培养岭南地区客栈民宿主，教授专业的客栈民宿知识及运营管理经验
3	南京美泉民宿创新发展研究院	2017–02–28	纪文静	依托南京美泉民宿旅游产业发展有限公司、南京旅游职业学院
4	广东民宿发展研究院	2017–7–10	徐灵枝	依托广东文旅民宿与乡村旅游研究有限公司
5	扬子晚报长三角民宿研究院	2018–12–18	张鸿雁	致力于打造成民宿行业的民间智库，在推动长三角区域旅游和乡村振兴的过程中发挥重要作用
6	南京大学城市科学研究院乡村振兴与民宿研究中心	2019–5–1	南京大学城市科学研究院和江苏匠工营国规划设计有限公司合作成立	乡村振兴与民宿研究中心将以乡村振兴战略总要求为遵循，依托科技、平台、人才等综合优势，立足乡村发展实际，创新服务乡村振兴的体制机制，探索以民宿产业实施乡村振兴战略的有效捷径，实现“一个民宿就是一个中产阶级”的福民富民宗旨
7	全经联民宿研究院	2019–7–27	曹一勇	致力于总结民宿创新理论、模式与案例，聚集整合、孵化加速民宿及相关产业 IP，推动民宿——发展
8	南方美宿文旅传媒研究院	2019–11–26	张迪	依托美宿志公众号、桂林嘉熙地文化传播有限责任公司
9	大理实力民宿研究院	2019–11–06	高成	依托实力集团

三、我国民宿人才未来展望及培养对策

在民宿人才问题在成为行业痛点的同时，也得到了多方合力共同解决，民宿人才规划、民宿专业建设、民宿社会培训相结合的“三位一体”民宿人才培养与教育模式正在形成。展望未来，不仅民宿人才问题会得到有效解决，而且由于行业优秀人才的涌现，将极大推动民宿产业的全面升级。

民宿行业人才培养的目标是培养掌握扎实的民宿投资运营管理、民宿管家服务、民宿活动策划管理、民宿环境管理、民宿线上营销等方面的知识和技能，具备良好的活动项目策划能力、民俗文化传播推广能力、客户服务沟通技巧、创意民宿产品开发、摄影技巧、品牌提升等专业工作能力，拥有强烈的服务意识的民宿运营管理人才。在人才培养过程中可以采取以下对策：

（一）建立民宿专业人才“校—企—协”协同育人模式

协会建平台、企业参与、高校培育，实施“校—企—协”协同育人的培养模式。民宿产业是我国旅游经济发展的重要组成部分，为民宿产业提供智力和人力资源保障显得尤为重要。鼓励各地旅游协会或者民宿协会共同参与协同制定民宿人才培养指引，组织资深的旅游学者、有经验的民宿投资公司和民宿业主、管家等共同探讨中国民宿人才状况及需求。鼓励有资质和经验的民宿运营者和民宿咨询培训公司等参与院校人才培养，与中专和高校进行深度合作，开办“民宿专业人才培养订单班”等，创新校企协同育人模式，实现“四共”：共同招生、共同育人、共建制度、共同发展。遴选全国所有旅游专业院校，试点示范，探索创新，服务旅游经济的发展。

（二）建立及完善在职民宿专业人才的培训机制

目前，随着全域旅游和乡村振兴战略的实施和推进，民宿业短期内呈现井喷式发展，大大超过人才培养及成长的速度，导致整个行业的人才素质及专业水平跟不上业务发展需要，因此在职方面的培训与再教育也是势在必行，应鼓励民宿研究院、民宿协会、学校、民宿教育培训机构等以市场需求为导

向，对民宿人才培训及教育的资源进行整合，发挥各自的优势，广泛组织如民宿人才高级管理研修班、民宿运营知识系列定期培训班、民宿管家服务系列培训班等，共同提升整个民宿业的人才素质及经营管理能力，探索建立较为有成效的培训机制，适时推出受行业认可的民宿从业人员资格认证标准。

（三）整合资源，建立师资队伍

民宿产业在我国是一种新的住宿业态，现有的师资队伍对民宿业发展认识上有差异，对民宿人才的培养特点和要求不清晰。而且民宿专业是一个综合性比较强的专业，涉及民宿经营、管理、产品开发、营销、活动策划、环境管理、服务设计等，因此需要利用院校育人平台优势，综合各院校的师资力量，各显己长，建立师资库，满足各院校对民宿人才的培养需求。学校应定期安排专业教师到民宿行业和各民宿做调研和体验，了解民宿经营市场的挑战和客户的服务需求；应聘请民宿运营管理人才为企业导师，参与人才培养过程；应邀请民宿研究院或者民宿协会专家对专业教师进行培训等。

（四）制定“五对接”的专业人才培养方案

应基于民宿人才的协同育人培养模式，围绕民宿人才培养目标，创新专业人才培养方案：（1）专业人才培养目标对接民宿企业的招聘要求。与企业导师共同剖析民宿产业链所涉及的人才职业能力和岗位素质要求，确定民宿人才培养目标。（2）学校课程体系对接民宿企业的培训体系。根据民宿企业的岗位配置要求开发课程，以企业培训体系中所涉及的职业知识、岗位能力和工作任务为核心，以“典型工作情景”为载体，优化教学内容，逐步与企业共同开发线上线下课程，合作编写教材，“零距离”对接岗位能力要求。（3）学校实训基地建设对接民宿企业工作环境。在校内实训基地建设过程中，拓宽渠道，吸引企业投资或者学校加大投入力度，仿真民宿的工作环境，提供民宿环境设计、餐饮酒水实训区、前厅服务区、客房服务区、客人休闲区等设施，并及时更新，最大限度满足学生的实践需求。（4）学生的实训管理制度对接民宿企业员工工作管理制度。制定对标的学生岗位实训实习管理制度，培养学生的职场意识和职业规范，树立正确的职业道德观。（5）学生毕业标准对接民宿企业用人标准。学校现有的毕业标准侧重于学科考试水平，忽略学生的职业工作能力，在毕业标准设定时可融入民宿企业员工的职业素养、职业能力等要求，考核评估学生，务求培养学生“零距离”对接企业的用人标准。

（五）响应教育部号召，创新“现代学徒制”人才培养模式

2014 年 2 月 26 日，李克强总理主持召开国务院常务会议，确定了加快发展现代职业教育的任务措施，提出“开展校企联合招生、联合培养的现代学徒制试点”。《国务院关于加快发展现代职业教育的决定》，对“开展校企联合招生、联合培养的现代学徒制试点，完善支持政策，推进校企一体化育人”做出具体要求，标志现代学徒制已经成为国家人力资源开发的重要战略。民宿协会或者连锁民宿企业可以与中专和高职院校深化产教融合、开展校企合作，推进工学结合，共同探索“先招生后招工”或者“先招工后招生”的现代学徒制人才培养体系，为民宿行业培养德技兼修的高技术技能型人才，服务民宿经济的发展。

四、结语

产业发展靠人才，人才培养靠合力。在党的十九大精神和习近平新时代中国特色社会主义思想的指导下，从民宿产业的可持续发展出发，针对民宿各类人才在不同阶段所需的培训与教育，政府、学校、社会（社团和企业）应紧密联合，民宿学校教育与民宿培训研修应有机互补，构建多层次、多类别的民宿人才培养与教育体系。同时，从产业发展角度应千方百计增强民宿行业的人才吸引力，倡导民宿从业人员终身学习终生成长，为民宿产业的健康可持续发展提供有力支撑，推动民宿产业和旅游业的全面升级。

本章参考文献：

[1] 麻桃红 . 基于调查的丽水民宿人才培养探讨［J］. 开封教育学院学报，2018，38（5）.

[2] 田一涵 . 全域旅游背景下中职学校民宿服务管理专业建设探索与构想［D］. 广西师范大学，2018.

[3] 李坚，蒋志芬 . 基于全域旅游视角下海口民宿经营人才培养问题研究［J］. 现代营销（下旬刊），2018（7）.

[4] 穆晓雪 . 民宿产业化呼唤民宿人才职业化［N］. 中国旅游报，2018-07-11.

[5] 徐小桃，卢忠东 . 面向民宿经营者的职业教育路径研究［J］. 科教文汇（下旬刊），2018（8）.

[6] 张海涛 . 高职院校民宿教育问题探析［J］. 农家参谋，2017（23）.

[7] 刘娴 .“燃”起来吧！民宿！专访中国旅游协会民宿客栈与精品酒店分会会长张晓军［J］. 中国民族，2017（Z1）.

[8] 刘昊星，文革 . 偏远山区民宿客栈从业人员 PAT 培训模式研究——以牛背山民宿客栈为例［J］. 四川劳动保障，2016（S2）.

[9] 谭金凤，袁萍，钟妮 . 粤港澳大湾区邮轮旅游人才培养探索［M］// 骆少明，江淆 . 新时代广东高职教育发展研究 . 北京：北方妇女儿童出版社，2018.

第八章

民宿集群发展建设与评价规范要素研究[1]

① 本章作者：沈静（北京世纪唐人文旅发展股份有限公司）。

一、民宿集群概述

（一）民宿集群概念界定

1. 民宿

民宿是指利用当地闲置资源，民宿主人参与接待，为游客提供体验当地自然、文化与生产生活方式的小型住宿设施。

2. 集群

集群指一组在一起发育的相似的事物。根据此定义，群居在一个区位而没有什么联系的企业扎堆也成为集群。

3. 产业集群

产业集群是指在某一特定领域（通常以一个主导产业为主）中，大量产业联系密切的企业以及相关支撑机构在空间上集聚，并形成强劲、持续竞争优势的现象。产业集群超越了一般产业范围，形成特定地理范围内多个产业相互融合、众多类型机构相互联结的共同体，构成这一区域特色的竞争优势。产业集群发展状况已经成为考察一个经济体，或其中某个区域和地区发展水平的重要指标。

4. 民宿集群

北京世纪唐人文旅发展股份有限公司将民宿集群定义为：是指在特定区域内，可以大到跨省域或小到园区范围，由竞争与合作关系的民宿及民宿上下游服务产业链接在地理上集聚而形成的群落，这种群落往往有着广泛的影响力和强大的资源整合力量，能够吸引更多自然属性客流。在民宿集群中通过合理分配和统一规划，相互之间形成业务互补、协同经营、整合营销、消费群共享的优势特点。这种集群效应能够通过一致协调形成对外的壁垒，对抗外部冲击和降低内耗，并形成区域经济集聚效应，带动更多的连带产业发展。

（二）民宿集群研究综述

梳理国外相关文献，民宿研究已涉猎民宿供需市场、营销与管理、业主与游客等领域，但有关民宿产业集群的研究，唯见对美国 46 个州 403 家 B&B（bed and breakfaster）民宿经营绩效的研究，认为较大规模民宿比小规模民宿更容易获得较大的市场份额和较高的经济效益，这里的“较大规模”主要通过合作或者连锁加以运作。这表明，民宿产业存在规模经济，如果单体民宿在一定空间上相对集中或通过合作、连锁方式进行跨区域整合，或可以实现更高投资效益。同时，国外产业集群理论成果十分丰硕。马歇尔（1920 年）作为产业集群理论的奠基者，最早发现了产业集群这一重要经济现象，提出集群区企业之间的协作互促可能产生外部经济，进而形成产业在特定地区空间上的集中。克鲁格曼（1991 年）也基于新经济地理学理论，从企业规模报酬递增、运输成本和生产要素移动、市场传导的相互作用推动产业集群发展这一方面，阐述了产业集群的形成原因。Porter 的钻石模型也是提升集群区产业竞争力的重要理论，尤其是生产要素、需求状况、相关支持行业、企业战略组织结构与竞争状况等因素对提升民宿产业竞争力具有重大理论指导意义。

国内关于民宿集群的研究还比较少，大多侧重于对民宿集群供应链的研究。2016 年浙江工商职业技术学院熊国铭在《供应链视角下对民宿集群发展的思考》一文中认为，民宿集群是在特定区域中，具有竞争和合作关系的民宿机构在地理上的集聚，从供应链观点来看，民宿集群是一条由分工协作系统提供给旅游者商品和服务的供应链，没有所有权或行政隶属关系的成员企业之间通过合作伙伴关系和信息共享达到系统的协调运转，以提高供应链整体的竞争力。2018 年，秦立公、胡娇、朱可可在《民宿服务供应链集成对民宿集群动态能力的影响机理——价值共创的中介和资源互动的调节作用》一文中以价值共创、资源互动和动态能力理论为基础，探讨了民宿集群发展情境下服务供应链集成、价值共创活动、资源互动能力、民宿集群动态能力间的关系。

综上所述，民宿产业集群的发展现象已引起国内外学界的关注，国外丰富的产业集群理论成果为民宿产业集群奠定了基本分析框架，国内学者已引用国外产业集群理论进行了一些实证分析，但是对有关于民宿集群的建设等并未给出明确的界定。

二、民宿集群发展阶段

纵览国内民宿集群的发展大致可以分为三个阶段。第一阶段，形成民宿品牌集聚，由民宿主自发形成，通过集聚形成民宿单一业态的集群。第二阶段，吸引叠加其他相关业态，形成民宿业态与其他多种业态“民宿 +N”的格局。第三阶段，形成民宿旅游集聚区。

（一）民宿品牌集聚

民宿集群的发展最初是一些单体民宿自发地在一些地方进行选址，由于规模比较小，雇用的人员较少，这些民宿之间便存在了共同建设、相互依存的关系，这样便形成了民宿品牌的集聚。比较著名的有浙江民宿集聚区，如莫干山民宿集聚区、西湖民宿集聚区、楠溪江景区民宿集聚区、乌镇民宿集聚区、西塘古镇民宿集聚区等知名民宿集聚区。

（二）“民宿 +N”

民宿品牌的集聚发展到一定程度便会吸引与民宿相关的餐饮娱乐、亲子农场、艺术馆等其他产业的出现。民宿品牌的集聚仅仅解决了游客住的问题，但游客不仅仅是来住的，而是来体验生活的，只有形成度假消费闭环，才能丰富游客的体验。因此在一些民宿集聚区的附近出现了与民宿相关的产业，改变了民宿仅仅依靠卖房间来营利的模式，实现通过多种业态的增值服务来营利的目标。国内比较有名的有千里走单骑发起的“5+N”民宿集群，5 代表 5 家民宿品牌，包括大乐之野、蕾拉私旅、过云山居、紫一川、千里走单骑；N 则代表产业上下游不同的业态，包括餐饮、娱乐、亲子农场、艺术馆等。这五家国内比较知名的民宿品牌结成联盟，共同制定集群发展联盟公约、评估其他合作品牌资质，共同将这所在片区做成能承载多维度度假需求的综合性度假目的地。

因此，民宿 +N，也就是指将民宿与其相关产业上下游不同的业态进行联合发展的一种模式，即民宿 + 餐饮、民宿 + 演艺、民宿 + 亲子、民宿 + 艺术、民宿＋农事体验、民宿＋体育等，“民宿 +N”将成为未来民宿发展的主要模式。

（三）民宿集群旅游区

由于“民宿 +N”发展模式的出现，民宿集群旅游区成了这一模式发展的主要形式。民宿集群旅游区是一种新型的微度假旅游目的地，以特色民宿 +N 的模式发展，在充分发挥其多个民宿本身的特色和品牌吸引力的同时，联动多种业态共同发展，形成以民宿（住宿体验）为核心特色的旅游度假区，也就是民宿集群为主导的旅游区。

三、全国潜在民宿旅游集群

民宿集群以其鲜明的特色、差异化的环境、有亲和力的氛围、灵活多变的经营方式展现了与星级饭店不同的产品特质，呈现出旺盛的生命力。以民宿集群为代表的新产业集聚的兴起，打破了过去单一的供给结构，拓展了民宿集群产业的上下产业链。从全国范围内看民宿集群的潜在发展地主要有滇西北、川藏线沿线、湘黔桂交界、海南岛、浙南闽北、徽文化圈地区、客家文化圈地区、京津毗连区、珠三角毗连区、长三角毗连区和浙闽粤海岸线地区。

（一）滇西北民宿集群区

1. 区域描述

该区位于北纬 25° ~北纬 28° 之间，属高原气候，常年干燥，空气能见度高，光照足够，夏天气温不高，一年适宜游玩天气多，区域内自然景观奇异性和独特性高，少数民族文化斑斓多姿，拥有一个世界自然遗产（三江并流），一个世界文化遗产（丽江古城），一个世界地质公园（大理苍山）。这个区域，是大陆民宿发展最早、发展较成熟的区域之一，也是民宿投资炙手可热的区域之一。

2. 区域特点

该区域内发展民宿集群的优势主要有交通配套正在提速，能缩短市场与区域目的地的时间距离，降低交通到达成本，前景利好。具体包括：沪昆高铁通车，昆明—大理—腾冲快速铁路修建、泸沽湖机场通航、腾冲机场升级、大理机场未来迁址改建等。从区域节点到景区的道路建设也不断升级；大量酒店资金进入，不同档次及体量酒店的修建，让区域知名度不断提升；民宿及民宿运营整体水平也在提升，有望成为中国知名的休闲度假区和民宿行业高度发达的区域。区域劣势主要是偏居中国西南边疆，交通对于市场人群而言还较为不便；缺乏规范，部分区域出现过饱和状况，带来系列问题，影响旅行体验；政府对于行业的处置应对水平不高；产权问题突出；污染问题显现（如洱海出现的水体富营养化问题）。

3. 潜在点位

具体点位有：大理（双廊在内的洱海周边区域、大理古城及周边、沙溪、诺邓、巍山古城），丽江（大研古城、束河、拉市海、玉龙雪山下白沙镇、泸沽湖区域），香格里拉（独克宗古城、松赞林寺周边、纳帕海周边、德钦梅里雪山周边、飞来寺），怒江州（六库、丙中洛），保山市（腾冲和顺古镇）等。此外，澜沧江谷地（如茨中）、怒江谷地（如丙中洛）、金沙江谷地（如虎跳峡）也会点状出现以目的地为中心的民宿群。

（二）川藏线民宿集群区

1. 区域描述

该区域覆盖从成都平原经横断山区进入传统藏地的广大区域，大山大河紧邻，地貌变化巨大，藏民族风情多元精彩，同时作为进西藏的重要通道，是中国自驾游极繁忙的一条世界级的景观大道。因为川藏线的一端连着成都这个重要的市场来源地和客源窗口（成都机场年客流量超过 2000 万人次），为川藏线沿途带来可观的游客量。目前民宿主要沿着 317、318 国道分布，主要集中在几个市镇上，以中低端为主，以接待季节性自驾和骑行游客为主。

2. 区域特点

该区域的主要优势为旅游资源丰富、类型齐全，特色突出、品位较高，人文旅游资源独特，文化深厚，对游客的吸引力较强。区域的劣势为区域间低海拔河谷地带纵深狭窄，视野受限，高海拔高原地区，景观优美，但多是会使人产生高原反应的区域，人群适应受限，而且适宜旅游的季节只有4个月；交通通达性差，受限于两条进藏国道，旺季及雨季期间经常出现拥堵和中断；旅行淡旺季落差大，酒店旺季房间一房难求，淡季难以支撑运营；区域藏族民风剽悍，外来投资者需要了解当地文化才好介入。

3. 潜在点位

具体点位有：四川甘孜州（塔公、康定、新都桥、理塘、稻城、亚丁、丹巴），四川阿坝州（九寨沟、松潘、桃坪羌寨、米亚罗）；西藏昌都（昌都、八宿），西藏林芝（八一、波密、朗县、工布江达、然乌），西藏拉萨，西藏日喀则（江孜、日喀则）。

（三）湘黔桂民宿集群区

1. 区域描述

湖南、贵州、广西三省区交界处，是中国第二阶梯云贵高原，下降到海拔更低的第三阶梯的交界处，位于雪峰山及武陵山、苗岭一线。

2. 区域特点

该区域内山水相交，景色绝美，同时这里也是多民族聚合交融、和谐共处之地。区域内有包括桂林山水、崀山丹霞地貌、喀斯特地貌等世界级的景观。从区位上看，该地区与珠三角、川渝、华中城市群等来客市场有近便的交通干道，通达性好，也是东部地区去往西南陆路交通的必经之地。区域的劣势为毗连区内部的经济条件较差，对外部客源的依赖性高，旅游淡旺季明显；从大交通节点，到终端的交通条件有待改善，从时间距离来整体衡量，离目标市场仍旧较远；东部往西部过路游客居多，停留天数少。

3. 潜在点位

具体点位有：贵州镇远古城、西江千户苗寨、肇兴侗寨；湖南凤凰古城；

广西三江县、龙胜梯田区域、桂林、阳朔。

（四）海南岛民宿集群区

1. 区域描述

海南岛位于中国大陆南端，地处热带北缘，素有“天然大温室”的美称，这里长夏无冬，年平均气温 22~27℃，大于等于 10℃的积温为 8200℃，最冷的 1 月份温度仍达 17~24℃，年光照时间为 1750~2650 小时，光照率为 50%~60%，光温充足，光合潜力高。海南岛良好的地理环境成为游客冬季避寒的首选之地。

2. 区域特点

低纬度决定了海南岛在中国旅游版图中的重要角色，充足的阳光和没有低温的气候，加上海岛的热带景观，成就了它长盛不衰的美名。作为中国的第二大岛，拥有漫长的海岸线，环境及区域经济的承载能力高，发展旅游的历史较为悠久，区域内有海口和三亚两个作为游客来海南的重要航空枢纽，环岛高铁和高速也都齐备，交通配套成熟。区域的劣势为旅游业发展较为充分，做好民宿所需的土地资源、物业等较为难得；旅游区商业化气息浓厚，难以凝聚民宿的文化氛围；知名度过高，区域旅游发展中负面新闻给民宿发展带来影响；豪华星级酒店及连锁酒店等其他替代住宿形态对民宿及民宿的发展的冲击较大。

3. 潜在点位

该区域具体点位有：三亚、东方、陵水。

（五）浙南闽北民宿集群区

1. 区域描述

闽浙交界地带，仙霞岭、武夷山、鹫峰山系纵向分布，山岭之间有河川谷地，绿化率达到 80% 以上，生态环境极佳。闽北在历史上曾享有“闽邦邹鲁”和“道南理窟”之称。

2. 区域特点

坐落于山岭之间的古村落，有着悠久的历史，不少还保持着和周边环境和谐共处的美好状态，区域内有世界自然和文化遗产武夷山，世界自然遗产泰宁丹霞浙江江郎山，世界地质公园太姥山等世界级的景区，随着高铁及高速路网在本区域的布局完善，本区域到周边客源地的通路已经畅通，有望成为周边城市长时段度假休闲的目的地。而且当地民宿属于刚刚发端的阶段，物业成本相对较低。区域发展的劣势为民宿市场刚刚发端，属于民宿的“生地”，进入的不确定性因素较多；周边包围的民宿群落具有强替代性，竞争激烈；部分从交通干道到景区村落的衔接交通不够方便。

3. 潜在点位

具体点位有：浙江泰顺、江山（仙霞岭）、丽水、松阳；福建泰宁（古城）、大金湖周边丹霞地貌带、武夷山（下梅村、保护区毗连区村落）、屏南（白水洋周边及古村落）、周宁（古村落）、福安。

（六）徽文化圈民宿集群区

1. 区域描述

地处中国华东地区，经济上属于中国中东部经济区。地理位置为东经114° 54′ ~119° 37′，北纬29° 41′ ~34° 38′。地处长江、淮河中下游，长三角腹地。传统徽文化区以安徽黄山市所辖县市及江西婺源市组成，其历史文化传承对皖、赣、浙辐射影响巨大，特别是在建筑文化形态上，徽派建筑文化誉满中国。

2. 区域特点

该区域内自然和文化景观多重丰富，具有西递、宏村（世界文化遗产），黄山（世界文化与自然遗产）、三清山（自然文化遗产）等众多知名旅游资源，景色独特性和美誉度高。同时该区域位于长三角腹地，高铁和高速路网基本实现了覆盖，区位条件优越。区域的劣势是气候在冬半年积温低，影响度假人群的进入；部分作为世界文化遗产地的毗连区，限制性条件多；内部村落密度高，容易陷入同质化竞争。

3. 潜在点位

具体点位有：安徽黄山市域范围内的徽派村落，例如黟县的西递、宏村、关麓、南屏及周边的村落，黄山景区周边，齐云山景区周边；江西上饶三清山景区周边、婺源的徽派村落。

（七）客家文化圈民宿集群区

1. 区域描述

客家民系作为中国重要的民系依然在区域文化中发挥着巨大的影响力，位于赣南、闽西、粤东的这块区域，是传统客家文化的核心区块。三省以赣州、汀州（长汀）、梅州为核心，对客家语言及文化进行传承。这里有大量存留的土楼、围屋、土堡等带防御性功能的建筑和村落，为民宿集群的发展奠定了基础。

2. 区域特点

该区域内的客家民系由中原地区迁徙而来，保留较丰富、完整的汉民族传统文化，宗族观念强烈，内部凝聚力强，因客居他乡对外常带戒备，直观的表现就是大量存留的土楼、围屋、土堡等带防御性功能的建筑和村落。这些建筑和村落是开展民宿及民宿的极佳载体，而客家文化的精彩多元，也是能让来客开展深度游玩度假的条件。此外，该区块离珠三角及福建沿海经济发达城市近便，高铁和高速网络也覆盖到位，发展前景良好。区域劣势有，区域内部的整合度有待提高；目前民宿整体水平有待提高，缺乏高端产品，市场认知度低；老民居的物业较为分散，产权比较复杂；知名景区环境的原生态性欠理想，植被以次生林为主。

3. 潜在点位

具体点位有：福建长汀（汀州古城）、连城（冠豸山、培田古村落）、永定（高头乡土楼区）、南靖土楼区（非客家民系土楼）；江西龙南县围屋区、会昌县的古村落、石城县的围屋区；广东梅县、大埔县的客家村落。

（八）京津毗连民宿集群区

1. 区域描述

所谓毗连区则是以市域范围为核心，往外周延展的有限部分；设定为从主城区出发，正常自驾汽车 2 小时能抵达的区域范围。北京作为国都，是政治、经济、文化中心，天津作为直辖市，是中国重要的海港城市及工业城市。京津二城生活着近 5000 万的人口，是中国人口最密集的地区之一。

2. 区域特点

由于交通拥堵、空气污染、生活节奏快，生活在京津二域的居民对民宿具有强烈的需求，这种需求不仅表现在消费上，还表现在投资上，考虑该区域居民强劲的投资能力，北京、天津周边环境良好的区域都有可能成为抢手货。区域发展的劣势有，物业成本持续走高；周末、工作日淡旺季明显，周五和周六生意爆棚，其他时间入住率低；气候的缘故，冬半年的经营状况明显要差。

3. 潜在点位

具体点位有：北京郊区，天津郊区县，河北承德、张家口、秦皇岛（北戴河）。

（九）珠三角毗连民宿集群区

1. 区域描述

珠三角位于广东省中南部、珠江入海口，与东南亚地区隔海相望，被称为中国的“南大门”。珠江三角洲是广东思想文化最早开放的地区之一，有具有全球影响力的先进制造业基地和现代服务业基地，是我国南方地区对外开放的门户，是我国人口高度集聚、创新能力强、综合实力强的三大区域之一，有“南海明珠”之称。

2. 区域特点

珠三角是中国经济最早开放的区域，其经济体量巨大，居民消费能力强，珠三角城市群的人口数量接近5000万人口，是中国人口高度密集的地区之一。

由于交通拥堵、空气污染、生活节奏快，生活在此的居民对民宿具有强烈的需求，而广东位于亚热带和热带地区，民宿受气候的影响小，使得珠三角周边海拔稍高的生态环境宜人的区域成为大众度假休闲的重要选择。区域发展劣势为，物业成本走高；停留天数低，以周末客为主，该区域居民稍有长时段的假期，会选择更远距离、环境更宜人的区域去度假。

3. 潜在点位

该区域的具体点位有：清远、肇庆、河源、云浮、韶关。

（十）长三角毗连民宿集群区

1. 区域描述

以上海为中心的长三角，是中国经济最活跃、经济体量最大的区块，也是中国城市化水平最高的地区，中国第一大经济区，中央政府定位的中国综合实力最强的经济中心、亚太地区重要国际门户、全球重要的先进制造业基地、中国率先跻身世界级城市群的地区 。

2. 区域特点

“逆城市化”的效应也在该区域显现，因此长三角毗连区的农村现代化程度非常高，这就为民宿的发展提供了很好的基础条件。以莫干山为代表的民宿集群，是大陆目前发展最成熟的典型范例。虽然发展较早，但基于强劲的市场需求，长三角毗连区的机会仍非常突出。区域劣势为，一周经营淡旺季明显，周五和周六生意爆棚，其他时间入住率低；区域内同质化较为严重，内部竞争开始显现，在县域层面的营销显得尤为重要；民宿投资初步展现出泡沫景象，投资须谨慎。

3. 潜在点位

具体点位有：江苏苏州、无锡、宜兴；浙江杭州（西湖周边及后山）、德清（莫干山）、乌镇、西塘、安吉、桐庐、淳安。

（十一）浙闽粤海岸民宿集群区

1. 区域描述

浙江、福建、广东这三省海岸线曲折，半岛、海湾众多，三省海岸线总长度超过中国大陆海岸线的一半，三省的海岛数量则超过全国的80%。该区南北连接着长三角和珠三角两块中国经济最发达的区域，市场潜力巨大。

2. 区域特点

该区域内沿线的渔村和其他形态的民居聚落，是发展民宿的上佳处所。沿着该岸线，交通便利，动车线路及沿海高速公路网相对完善；同时，本区域县域经济发展水平非常高，消费能力强，这些都是很多其他区域难以匹比的。区域劣势为，缺乏提前的规划安排，自发的生产建设活动，对自然景观破坏较为严重，而且近岸的海水污染较为严重；属季风气候带，夏季台风多，冬季三个月的冬季风则过于凛冽，不适合旅游活动；一些风景优美的岛屿，与大陆的交通通勤条件还较为不方便。

3. 潜在点位

具体点位有：浙江苍南、洞头县、南麂列岛、玉环县、象山县、宁波、舟山岛；福建厦门（鼓浪屿、曾厝垵）、漳浦、泉州、平潭岛、连江黄岐半岛、霞浦东冲半岛、嵛山岛、浮鹰岛、福鼎台山列岛；广东南澳岛。

四、民宿集群发展案例

（一）黄河·宿集——新建型

黄河·宿集位于宁夏，紧邻黄河、沙漠和绿洲，共60个房间，项目由南岸、西坡、大乐之野、墟里和飞蔦集5家品牌民宿组成。“宿集”曾连续两年列入原国家旅游局发布的全国重点旅游项目，是宁夏建区60周年的纪念献礼工程，荣获2018亚洲旅游“红珊瑚”奖——最佳旅游创新项目。这是“借宿”联合文旅开发商华正文旅交出的第一个案例。

有200年历史的大湾村，在村民迁徙后，只留下了村庄废墟、一片果林和一条老黄河。现在经过5家民宿主的巧手，变成了“中国版摩洛哥”。被废弃的村庄被重新复原，西坡、大乐之野、墟里、南岸、飞蔦集相继开始试营业，旅行者们纷纷把原先投射向国外的目光收回到银川中卫。

整个民宿集群以黄河、沙漠等本土元素相呼应，并且延续当地传统的建筑风格，给人以安全、舒适、放松的感觉，将这里复原成一个有温度、没有陌生感的村落。与此同时，搭配了具有生活气息的软装配饰与保留移植了当地的植物。

在业态方面不只是民宿，更有体验型业态，如先锋书店、借宿好物文创店、杂货铺（左靖的供销社）、美术馆、咖啡馆，以及漂浮在黄河中的游泳池、温泉浴池等。

（二）不老村·民宿集群——品牌集聚＋改造型

南京不老村位于老山国家森林公园南麓，地处风光旖旎的象山湖西侧，与古刹七佛寺毗邻，与宁滁快速通道相连，出南京长江隧道仅十分钟即可到达，地理位置十分优越，是南京市浦口区着力打造的美丽乡村八颗“珍珠”之一。不老村民宿集群由10家民宿组成，包括老友记、悠山、原舍、逸度山居、侘寂、己居、逸舍、有栖、享聚和不老书院，共有客房78间房。不老村是南京市“乡村民宿培训基地”之一，南京市浦口区民宿业协会也正式在老山不老村成立，协会将秉持“助力民宿行业发展，振兴乡村文旅产业”的宗旨，引导民宿企业加强行业诚信自律，让民宿企业通过相互学习、交流，进一步提升管理水平和服务质量，带动全区民宿产业及旅游产业实现跨越发展，助力乡村振兴战略实施，共同打响浦口区民宿行业的名片。

（三）深圳较场尾民宿集群——整体改造型

深圳较场尾是大鹏新区唯一保存完好且紧靠海岸线的原始村落。后伴随着游客的急剧增长，滨海生态曾承受巨大压力。2014年作为大鹏新区“一号政令”工程，总投资超过2个亿的较场尾改造工程启动了，这是新区寻求生态保护和经济发展“最大公约数”的一次有益探索。较场尾综合改造工程兼顾了生态保护、产业升级、社区经济绿色发展和居民群众发展致富的需要，是贯彻“保护中发展，发展中保护”思路的典范。改造工程中最重要的项目是铺设排污管网，直接接驳收集每一栋建筑的生活污水，完好保护沙滩和海洋生态；较场尾的整治突出生态发展理念，融合产业发展方向，因地制宜，由政府统筹各方资源，改造工程还包括了娱乐广场、美食街、酒吧、停车场等配套项目，以及标识系统、银滩路改造提升、海岸线景观和沙滩整治提升等工程项目，改造项目完成后，民宿小镇景观得到全面提升，较场尾民宿小镇的旅游产业实现升级蜕变。

如今较场尾民宿小镇已经成为具有特色旅游价值、文化品质和知名度的民宿集群，较场尾民宿小镇已经成为管理相对有序、安全舒适、效益显著、可持续发展的滨海休闲旅游小镇。较场尾民宿小镇发展始终遵循的理念就是重在融合——与文化融、与环境融、与肌理融，在发展中广泛汲取岭南文化、客家文化、广府文化、潮汕文化、海洋文化特质。较场尾民宿小镇不是城市建设中典型的大拆大建，也不是简单的“穿衣戴帽”，而是通过打造民宿产业，通过产业发展带动全域旅游的发展，带动社区振兴，带动居民增收，是一种市场培育的新规范、城市更新的新模式。通过对污水排放、隐患建筑、泥泞土路的集中整治建设，致力于保护中发展、发展中保护，探索脱贫奔康的新路径。

五、民宿集群开发建设要求

（一）政府培育民宿集群发展大环境

在乡村旅游与民宿产业蓬勃发展的大背景下，从中央及各地政府部门应从政策等方面予以支持，积极推动民宿产业集群的大力发展，培育民宿集群发展大环境。

1. 建立健全用地保障机制，加强民宿用房保障

结合城乡土地利用总体规划，合理安排民宿集群及其配套设施建设用地空间，统筹新增建设用地计划指标、农村土地综合整治节余指标等用于民宿旅游集群区发展；支持村集体和其他经营主体利用农村闲置校舍、闲置办公用房、闲置生产经营用房等国有和集体资产发展休闲旅游业；鼓励农户利用依法批准、合法取得的住宅、传统民居和存量房屋发展民宿集群，支持村集体使用集体闲置房产和通过合法方式取得的农民闲置房屋发展民宿集群旅游区。对农村闲置房屋开展调查摸底、盘活利用工作，积极探索回购、租赁、置换、退出等模式，围绕民宿开发，有序盘活旧村委用房、旧厂房、旧校舍、农户闲置房等闲置合法资产。在充分保障农户宅基地权益的前提下，探索发挥农村基层组织作用，以农户自愿为原则，由村民小组或村委会统一将盘活的闲置房屋集中，成立合作社进行股份制经营管理，或受农户委托，统一与投资方签订合作、出租、联营等协议，以减少投资方逐个与农户商谈产生的矛盾，更好地保护农户与投资方的利益。

2. 制定金融扶持政策，建立乡村住宿业融资平台

政府要进一步加强金融扶持政策，鼓励各金融机构加大对民宿业的信贷支持，积极推广农村住房抵押贷款、农村居民信用贷款等特色产品，围绕民宿发展需求，创新绿色金融产品，鼓励简化审批手续，加强信贷扶持。各市县政府可以对农户和农村集体经济组织在发展乡村民宿贷款方面提供贴息补助。应加大财政补助，安排资金扶持民宿产业发展。如省级财政实施以奖代补激励机制，对通过省级考核认定为“示范点”的乡村民宿集群，给予一定的资金奖励。

3. 建立民宿集群发展协调和事中事后监管机制

由政府分管领导牵头成立协调机制，旅游部门、市场监管部门、规土部门等作为成员单位，及时研究解决动态监测、风险评估、管理防控及各类重大疑难问题。民宿集群所在地也要建立协调机制，并明确专门机构负责推进。

4. 加强部门沟通合作，完善公共基础服务

各级各部门应加大对民宿发展集聚区的旅游交通建设、风景廊道建设、污水垃圾处理、村容村貌整治、停车场及厕所等的投入，完善民宿集聚区基础与公共服务系统。对影响民宿营商的环境卫生、社区风貌、社会治安、消费环境、网络信息等进行规范化、合法化、常态化治理。

（二）企业重点延伸产业链条，实现集群式发展

企业应延伸好产业链，打通上下关节，建立适应旅游者需求的民宿集群发展模式，完善上下游企业之间的关系，建立起“吃住行游购娱”于一体的产业链。通过原料采购的本地化和特色旅游商品的开发，使得民宿集群的产业链延伸到农、林、牧、渔和文化产业，以便于提高其附加值，既可增加民宿集群内经营企业和居民的收入，也可避免出现集群内部产业结构单一、对旅游业严重依赖等问题。

1. 产业链延伸到农业

民宿集群的产业链延伸到农业，提升农产品的利用价值。如成片的农作物景观既可开发成为参观景点，也可作为参与性体验项目。蔬菜大棚既可开发成参观景点，也可作为参与性体验项目。蔬菜大棚既可开发成为观光、采摘、科教等产品，也可作为餐饮原料。传统食品和民俗工艺品制作可开发成参观型、体验型旅游产品，又可作为餐饮原料、旅游商品或旅游纪念品。

2. 产业链延伸到渔业

民宿集群的产业链延伸到渔业，提升民宿住宿者的体验感。如在民宿附近或周边的河流、浅水湖上增加垂钓项目，增强游客的住宿体验，同时带动周边渔业的发展。

3. 产业链延伸到文化产业

民宿集群可以与当地文创公司进行合作，将当地特色的文创产品在民宿中进行展示，吸引客人体验，如为顾客提供荞麦皮枕头，演示特色食品制作等，这样在销售本地特色产品的同时又为顾客带来更好的住宿体验。

（三）创新多元化民宿集群管理模式

1. 独立运营管理模式

这种模式目前比较普遍，民宿集群相互依存、共同发展，每个自家民宿小而美，有个店长管家基本就可以管理。集群内的民宿既相互依存，又相互

竞争。

2. 村委会主导的统一管理模式

村民的住宅经过统一改造、装修后，以规模化运营的方式面向游客统一经营。以村庄为单位，整村进行打造，实行景区化统一管理，打造民宿产业发展集聚区。游客想要住宿不需再费心选择，而是直接通过该村统一的前台预订房间。

3. 专业化酒店主导的连锁管理模式

借助专业化酒店成熟的管理经验和平台，并通过其完善的会员系统、营销系统、管理系统，品牌影响力，渠道先发优势，进行连锁化运营，从而实现民宿品牌连锁化。

4. 专业化托管模式

同连锁化发展不同，这种模式是聘请专业的物业管理公司或者民宿集群运营管理公司进行运营，只是在运营层面合作，并不进行产权层面的交叉和持有。在这种模式下，民宿集群的开发、产品的规划和业态的发展都由专门的运营公司进行统一打造，包括集群落地规划设计，线路开发及体验，集群传播推广，高端用户引流，地方文创产品规划，其他业态发展规划等。

（四）以品牌带营销的民宿集群运营模式

民宿做得最好的往往是那些网红的品牌民宿。因为它们有很强的品牌号召力，有很好的客户资源，有很好的媒体支持，所以它有很好的效益。但毕竟这是极少数，通过民宿集群打造区域民宿品牌，能够充分将单店的品牌带动效应转换成民宿集群的区域品牌效应，从而扶持和带动域内其他民宿的整体发展。

1. 构建政府、协会、民宿主（民宿企业）三位一体的民宿集群区域品牌

因为区域品牌的“公共”属性，一个由当地政府、协会（民宿联盟）、民宿主（民宿企业）三位一体的民宿集群区域品牌顶层结构设计是关键的第一步。在现行的体制下及民宿集群发展的初期阶段，由政府主导，协会和民宿配合的方式更符合国内大多数区域的实际情况，民宿集群的区域品牌构建要突破行政区域分割的限制，建立专门的民宿集群区域公共品牌协调发展机构，制定统一的旅游发展规划和产业政策，建立统一的管理体制，策划先行，明确区域民宿业的定位、发展方向，再进行相应的规划和公共资源供给。在发展比较成熟的民宿集群区域，以实力较强的龙头民宿企业牵头成立当地的民宿协会或产业联盟进行主导也不乏是一种更具市场导向的架构设置。

（1）统一品牌

一是要有好的品牌名字。民宿集群要想让自己的品牌深入人心，首先要有一个好的品牌名字。取一个好的品牌名恐怕比想一句“宣传口号”还要难。简简单单的几个字必须传递出品牌的主要信息和个性，不仅要承载创始人的精神和理念，还要有高度的概括性，能在日后管理理念变更后依然适用。裸心谷（Naked stables）的创始人 Horsfield 夫妇最初就是希望把它建成一个没有太多人为痕迹的生态度假村，因此取了这样一个名字。

二是要了解自己的消费者。民宿集群品牌塑造过程中要清楚了解自己的消费者特征，明确自己的消费群体是一群什么样的人群，明确用户画像。如以莫干山为代表的一系列精品民宿崛起的背后是部分消费者从商品消费到精神消费的转变。在新一代消费者的眼里，传统的高星级酒店如香格里拉、希尔顿等不再是首选，“星级”背后所代表的身份对于他们来说似乎并没有那么重要了，相反，设计美学、品牌背后的故事以及其所宣扬的生活方式才是他们所看重的。

三是要塑造品牌背后的故事。一个品牌真正能够打动消费者的往往是它背后的故事。民宿集群应根据选址地当地的风土人情、民宿品牌等塑造民宿背后的故事。

（2）统一推广

一是 OTA 渠道。民宿集群要善于利用互联网的优势，在各大 OTA 平台如携程、去哪儿、艺龙等，利用网络提高曝光度和转化率等。OTA 渠道不仅能促成订单，同时也能起到品牌推广的作用。民宿集群要充分利用 OTA 平台强大的用户基础，充分展现自己的独特优势，建立民宿集群自己稳定的客户群。

二是自有渠道。当前的民宿推广大多是借助旅游平台，贩卖住宿，这对于大酒店适用。而民宿是小而美的个体，属于场景范畴，其内核是社群商业。社群商业的要义便是去中介化，充分运用场景营销。因此，民宿经营者要意识到自媒体的力量，以及如果将社交平台利用为自己的直销渠道。社交属性就要求做足经营特色与调性，找准自己的客户群，做到精准营销，效果事半功倍。民宿集群要设法建立自有渠道的建设，开创“旅游＋民宿＋节庆”的营销模式，既可单独进行品牌推广，又能满足周边景区的配套，提升民宿集群旅游吸引力，增加民宿业主的经济收益，提升市场竞争优势。

2. 重视民宿集群区域品牌的知识产权体系建设，形成区域品牌资产平台

民宿集群的区域品牌构建，就是要用市场化的手段去进行区域民宿集群的发展与引导，并集约化地进行域内资源配置和供给，其中，民宿集群区域品牌的知识产权体系的建设是一个具有前瞻性的抓手，除了品牌商标权外，还包括区域土特产的地理标识权、内容开发版权、区域公共品牌相关的网络域名权、文创开发设计的工业设计权等。构建民宿集群区域品牌知识产权平台，一方面能够运用知识产权体系支持和规范域内的相关产业开发，另一方面又能通过授权、准入、评级等手段进行市场化管理。

3. 制定明确的民宿集群区域公共品牌战略

民宿集群区域公共品牌的打造就是把集群区域作为一个品牌，以集群整体形象参与旅游行业的市场竞争。依托集群优势，充分进行自身资源分析、竞争分析、客源市场和游客需求洞察，找准定位和发展路径，以集群区域品牌战略为指引，形成民宿招商策略、文化特征规范、准入机制和授权策略，一方面协调规范域内民宿的有序竞争和互补经营，以区域品牌支持域内民宿的发展，同时民宿的发展也反哺区域品牌的声誉积累，另一方面利用集群发展的战略优势，去避免或减轻外部竞争威胁，从而更有序和长远地发展。

4. 民宿集群区域公共品牌的形象与营销协同

民宿集群区域公共品牌在进行品牌推广和营销活动时，要避免域内经营主体之间的各种冲突与消减，如在形象资源、形象定位、市场策略和活动之间的冲突与消减。集群区域公共品牌的构建就是要形成良性和集约化的营销协同机制。

（1）策略协同

区域内不同产品和服务的营销策略要与区域整体形象定位一致。在建筑风格、文化内涵、风俗民情上传达集群区域的大形象。

（2）目标协同

不同营销主体对区域形象营销的目标保持一致，或互补支持，至少各领域的营销目标应没有冲突。国外的研究表明，不同区域营销主体的目标和利益是否一致，对于区域形象的建立和发展至关重要。

（3）市场协同

首先，细分及其差异化策略不应与区域形象的基本定位相冲突，区域形象传递的核心价值与各细分市场品牌形象传递的核心价值保持一致。其次，如果各细分市场的形象定位与区域形象有所差异，但在根本价值的定位上要保持一致，其他定位的价值应相互支持，在此基础上展开相应的市场活动，做到良性互动和相互增值的协同。

六、民宿集群建设评价方案

近年来民宿集群不断发展，但整体品质参差不齐，为了促进旅游住宿业供给侧改革，满足广大游客对住宿业态的多元化需求，提高民宿集群建设评定的规范性和科学性，本部分综合梳理了各省份对民宿行业的要求评价与规范发展意见，同时结合民宿集群的发展特征、影响因素，提出民宿集群评价思路方案，为形成《民宿集群建设与评价规范》做铺垫。

（一）民宿集群评价影响因素

1. 区域民宿单体比例

在民宿集群特定区域内，民宿集群中精品民宿的比例应大于50%，其他相关配套企业占比例应小于50%。

2. 整体品牌

成体量的民宿群落能带来可观的流量，提供相应的客流保障，一些往往通过单店很难拿出大量资源去做的推广工作，通过民宿集群区域品牌的系统化集中推广，能够进行并为区域整体民宿业带来持续的口碑效应，形成品牌价值，避免单店对旅游 OTA 平台营销的过度依赖，丧失打造自身品牌的能力。

民宿集群内应有明确的民宿联盟、协会或其他行业组织，进行统一的管理。民宿集群应建立专门的民宿集群区域公共品牌协调发展机构，进行统一的规划和公共资源供给。民宿集群应有一个统一的可以传递出品牌主要信息和个性的品牌名字。民宿集群要有统一的微博、微信公众号、网站等媒介，及时、准确地发布动态及相关促销内容。民宿集群应定期举办特色文化主题活动，联合媒体、第三方企业，宣传民宿集群主题文化品牌，实施有效的促销。

3. 公共服务设施

单体民宿痛点很多，不可能将运动设施、休闲娱乐设施、文娱空间等容纳到每个单体民宿之中。但是形成民宿集群后，就可以扩展文创、娱乐、休闲等上下游产业链，形成完善的服务体系。比如几个民宿单店不能很好地把咖啡厅经营起来，餐厅也不能获得可观的回报，如果相应的文娱等区域公共设施或服务供给不充分，就不能形成有效的运营，但是通过民宿群落的方式，将所有的公共配套整合到一条服务链中去，就解决了单体民宿发展的痛点，能升级和丰富民宿集群的旅游体验。

民宿集群应注重对公共服务配套设施的建设。民宿集群内应建立民宿总接待中心，游客可以在民宿接待中心处选择入住的民宿。民宿集群内应设有游客公共空间，游客可以在公共空间内享受餐饮、休闲、娱乐购物等服务。此外，民宿集群应针对性建设会议、亲子、文化展示等区域，以满足游客多样化的度假需求。民宿集群内应配有医疗救助场所，以满足入住民宿的游客突发性的医疫需求。

4. 建筑风貌

建筑物应为合法建筑，符合有关房屋质量安全要求。乡镇（街道）负责民宿建筑合法性、安全性等开办条件初审。未经不动产登记、不能提供权属证明的，由乡镇（街道）出具该建筑符合开办民宿的意见；不能认定建筑安全性的，由业主委托第三方鉴定，并提交该建筑的安全性鉴定材料。自然保护区、饮用水水源一级保护区、重要的自然与文化遗产、风景名胜区的核心景区（不含人文景观类景区）、地质灾害危险区等高敏感区域，禁止新建、扩建民宿项目。

建筑应具有明显的乡村风情地方特色，与周边环境协调，有特定的文化内涵；地面、墙面、天花板、门窗等以当地材料或原生态材料为主；应有专业设计，装修风格应体现当地自然风光和乡土文化，整体效果良好；建筑装修应符合消防安全要求，设有紧急出口、消防应急灯、灭火器等设施。

5. 建筑设施

（1）客房设施

客房应设计专业、装修精致，整体氛围好。50% 及以上的客房应景观视野宽阔。客房应采用分区照明设计，具有艺术性的照明效果。客房应有防噪声及隔音措施，设备无运行噪声，夜间室内噪声低于 30 分贝。客房基本设施配备齐全，应有做工精致、品质精良的客房家具和全身镜。客房应有门窥镜、门铃及防盗装置。客房应在显著位置张贴应急疏散图及相关说明。客房应有高品质的纱帘和窗帘，遮光效果良好。客房电器开关应位置合理，使用方便，应有两种规格的电源插座、插座转换器和两个以上不间断的电源插位。客房卫生间应干湿分离，有单独的沐浴空间。客房卫生间应有排风设施、高级抽水马桶、梳妆台（配备面盆、梳妆镜和必要的盥洗用品）、吹风机和位置合理的挂钩 / 杆，并应采用分区照明。

客房卫生间应 24 小时供应冷、热水，有清晰的冷热标识，给水系统水流充足，水压应达到 0.2~0.35MPa。热水龙头完全打开后，水温应在 15s 内上升到 46~51℃。沐浴区应配置有效的防溅设施并采取有效的防滑措施，排水通畅。客房内棉织品（床单、枕芯、枕套、被芯、被套、床衬垫等）及卫生间针织用品（浴巾、浴衣、毛巾等）应材质高档、工艺讲究、柔软舒适。床单、被套、枕套、浴布、浴衣、毛巾的含棉量应达到100%，床单、被套、枕套的纱支规格不低于80×60（支）纱，毛巾的纱支规格不低于32支纱。

（2）餐饮设施

应有一个自营的餐厅。餐厅应设计独特、别致，具有艺术格调。餐厅应布局合理，隔音、隔热和隔味的措施有效，环境幽雅舒适。餐桌椅应舒适并设计独特。餐具应高雅精致。餐厅摆台应精致独特，有艺术感。应有与餐厅配套的专业厨房设施，位置合理，布局科学。

（3）公共设施

公共空间设计应充分诠释民宿文化特色，氛围温馨独特。公共空间的软装与陈设应具有艺术感和主题性。公共空间的灯光应设计专业，整体视觉效果独特优美。应有相对独立、布局合理的接待空间。应有停车设施。3层以上（含3层）的建筑物应有数量充足、速度合理的高质量客用电梯，轿厢应装饰高雅并通风良好。

6. 民宿服务

（1）客房服务

可提供快速入住和结账服务。可为宾客提供具有当地文化特色的入住欢迎仪式。在对客服务时，宜尊称宾客的姓名。可为预订宾客准备设计精美的书面或电子欢迎信函。可提供体贴温馨的开夜床服务。可提供精巧别致的欢迎礼品。可18h以上应宾客要求提供洗衣服务。可为宾客提供1h以内的快捷熨烫和擦鞋服务。可18h为宾客提供冰块、矿泉水等客房免费服务。可为宾客提供全方位的、全过程的、亲切的、专属的、细致的私人管家服务。可提供机场接送服务。可提供旅游和商务交通服务。可提供专业化的商务服务，比如打印、扫描、传真、复印、快递、名片印刷等。可为宾客提供四种以上的免费软饮。宜有个性化专属服务，应宾客要求提供个性化定制服务菜单，如枕头菜单等。宜有客史档案系统，可为宾客提供超前个性化服务。宜有富有文化内涵的讲解服务，服务人员对民宿的艺术设计主题、历史故事以及当地风土人情的知识丰富。宜有免费提供的欢迎饮料、精美点心和水果。

（2）餐饮服务

菜单设计宜有创意，宜充分体现当地美食文化内涵。可提供精致的素食菜单。可提供品种丰富、摆台精致、食材新鲜的自助早餐。早餐可提供四种以上的精致套餐选择。可为预约宾客提供专属私人厨师服务。可提供18h的客房送餐服务。可为用餐宾客提供精彩的讲解服务，介绍本店精品菜肴及当地名点名菜的历史文化故事。宜有专业精心的侍酒服务。

（3）休闲服务

可提供专业的康乐休闲服务，比如骑马、徒步、划船、漂流等。可为宾客提供烹饪、手工等富有当地传统特色的文化体验活动。可提供现场音乐或文化表演活动。可提供季节性的休闲、健身、文化活动菜单供宾客选择。可为宾客提供深入当地社区的体验活动，如采摘、乡俗、节庆等。可为宾客提供专业科学的健身服务。可为宾客提供专业的养生服务产品。可依托周边景点提供具有独特体验的旅游服务。

7. 安全

安全问题是游客出行关注的重要问题。首先民宿集群应明确经营业态的法定代表人或负责人是其公共安全、消防安全及食品安全的第一责任人，对其公共安全、消防安全及食品安全负全面责任，参加各类知识培训。建立突发事件应急预案，并定期进行演练。应配备必要的安全设施，确保游客和从业人员人身和财产安全。在易发生危险的区域和设施设置安全警告标志，安全标志应符合GB 2894的要求：易燃、易爆物品的储存和管理应采取必要的防护措施，符合相关的规定。民宿集群公共区域中必须安装安全监控系统，每间民宿每间客房都必须设置住宅用火警警报器，应有灭火器和应急照明灯及疏散指示牌。

8. 卫生环保

民宿集群环境空气质量应符合《环境空气质量标准》（GB 3095）。民宿集群区室外允许噪声级应低于《声环境质量标准》（GB 3096）中规定的“特别住宅区”的环境噪声标准值。地面水环境质量一般应按《地表水环境质量标准》（GB 3838）中规定的第一级标准执行。民宿集群应设置统一的民宿卫生环保要求管理平台，对集群内民宿卫生情况进行统一的管理。民宿集群应制定统一明确的卫生条文规范。民宿集群相关工作人员应遵守相关卫生和环保法律、法规和规章，定期进行各项卫生检查并记录。

9. 文化特色

民宿是文化的一种象征，民宿不仅彰显投资者的个人情怀，也是地域文化的一种传承方式，民宿的灵魂是人情、是质朴，民宿集群在建设、经营管理过程中，应注重对文化的传承，突出当地的文化特色。所选取的主题文化应明确，符合主流、表现到位。主题符合社会发展趋势，积极、健康、时尚，易于被大众接受，且特色鲜明，与地域文化交融。民宿集群内应有自行开发的特色商品、纪念品和艺术品。员工服饰要有特色。民宿内所选定艺术品和壁画等应反映出所选的文化主题。民宿集群产品应具有多样性，依据季节变化及民俗节庆的推移，设计不同的吸引游客的体验活动。民宿集群应积极对当地非遗项目进行传承，民宿集群内应设有非遗商品、非遗体验活动。

10. 游客满意度

游客满意度不仅是现代民宿经营活动的基本，也是增强民宿竞争力的锐利武器，更是民宿持续发展的基础保障。因此提高民宿集群游客满意度十分重要。民宿集群内各个单体民宿应在显眼的地方设置民宿投诉电话，游客可进行投诉管理。民宿集群应定期对入住民宿的游客进行民宿服务调查，形成调查报告，对民宿存在的问题，及时调整。

（二）民宿集群评价思路方案

整个民宿集群评价总分满分 1000 分，评价内容分为集群民宿比例（90 分）、星级民宿比例（60 分）、整体品牌形象（75 分）、公共服务设施（150 分）、建筑风貌（80 分）、民宿设施（175 分）、民宿服务（140 分）、安全（50 分）、卫生环保（60 分）、文化特色（80 分）、游客满意度（40 分）十一项，具体见表 8–1。根据最后的评分进行等级划分，其中，900~1000 分的为民宿集群示范区；700~899分的为民宿集群建设区；500~699分的为民宿集群创建区。如图8–1所示。

表8–1　民宿集群建设标准评分要素

评价要素	评价因子						
集群民宿比例（90分）	30%	40%	50%				
星级民宿比例（60分）	五星级	四星级	三星级				
整体品牌形象（75分）	民宿联盟、协会、民宿组织	网络平台、官方网站		形象标识	公众号、微信、微博		
公共服务设施（150分）	游客服务中心	内部公共交通	标识系统	公共活动	医疗救助		
建筑风貌（80分）	建筑风格	建筑价值	建筑保护	周边环境			
民宿设施（175分）	停车场	前台	厨房	餐厅	客房	公卫	私卫
民宿服务（140分）	接待服务	餐饮服务	客房服务	卫生服务	休闲服务	娱乐服务	其他服务
安全（50分）	安全要素	安全责任					
卫生环保（60分）	卫生要素	环保要素					
文化特色（80分）	文化主题	文化传承	文化保护	非遗传承			
游客满意度（40分）	投诉管理	服务调查					

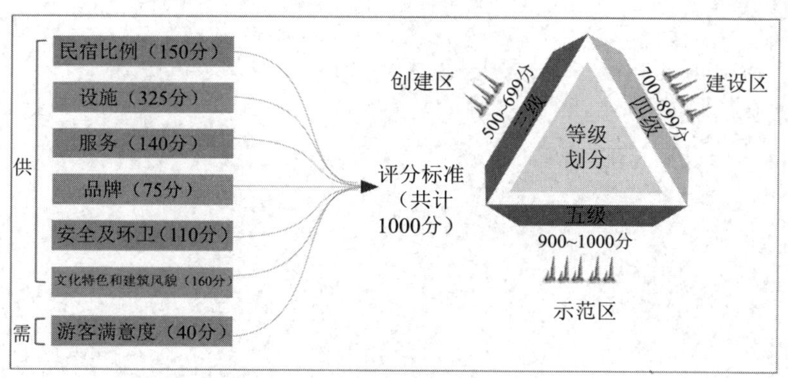

图 8-1　民宿集群的三个层级

第九章

民宿自媒体发展研究[①]

① 本章作者：刘琳琳（深圳新旅民宿客栈发展研究中心）。

从2015年开始，随着新一代网络技术的发展，民宿业也紧跟时代步伐，与新媒体紧密结合，借势当下流行的互联网众筹、短视频、真人秀综艺节目等，打造了一个个民宿“网红”，形成了民宿业的自媒体阵容。民宿也因民宿自媒体的宣传推广被消费者熟知，从一个小众的、配套的住宿产品发展成为“因一间房，赴一座城”的核心旅游吸引力住宿产品，甚至是旅游度假产品。

一、民宿自媒体发展历程

（一）2015年：民宿自媒体起步

2015年，互联网众筹平台爆发式增长，2013年国内众筹平台数量为29家，2015年时已达到283家。多彩投、开始众筹等互联网众筹平台开始上线民宿项目。“开始众筹”第一个民宿众筹项目“村上湖舍”上线后，短短36小时，认筹金额就超过300万元，同时，这篇众筹推广文章一天的阅读量达到10万多次，创造了民宿互联网众筹的神话，开启了民宿互联网众筹的先河。民宿自媒体借助众筹这个互联网新生事物开始发展起步。

（二）2016年：网红造星

2016年1月26日，短视频媒体“一条”上线了一条《中国最美民宿：美女让你一边泡浴缸，一边伸手摸云》的视频，捧红了民宿“过云山居”。此后，各类民宿自媒体爆发式增长，各种免费试睡、抽奖、游学、众筹的软文刷爆朋友圈，民宿进入网红“造星”时代。

（三）2017年：自媒体 + 综艺

2017年10月7日，湖南卫视推出客栈经营体验类真人秀节目《亲爱的客栈》，取得超高收视表现，在微博话题总榜、综艺榜获得双榜第一。同时，东方卫视推出旅舍经营性节目《青春旅社》，浙江卫视推出《漂亮的房子》，三个真人秀综艺节目同时引爆慢生活综艺，将民宿从自媒体推向传统电视媒体，使民宿走向大众视野。

（四）2018年：短视频为王

2018年开年，短视频平台“抖音”异军突起，自媒体的风口发生转变，四川理县一个叫“浮云牧场”的地方凭借无与伦比的自然风光瞬间吸粉无数，无心插柳柳成荫，谁也未曾想到，一个并非专业拍摄的、仅仅十几秒的短视频可以带来数以百万计的流量，以浮云牧场为话题的抖音阅读量过亿次。民宿开始进入短视频时代。①

（五）2019年：自媒体+传统媒体

随着民宿的火爆，传统媒体开始将目光转向民宿。2019年1月，云南日报创办的《大观周刊·亚洲民宿》杂志全国发行，同时，“亚洲民宿微信公众号平台”也将作为纸质读本在线上的连接器，为满足读者深度阅读和信息需要，每天定时推送图文及视频，同时向广大游客发放旅行福利，包括美宿优惠券、免费券，周边景区门票，周边美食折扣优享券等，打造“传统媒体+多个自媒体平台”的客栈民宿营销矩阵。

二、民宿自媒体发展现状

（一）民宿自媒体平台

1.形成多样化民宿自媒体矩阵

民宿自媒体平台包括微信、微博等社交媒体；抖音、微视等短视频平台；今日头条、百家号、企鹅号、简书等内容平台；小红书、知乎、豆瓣、马蜂窝等社区论坛等。

① 从选址到转让，民宿运营手册［OL］.民宿自媒体号“民宿圈”.

2. 微信是民宿自媒体的主战场

（1）微信

截至 2019 年年底，关于民宿的微信公众号约 500 个，包含民宿品牌公众号、民宿协会公众号、民宿预订平台公众号（如几何民宿、途家民宿等，以及区域性民宿预订平台）、民宿自媒体公众号（如民宿头条、美宿志、多彩投、开始吧、民宿圈、途家民宿等）。

（2）微博

微博民宿超话有 1.5 万粉丝，2 亿次阅读量，帖子 7200 多个。关于民宿的微博账号约 500 个，包含民宿品牌官方号、民宿主人、民宿旅游博主、民宿平台官方号、区域民宿官方号等。粉丝超过 50 万的有途家民宿（144 万）、Lu 酱的民宿日记（113 万，旅游博主）、蕾拉小姐（460 万，某民宿品牌联合创始人）、深圳民宿（100 万，旅游博主）、Locals 路客精品民宿（81 万）、旅游民宿君（72 万，旅游博主）等。

（3）抖音

关于民宿的抖音账号约 140 个，以民宿推广账号为主，粉丝超过 50 万的有民宿酒店 top 榜、途家民宿、几何民宿、民宿大叔、民宿之家、云南民宿等。

（4）今日头条

关于民宿的今日头条账号近 100 个，粉丝数超过 50 万的账号有途家民宿（77 万）、民宿大叔（72.2 万）、云南民宿（66.4 万）等。

通过分析发现，微信是民宿自媒体的主战场，微信平台上的优质自媒体账号较多，内容丰富、推送频率高、品质较高。而其他平台上运营好、粉丝多的民宿自媒体账号较少。

（三）民宿自媒体功能

民宿自媒体发展初期，功能以民宿软文推广为主。如今，民宿自媒体已经开始朝着民宿预订、民宿游学培训、民宿咨询服务、民宿研究、民宿行业社交（行业交流、转让信息发布等）等多种功能集聚的方向发展。

三、民宿自媒体缘何成为“鸡肋”

民宿自媒体曾经被誉为“民宿客栈逃离OTA高额佣金绑架的有力途径”。但近两年来由于在自媒体的运营过程中出现了一些问题，导致民宿自媒体被一些民宿经营者称为“鸡肋”。

（一）耗成本、耗精力

如果民宿经营者自己维护自媒体账号，则往往在民宿日常经营管理之余有心无力，难以兼顾。如果聘请专业自媒体编辑或者专业的公司进行维护，则大大增加了民宿的经营成本。

（二）缺素材、缺趣味

民宿经营者往往抱怨：“我的民宿房间就那么多，每天发生在民宿里的事儿都差不多，自媒体账号不知道发什么，绞尽脑汁编辑的软文感觉也没什么趣味性。”

（三）阅读量少、转化率低

辛辛苦苦编辑的文章，阅读量却不到一千，甚至才几十，无人评论，无人点赞，效果差，很难转化成有效客户。

四、民宿到底该如何做好自媒体推广

（一）选择适合自己的自媒体推广方式：适合自己的才是最好的

民宿自媒体账号并非民宿经营“标配”，与其辛苦维护却收效甚微，不如重新考量，根据自身情况选择适合自己的自媒体推广方式。

1. 自身体量和实力

体量小，实力弱：不建议运营成本较高的官方自媒体账号，可选择自媒体平台，与自媒体博主合作；

体量大、实力强：建议运营官方自媒体号，同时与其他自媒体平台或博主合作。

2. 擅长的内容形式

擅长图文创作：选择微信、微博、今日头条、知乎、马蜂窝等；

擅长视频编辑：选择抖音、微视、小红书等。

（二）做好日常口碑营销：别人说好才是真的好

游客在决定出游、选择一个住宿产品时，会首先在消费平台或舆论平台看看大家如何评论，看看旅行达人有哪些推荐，然后再决定如何选择。所以，消费口碑平台小红书、大众点评、美团等，以及舆论口碑平台微博、微信等，是民宿品牌应该重视的自媒体平台，在这些平台建立并维护消费者的舆论口碑，对提高转化效果越来越重要。

（三）做好圈层营销：好友相聚把酒言欢

1. 建立自己的客户群

通过活动、促销等手段，维护忠实客户、吸引潜在客户，通过圈层裂变开发新用户。和客户做朋友，而不是一味地广告推销，避免引起客户反感。

2. 通过众筹等方式建立朋友圈

民宿众筹融资具有筹钱、筹人、筹资源等三方面的功能，让客户成为民宿合伙人，让合伙人成为客户，让合伙人成为民宿推广者，不断扩大民宿品牌的“朋友圈”。

（四）做潜移默化的推广内容：我不是在打广告

民宿即生活，生活即民宿，民宿推广的是一种生活方式，而非千篇一律、让人厌烦的广告轰炸。自媒体推广内容除了自己的民宿产品以外，还可以是发生在民宿的趣人趣事；民宿主人或管家的日常生活学习、旅行、感悟、爱好等；当地的美食、节日、人物、建筑、手工艺、旅游攻略等；民宿的动态，如创意活动、美食研发、获奖、分店开业、优惠促销等多样化的内容。

第十章

民宿会展发展分析[①]

① 本章作者：刘琳琳（深圳新旅民宿客栈发展研究中心）。

一、民宿会展发展概况

民宿会展紧随民宿行业的发展进程。2015 年，中国旅游协会民宿客栈与精品酒店分会主办了“全国民宿大会”，引领国内民宿会展发展起步。2015 年至 2019 年底，国内共形成了 51 个不同规模的民宿会展品牌，举办了 85 场民宿会展。其中，全国民宿大会已连续举办 5 届。

（一）民宿会展类型

国内民宿会展包括民宿产业（行业）大会、民宿品牌大会、民宿投资大会、产业发展论坛、产业博览会、民宿设计大会等多种类型，具体类型的统计情况如表 10–1 所示。

表 10–1　国内民宿会展类型及相关案例统计

民宿会展类型	民宿会展品牌案例
民宿产业（行业）大会	全国民宿大会 海峡两岸（海南）民宿大会 国际民宿发展（从化）大会 北方民宿大会 广东省民宿行业大会
民宿品牌大会	全国民宿品牌大会
民宿投资大会	全国民宿投资大会 中国民宿旅游投资峰会
产业发展论坛	中国（桐庐）国际民宿发展论坛 博鳌国际民宿产业发展论坛 中国酒店品牌暨非标住宿投资发展高峰论坛 2019 年第九届海峡两岸旅游观光研讨会暨民宿旅游发展高峰论坛 民宿 + 乡村振兴产业发展论坛
产业博览会	中国（上海）国际民宿及乡村旅居产业博览会 上海国际民宿文化产业博览会暨上海国际乡村旅游装备展 全国民宿博览会暨高峰论坛 中国民宿宁波博览会 北京国际民宿产业博览会暨首届国际民宿产业合作发展论坛
民宿设计大会	第二届中国（桐庐）国际民宿发展论坛暨全国乡村设计师大会 2019 芦溪 · 国际乡村文旅产业发展大会暨民宿设计大赛

（二）民宿会展的主要内容

国内民宿会展的具体内容包括民宿产业发展报告发布、行业政策解读、民宿经验分享、民宿行业研究、民宿品牌推介、行业发展交流探讨、民宿项目投资洽谈、民宿产业及上下游产业链产品展览、民宿奖项评选及颁奖、民宿考察等。

二、民宿会展发展特征与趋势

（一）2019 年民宿会展数量爆发式增长

自 2015 年第一届全国民宿大会举办以来，国内各类民宿会展数量逐年增加，2018 和 2019 年快速发展，分别增加到了 23 场和 41 场，其中地方性的区域民宿会展快速增加，如图 10-1 所示。

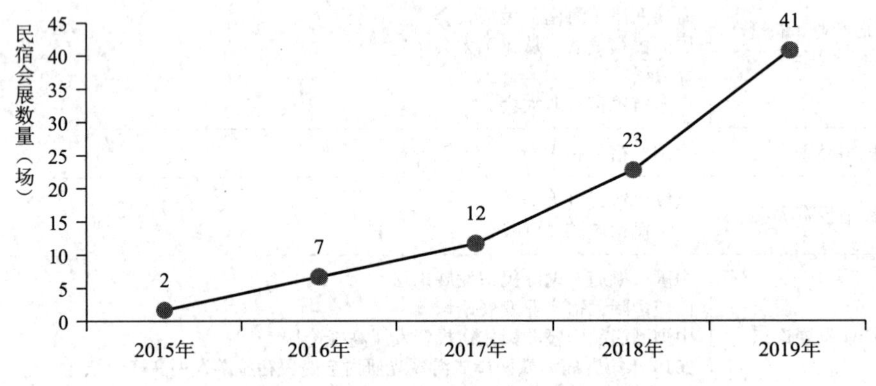

图 10-1　2015—2019 年全国民宿会展数量年度分布

（二）北上广成为民宿会展核心城市

民宿会展城市包含北上广等一线会展业发达的城市，海口、杭州、郑州、南昌、长沙、大连等民宿发展较好省份的省会或重点城市，以及贵州荔波、浙江桐庐、广东佛山和梅州、江西井冈山和萍乡、福建泉州、北京门头沟等特色民宿聚集区。其中，北上广为民宿会展数量较多的城市。全国举办民宿会展数量排名靠前的城市如图 10–2 所示。

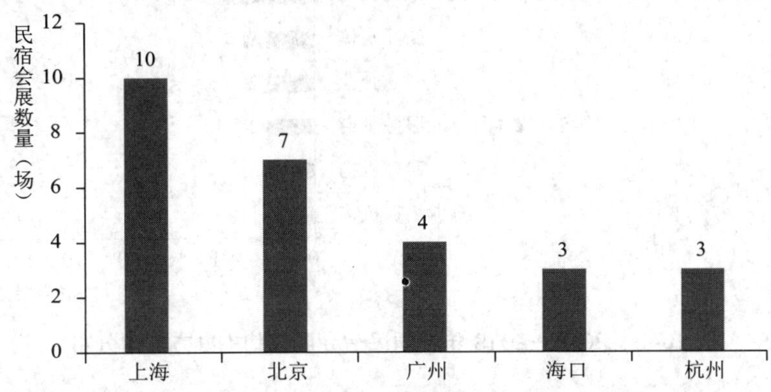

图 10–2　2015—2019 年全国民宿会展举办数量排名靠前的主要城市

（三）行业协会和地方政府发挥重要作用

在 2015—2019 年产生的 51 个民宿会展品牌中，民宿会展品牌的主办单位各有不同，包括了民宿行业社团、政府部门、新闻媒体、企业、民宿自媒体、行业服务平台、研究机构、民宿行业培训机构等不同类型。具体如图 10–3 所示。

其中，中国旅游协会民宿客栈与精品酒店分会、中国饭店协会、各地民宿行业协会发挥了重要的作用，由民宿协会社团举办的民宿会展占整体会展数量的 27.5%。目前，中国旅游协会民宿客栈与精品酒店分会已发展形成全国民宿大会、全国民宿品牌大会、全国民宿投资大会三大民宿会展品牌。与此同时，各地政府部门高度重视民宿行业的发展，由政府部门单独举办，以及政府部门与民宿社团、旅游企业、新闻媒体合作举办的民宿会展数量占整体数量的 47.1%。此外，一些民宿行业培训学院、民宿自媒体、民宿服务平台等新兴的民宿组织也开始加入到民宿会展业之中。

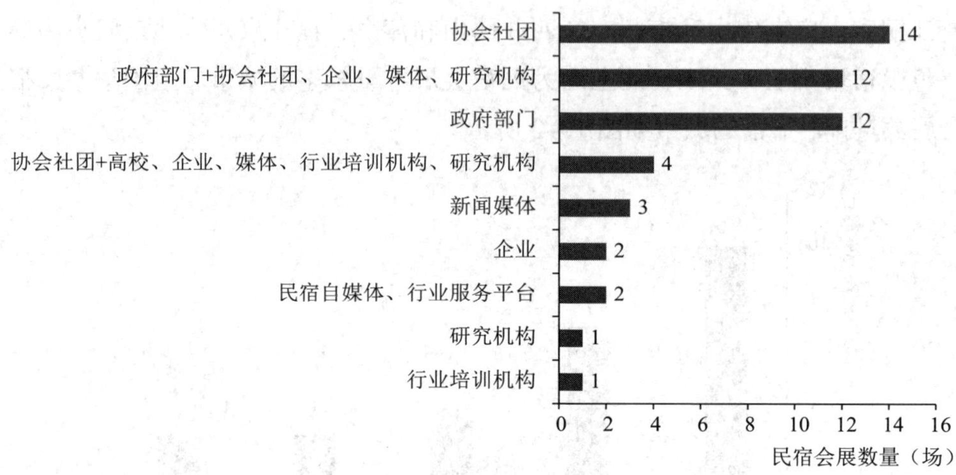

图 10-3　2015—2019 年全国民宿会展品牌主办方类型分布

（四）呈现国际化和区域化发展趋势

国内民宿会展由最初的全国性大会，开始朝着国际民宿会展和地方性的区域民宿会展方向发展。在全国 51 个民宿会展品牌中，国际民宿会展品牌有 10 个，占全部会展品牌的 19.6%，主要与日本等亚太地区，以及欧洲地区进行行业交流探讨；地方性的区域民宿会展包括区域（如京津冀、长三角）民宿会展、各省民宿会展，以及特色民宿市县乡镇的民宿会展等，地方性民宿会展品牌有 27 个，占全部会展品牌的 52.9%。如图 10-4 所示。

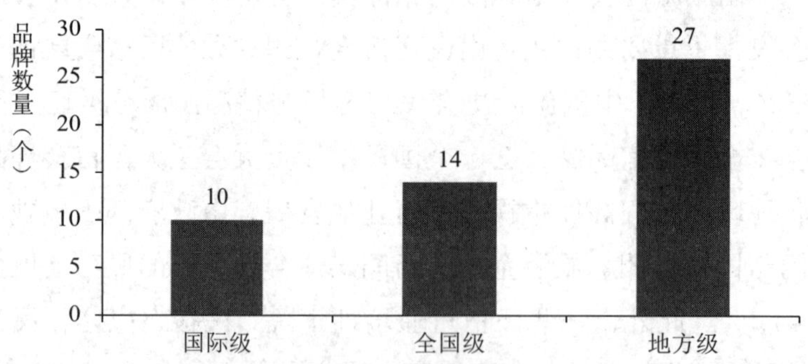

图 10-4　2015—2019 年全国民宿会展品牌等级分布

（五）新的民宿会展品牌不断涌现

在全国 51 个民宿会展品牌中，连续举办 5 届以上的会展品牌较少，如全国民宿大会、中国民宿旅游投资峰会、上海国际民宿文化产业博览会暨上海国际乡村旅游装备展、民宿 + 乡村振兴产业发展论坛等。大量属于新涌现的民宿会展品牌，如目前仅举办一届的民宿会展品牌有 34 个，占全部民宿会展品牌的 66.7%。如图 10–5 所示。

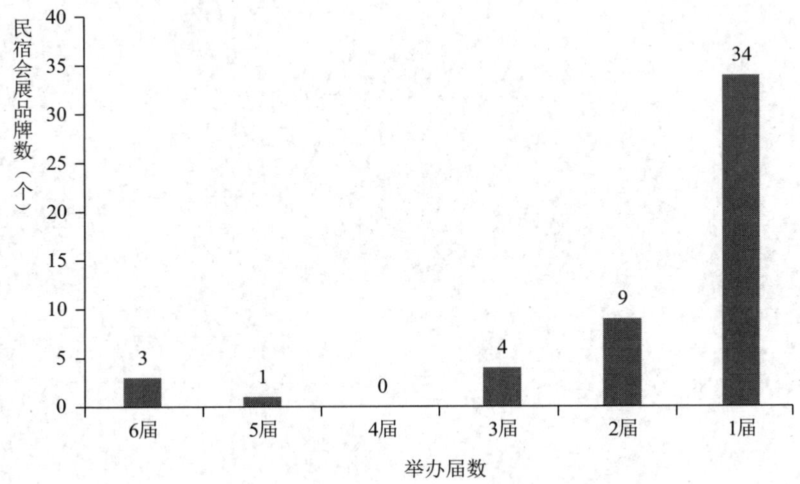

图 10–5　2015—2019 年全国民宿会展品牌举办届数分布统计

第十一章

民宿与在地文化融合发展分析[①]

① 本章作者：肖逸飞，韦亚玲（循美文化旅游发展有限公司）。

民宿不仅仅是旅游过程中酒店住宿的补充，应该说民宿是一个独立的业态，一个有故事、有心灵触动的业态。中国的乡村很多，但不是所有的乡村都适合民宿的发展，只有文化传承较好，本土文化氛围浓郁，或者依赖旅游目的地和知名景区，以发展附属旅游服务产品的角色立身的民宿才能得以存在和发展。但因区位不同，文化不同，因此民宿并不是一个标准化产品，无法进行快速复制，资本可能快速复制无数个本土建筑，但却永远无法复制文化，因为文化是一种习惯，是岁月的积淀。走进民宿，我们更多的不是去享受，而是去体验一种全新的生活状态，去感知房屋主人的生活气息，这一切都需要时间的积淀，是金钱无法企及的高度，要做好民宿需要的是时间而不仅仅是金钱，要耐得住寂寞，品得了乡愁。

多元性、文化性是民宿产业可持续发展的支撑力量。民宿的发展，在分析其优势、劣势及发展现状基础上，提出民宿与文化融合的必要性与措施，以促进民宿的可持续发展。

一、民宿在地文化的内涵

民宿发源于乡村，在地文化是民宿的灵魂。民宿的乡土区位所带来的地域文化正是民宿的核心竞争力。国内大多数乡村民宿是在当地农民闲置房屋上改造而成的，在建筑形态上具有浓厚的乡村生活风貌，作为一种视觉符号，传递着不同地域的乡土文化特色。民宿建筑设计，灵感主要来源于传统乡土建筑。除此以外，民宿主人与客人之间存在较多互动，不少民宿提供管家服务，将客人视为到民宿来做客的朋友，力图打造家庭式服务与细节关怀，这种人情味浓厚的主客互动正是根植于乡土文化的朴素人际交往形式。由于地缘和亲缘关系，乡土文化在农村人心目中一直存有一种朴素道义和情感义务，而这种人际关系在人们转向城市生活以后就不复存在了。民宿的服务提供方式在主客之间产生一种很强的情感联结，很多游客乐于选择民宿也是出于这种富有人情味的独特体验。

二、在地文化的表现形式

乡土文化一般表现在乡村的建筑、服饰、家具、农用设施等有形物质与民风习俗、思维意识、民间艺术等无形精神要素。对乡土文化的回归就是将当地乡土文化的物质和精神要素通过民宿的载体予以传承，在运营民宿的同时，保护当地传统文化；对乡土文化的构建，则是以民宿为平台，植入在地文化理念和形态，在乡土生活范式、农村新移民文化方面构建新型的乡土文化。

（一）遵循生态环保的设计原则

民宿旅游作为乡村旅游的一种类型，对乡村环境有高度的依托，而且与农业生产是相互促进的，在民宿旅游中游客消费的更多是一种原生态的环境，其周围要具有乡村意象。具体来说要做到以下几点：以尊重的态度对自然及人文环境进行规划设计，使人为的建设对自然环境产生加分的效果；尊重多样化生物的生存权，避免自然生物栖息地及迁徙路径被破坏，保护生态环境的完整；减少地形地貌破坏，用最少人为设计来达到设计的目的。

（二）统一规划整体布局原则

作为民宿设计者，要有统筹全局的意识，要在符合土地利用总体规划、生态功能区规划和旅游业发展规划的前提下，选择自然环境优美、文化底蕴深厚、基础设施相对完善、具备一定发展潜力的乡村发展乡村民宿。同时要按照“因地制宜、彰显特色、合理布局、有序发展”的要求，布局规划乡村民宿发展重点区块，重点在沿江、沿路、沿景“三沿”区域、历史文化村落、基础设施较完善的布局乡村特色民宿，发展乡村特色民宿。

（三）彰显乡土特色和地域文化原则

利用周边自然环境和人文风情的独特性与专属性，围绕鲜明的主题定位，在民宿建筑风格设计、室内装饰，做好深度策划，打造极具创意和景观美学概念的特色民宿，充分体现主人的创意和心意。要深入挖掘文化内涵，加大对传统艺术、传统民俗、人文典故、地域风情等非物质文化遗产的发掘力度和传承。室内摆设、用品和室外小品布置要体现乡土情调，注重淳朴民风的保持和发扬，做到人居人文环境和自然环境的融合，要突出体现地域性特征的文化符号。

乡村民宿在保护乡村历史建筑、维护乡村聚落形态上具有特别的意义，应该作为保护与传承乡土文化的载体，重新唤起农村居民对以本土建筑、器物等为代表的乡土文化的认同与自豪感，从而挽救正在日益减少的乡村意象和日益衰败的乡土文化。在民宿的建筑结构、风格、式样和材质上，既要适应现代人们的生活需求，又要考虑当地的自然条件和生态承受能力，体现当地特色以及蕴含的文化价值。

三、民宿融入在地文化的痛点分析

（一）农民自主发展的盲目性

很多地方因为旅游的发展，带来了大量的外地客源，一部分本地人因为民宿的经营，赚得了可观的经济效益，致使很多当地百姓盲目跟风，投入到民宿经营的浪潮之中，因为缺乏打造和经营经验，各式民宿产品可谓五花八门，民宿经营服务水平更是参差不齐，坐等客人上门的情况严重（在客源充足的情况下可以，一旦出现竞争客源不足，大多数经营者根本不懂得营销）。

农民自主的产品打造因为缺乏经验和专业性，往往会耗费相对较高的资金成本，而且产品可能会失去本土气息，因为农民认为的好是城市的模式，往往会有心走错路。又因为农民本身不懂如何做市场，而且目光短浅，如果在短期内没有客源，就会动摇，加之趋利性心里严重，可能会忽略服务的质量，影响自身经营的持久性。

（二）精品化民宿脱离大众市场

现在有很多资本充裕的个人或公司会选择走进乡村，租几间老屋，开发民宿，这是一种情怀，同时也考虑到盈利，个性化的精细打造，高成本的支出，必然会有较高的售卖价格，加之少量的房间，这样的“民宿”更多的是接待了中高端客人，这样的“民宿”真的还能称之为民宿吗？

真正的民宿应该是经济实惠、干净整洁、有本土气息、对接大众市场，脱离了大众市场的民宿是否还能称之为民宿呢？现在国内五星级酒店的平均房价也只有五六百元而已，四星级则更低，但很多“民宿”的房价，现在的平均房价竟然达到了几百到上千元，这和高端私人会所是否有一拼呢？脱离大众市场的“民宿”是否和“民宿”这个称呼真的匹配，是否有更合适的标签，这个就需要更多的考量了。民宿热了，但不是所有的相似产业都可以贴上民宿的标签，时间和市场可以验证一切，真的永远是真的，假的永远是假的，泡沫注定不会长久。

（三）资本的野蛮进入与地方关系的矛盾

任何一个产业的火爆都会受到资本的关注，资本的进入更多的是要求快进快出，利益是第一追求。大规模的进入，而且利益第一，就必然会和当地的村民产生利益矛盾，土地的征用，房屋的租赁，开发打造无处不和当地百姓产生交集，资本运作的思维模式遇到本土百姓的眼前利益思维和持续膨胀的金钱欲望，碰撞出的应该不仅仅是火花，更大的可能性是产生高能量的大爆炸。

资本往往相信，金钱能够主导一切，但民宿不仅仅是“宿”还有“民”，“民”是一种习惯、是一种文化、是一段故事，金钱可能会完成很多事，但却永远打造不出那份淳朴的本土文化，资本可以打造出任何精美的“躯壳”，但永远无法构筑“灵魂”。民宿不仅仅是旅游服务的附属品，它本身就是一种文化、一种生活的文化，资本的商业化进入本身就是对一种本土文化的破坏，但民宿的核心又是这种生活文化，不得不说，资本的进入本身就是一个矛盾。

一面是利益、一面是生活，要解决矛盾就要找到这两方面最好的融合点，也许资本应该放慢脚步，更多的时候让当地人自己发展，而作为资本更多的是资源整合和帮扶指导，让专业和资金优势嫁接在本土村民发展的基础上，也许这样能够更好地保留民宿的“灵魂”，还能给资本带来所需要的利益。

（四）商业化淡化乡土气息

民宿的灵魂是人情、是质朴，但商业化的发展会快速的洗涤当地人的本土气息，因为百姓更多是低文化人群，目光短浅，只看眼前利益，为了快速逐利，必然会被商业化快速同化，这也必然会是民宿发展的一个悲哀，没有了生活的民宿，真的就成了旅馆，那时必然会被市场所淘汰。

以往的民宿是旅游接待中酒店的补充，几乎所有的民宿都依赖旅游景区或者旅游目的地城市的客源供给，民宿更多的角色则是旅游服务的附属品，缺乏独立性。随着城镇化步伐的加快，整个社会越来越缺少真实与信任，更多的则是利用与被利用；金钱与交易的关系；在这个过程中我们丢失的不仅仅是朋友而是最无价的人性。而这也必将成为未来人们最迫切的需求。

（五）乡土文化的挖掘与利用仍较为浅层

尽管乡村民宿的硬件设施趋于完善，但在文化内涵的挖掘和诠释上，无论是民宿的运用者还是投资人，均停留在较为浅层次的认知上，开发较为初级。

四、民宿融入在地文化的必要性与必然性

民宿之所以红火，除了提供田园中、山林间、大海边的理想生活范本之外，更是在帮你找回失落的关于家的那部分，这便是“在地文化”的意义。

人类在意延续，延续意味着传承。就像住一间老屋，可以感知房屋以及主人的气息，听风穿过房梁的声音，可以知晓往事。

住进这样的民宿中，主人和客人不再是单纯的“服务”与“被服务”的

关系，而变成“这是我的家，也是你的家”。它们没有大型连锁酒店的标准化管理，也缺少小型精品酒店的细致入微，但却与周围融成一片，对“在地文化”的开发、继承和利用为它们赋予真正意义。

在中国很多的民宿中，我们见到太多的民宿主人，以为只要选择一片好山好水的地方，用时尚高端大气的设计，爆改老宅民房，ins风装修，法式西餐，无边游泳池、温泉、咖啡厅、茶室、餐厅、健身房等一应俱全，提供丰富的综合体验空间，再用一场场预谋好的广告营销套路，必然拔得民宿界的头牌，自然就可以成为让人趋之若鹜的网红民宿。

最后，这些民宿要么沦为了一个景观设计，要么消费者对住宿体验感失望至极。失去了民宿在地文化的挖掘和开发，民宿只是一个空壳，而没有灵魂。

民宿，不应该是一个从天而降的物种，而是从本土的地域里生长起来的，将民宿的根系深入它生长的环境中，成为自然生态的一角。

作为民宿主人，要从民宿的选址、规划、设计、建造、装修、产品、运营等每一个环节中，思考怎么融入民宿的核心要素——在地文化和主人意识，吸引志同道合的人一起留下来，生活下来。

五、结束语

有人说旅游就是“从自己待腻的地方到别人待腻的地方”，但是去到别人待腻的地方也总得让自己感觉到自己是出去了吧！民宿就是当地文化的缩影。

民宿不仅仅是一个提供食宿的场所，更多的时候它提供的是一个生活体验和一份真实，乡土文化的淳朴和百姓的质朴，就是未来人们内心最大的精神需求。观光度假给人们带来的更多的是感官上的享受，而乡村度假，将会满足的更多是精神诉求，这不仅仅是吃和住，更多的是一种精神的回归。

民宿的发展未来必然会走向独立，不必依附其他资源的客源市场，因为民宿所衍生出来的是一种最真的文化，在这里会有更多的体验和参与，这些更能触动客人的内心世界，民宿不仅仅是民宿，而是一个产业，玩转民宿，就要学会创新衍生，让一切源于生活，融于生活，保持真实，是永远的王道。民宿的独立发展有点类似与主题公园——乡村主题公园，但不同的是因区域的不同，一样的主题，却有不一样的内涵。

参考文献：

[1] 金铭，咖啡知己．民宿：传统乡村新血液［J］．中华民居－中国民族建筑合刊（2016年1、2月合刊），2016（6）：10–15.

[2] 葛姝，赖红波．台湾民宿业品牌网络推广及对上海的借鉴［J］．设计，2015（20）：142–144.

[3] 唐文跃．地方感——旅游规划的新视角［J］．旅游学刊，2008（08）：11–12.

[4] 王战野．民宿经营的乡野性建构——以乡村之家民宿联谊会为例［D］．东海大学，2006.

[5] 蒋佳倩，李艳．国内外旅游“民宿”研究综述［J］．旅游研究，2014（4）.

[6] 龙肖毅．民居客栈概念评述［J］．今日科苑，2009（14）.

第二篇　区域民宿发展专题研究

第十二章

2019年北京乡村精品民宿发展研究[①]

——基于北京乡村精品民宿调查的分析

① 本章作者：张佰明（北京师范大学文化创新与传播研究院 副教授），刘鑫蕾（合肥工业大学马克思主义学院 研究生）。

乡村精品民宿指民宿主结合乡村人文环境、自然景观、生态资源、生活方式等条件，利用乡村住宅或闲置土地打造的以小院为主的住宿单元，可为客人提供相对独立的住宿、休闲空间和精致化、体验型的特色（准）管家式服务，单体院落客房 5 间左右，单个客房费用在 400 元 / 天以上（一般在 1000 元左右）。2019 年 8 月，为深入了解北京乡村精品民宿发展现状，北京师范大学文化创新与传播研究院课题组委托北京各区文旅局及民宿行业协会组织，面向各区的乡村精品民宿主定向进行电子问卷调查。此次调查共回收有效问卷 179 份，参与调查的行政区包括怀柔、密云、平谷、延庆、昌平、门头沟、顺义七个区，调查结果具有普遍代表性。根据对乡村精品民宿的调查结果，同时结合北京郊区精品民宿的实际运营情况对北京地区乡村精品民宿的发展及模式进行了分析，希望对其他地区精品民宿的发展有一定的借鉴价值。

2019 年 9 月 16 日，习近平总书记实地参观考察了精品民宿“老家寒舍”，让品质优良、地域特色鲜明的“老家寒舍”瞬间成为热度飙升的网红店，也让公众看到了与只提供简单食宿服务的传统民宿不同的崭新形象，同时释放出这样的信号：代表民宿行业中高端产品形态的精品民宿，不止在大理、丽江、莫干山等少数南方地区得到发展，其他地区也已积极布局，拥有良好发展基础的北京自然也不例外，只是由于北京拥有极为丰富的旅游业态，北京乡村精品民宿反而呈现出“灯下黑”的效果，造成实际情况行业外的人并不清楚。在北京积极推动三个文化带建设和文旅高质量融合发展的大背景下，几乎全部位于文化带区域范围内的乡村精品民宿，如何进一步发掘内涵丰富、魅力持久的文化价值，使赋能后的民宿成为游客深度了解、体验并传承中华优秀传统文化的有效媒介，这应该是全国各地民宿都需要认真思考的共同命题。

一、精品民宿发展助推北京美丽乡村建设

《北京城市总体规划（2016 年—2035 年）》（以下简称“《总规》”）提出：“要坚持乡村观光休闲旅游与美丽乡村建设、都市型现代农业融合发展的思

路，将乡村旅游培育成为北京郊区的支柱产业和惠及全市人民的现代服务业，将乡村地区建设成为提高市民幸福指数的首选休闲度假区域。”精品民宿在装修设计上体现独特文化内涵且具有小而美的特色，能够满足游客追求高品质休闲生活的需求。从2015年至今北京郊区已悄然建起约500家精品民宿品牌、超过上千个院子。从近年来北京郊区的实际发展情况来看，乡村精品民宿在促进新农村建设上已经发挥出重要作用。

（一）打造出切实增加农民收入的新业态

根据《总规》的要求，北京郊区绝大多数地区属于生态涵养区，影响生态环境的传统产业或强制退出，或在发展上受到限制，休闲旅游成为郊区经济收入的重要来源。民宿作为旅游产业的重要环节，必然要根据游客需求提升品质，在原来农家乐或客栈的基础上升级或全新建设，打造承接中高端游客住宿需求的精品民宿。根据北京师范大学针对北京乡村精品民宿主的定向调查数据（以下简称“调查数据”），目前乡村精品民宿单个房间日定价低于500元的只有15%，绝大多数定价为501~1000元，更有部分房间定价超过2000元。精品民宿不但为大量民宿主带来了可观的营收，而且为农民的闲置房舍带来额外收入，同时为民宿所在村镇的农民提供了管家、厨师、保洁等就近就业的工作机会，解决了部分农产品的售卖难题。比如民宿品牌“大隐于世”通过跟村镇合作社签约的形式租赁农民荒废的宅基地投资建设，为村集体和农户带来收益，仅冬奥小镇品牌的建设运营，就解决了项目所在地延庆区低收入村后黑龙庙村50多个村民的就业问题，同时以供应客人茶点或引导客人采摘的形式促进了葡萄的销售，为农民增收提供了稳定渠道。新农村建设需要可持续的业态以切实提高农村的造血功能，北京郊区各地精品民宿的发展，不同程度促进了当地经济效益的提高，发挥了新农村建设活力引擎的作用。

（二）探索出解决农村“空心化”难题的新路径

随着城镇化进程的加速，大量农民外出打工形成的乡村“空心化”问题，已经成为无法回避且难以破解的社会难题，北京也不例外。如何吸引进城务工人员返乡创业进而吸引更多人留在农村，乡村精品民宿提供了一条有效路径，更有专家将其视为“逆城镇化”的有益尝试。怀柔区渤海镇旅游业起步较早，在公共设施建设及环境整治方面达到了较高标准，吸引了不少本地村民返乡创业，利用自家宅基地或租用其他村民的住宅改造成精品民宿，目前正式营业的民宿已达 19 家，如岑舍、栗香溪谷、花栗鼠、伴山小院等，超过本镇精品民宿总数的三分之一。这些创始人基本都是中青年人，这与调查数据较为吻合。数据显示，调查样本中“城里工作的返乡从业人员”占比为 15%，1970—1989 年出生的民宿主占比为 79%，具有大学或高职学历人员的占比为 72%，9% 的人员有硕士学历。这些受过一定教育且正处于青壮年的民宿行业从业者是乡村民宿发展的中坚力量，外出务工的经历让他们具备一定的人脉资源和开阔的眼界，经营手段较为灵活。他们重新审视这片生养自己的土地，以充满责任感的情怀融入乡村重建的进程，精品民宿因吸引游客入住及为村民、外来务工者提供服务，聚集了大量的人气，让乡村充满了生机和活力。他们的回乡反哺让农村进入良性发展轨道，避免了许多地方农村缺少生气、人烟稀少的“空心化”窘境，为产业兴农、乡村振兴提供了新思路。

（三）带动起乡村精神文明建设的新风尚

精品民宿在装修设计上追求独特性和设计感，有些民宿就地取材，运用本地元素打造独特的设计风格，这种审美文化对于村民而言会产生潜移默化的影响，有些民俗接待户就是在看到精品民宿的不俗效果后开始模仿，甚至直接邀请设计团队帮助升级。以管家服务为特色的精品民宿采用的标准化服务方式和以客为尊的服务理念，对民俗接待户和村民都会发挥带动作用，参与民宿服务的村民在精神气质和文化观念上必将随之提升，交际礼仪和精神状态也会有所改观。调查数据显示，精品民宿房客居于前三位的是公司职员、企业高管和自由职业者，为满足这些游客的需求举办的相关活动，也会提高当地的文化氛围。比如，由延庆区六个品牌联合成立、统一运营的北京首家精品民宿集群品牌“合宿 · 姚官岭”，在 2019 年 6 月请专业乐团在合宿所在地姚官岭村开办了乡村 Live 音乐会，为游客和本地村民带来难得一见的文化活动，受到村民的欢迎。精品民宿运营方基于吸引游客的出发点策划、实施的相关文化活动，有助于推动乡村的精神文明建设。

（四）拓展出“民间外交”的新空间

北京是重要的境外游客旅游目的地，长城是最吸引外国游客的旅游景点之一。为满足外国人深入体验长城文化的需求，为外国人提供民宿服务成为北京乡村精品民宿的一大亮点。近年来，怀柔区慕田峪长城脚下的长城国际文化村形成的以外国人租用本地住宅设计的高端民宿，吸引了十几个国家的游客入住，并带动了周边精品民宿的发展。精品民宿提供了有特色、高品质的住宿条件，外国游客更愿意选择与长城相伴的住宿空间，一些长时间住在这里的游客与长城脚下的百姓建立起和谐友好的关系，更有利于他们对中国历史文化和现实国情民情的了解。调查数据显示，北京约9%的民宿房客是外国游客，民宿空间作为接待外国游客的特殊“会客厅”，对其善加利用，打造成独特的“民间外交”新空间，有助于为国际交往中心建设添砖加瓦。随着民宿品质的提升和北京乡村精品民宿知名度的提高，尤其在冬奥会的带动下，未来会有更多外国友人选择入住，这也将成为北京乡村民宿未来可期的增长点。

二、北京乡村精品民宿发展现状

（一）相关政策积极扶持民宿发展

政策作为行业发展方向的指导性文本，对于民宿行业从业者的积极性有着最为直接的影响。民宿发展较好的地区，往往与当地政府的政策支持力度有着直接的关系。如民宿行业起步较早的浙江德清在2015年出台了全国首部县级乡村民宿地方标准规范《乡村民宿服务质量等级划分与评定》，对规范民宿经营、促进产业发展起到了重要作用。

北京乡村精品民宿经过几年的发展，民宿主在经营过程中越来越意识到政策的重要性。调查数据显示，其中 66% 的民宿主认为“支持民宿发展的政策是否合理”是影响民宿发展的重要因素之一，见图 12–1。

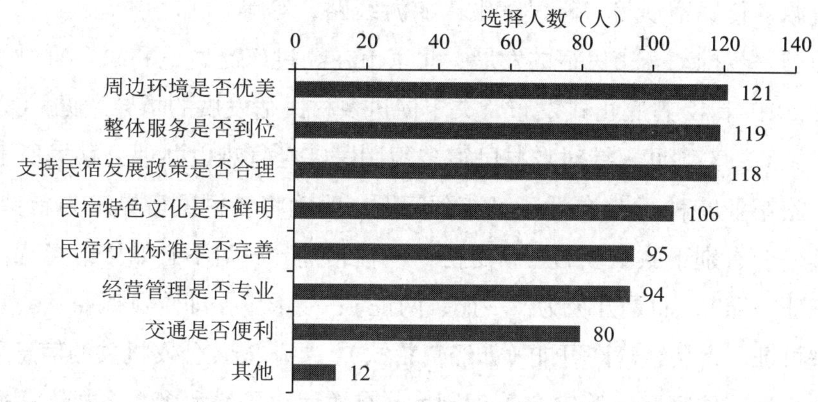

图 12–1　影响民宿发展因素的调查统计结果（有效调查人数 179 人）

对于政府现有的扶持政策，民宿主更倾向于选择整修及改造房屋资金补贴、乡村环境整治、利用大众媒体宣传本地民宿等，见图 12–2。

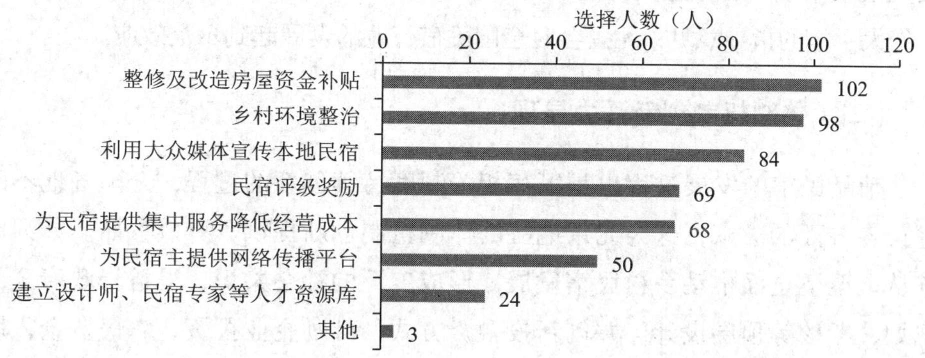

图 12–2　针对地方扶持政策的调查统计结果（有效调查人数 179 人）

北京市各区为推动民宿发展，先后推出了适合本地情况的相关政策。比如怀柔区通过积分评级提高民宿主的积极性，出台了针对金级民宿、银级民宿的奖励办法；密云区鼓励当地居民改造传统民俗院落，对于提档升级的民宿给予贷款贴息政策上的支持；门头沟区出台民宿政策“服务包”，方便民宿主了解民宿经营的相关流程，并提供资金支持大力发展精品民宿，加大投入媒体资源宣传民宿项目，将民宿纳入旅游线路，等等。

为进一步推动全市民宿的发展，北京市在经过广泛讨论和深入研讨的基础上，于2019年12月底正式发布《关于促进乡村民宿发展的指导意见》（以下简称《意见》）。《意见》针对乡村民宿多租用民宅经营难以办理公共场所卫生许可证、旅馆业特种行业许可证等瓶颈问题，明确将乡村民宿界定为新型业态，给予其一个有别于旅馆业的全新身份——住宿业。民宿不必如旅馆经营一样需要“三证一照”，而是升级为“一照、两证、一系统”，即营业执照、公共场所卫生许可证、食品经营许可证（如经营餐饮），要求安装公安机关的信息采集系统，落实游客住宿登记等安全管理制度，有效解决了绝大多数乡村民宿面临的住宿经营合法性问题。同时，《意见》还对乡村民宿的经营主体、经营用房、生态环境、公共安全、从业人员、规范经营等有关事项做了明确规定。《意见》对民宿经营的支持力度出乎很多人的意料，甚至超过了此前其他省级政府出台的相关政策，让民宿从业人员吃了一颗定心丸。北京市作为全国首都出台了这样一份大手笔的指导意见，无疑会对全国民宿行业的发展起到示范效应。

（二）体制机制创新活力显现

精品民宿的发展过程也是民宿相关制度持续创新的过程，全国各地不断进行各方面的尝试，这为北京地区的体制机制创新提供了有效参照。如河南省从上至下全面推动乡村民宿发展，形成广泛的社会共识，得益于政府全面规划、考核等顶层设计，并创新投融资方式，鼓励企业投资、农民资金入股等，激发了民宿经济的活力。北京市积极利用现有的政策空间，将2018年开始实施的平原区与生态涵养区结对帮扶项目资金重点支持精品民宿发展，充分利用跨区横向转移支付制度大力支持。在2019年结对帮扶工作中，西城区和门头沟区计划共同设立总额8亿元的乡村振兴绿色产业发展专项资金，合力全新打造精品民宿，带动门头沟区绿色产业迈上新台阶。这一项目资金将重点围绕门头沟区45个市级低收入村、29个区级低收入村等进行振兴发展，对当地村落的基础设施和环境整治给予支持，解决当地水资源与垃圾处理问题，为民宿主所需的贷款利息和担保费补贴提供保障。在政府的努力下，西城区企业积极融入投资门头沟村落计划中，并签署民宿投资意向协议，为门头沟区民宿发展提供资金保障，带动区域民宿的发展。政府体制的创新为民宿发展提供了更大的空间，打造了更开阔的未来。

延庆区作为首批全国民宿产业发展示范区，在体制机制创新上做了全方位的探索。在制度建设上，延庆区建立民宿联席会议制度，在多项重要事项上形成多方共同扶持和监管的长效机制，并建立专项扶持制度，率先出台奖励政策。在形式上有以下几项创新：第一，延庆区率先成立民宿产业联盟，建立民宿间的联结纽带，促进民宿产业有序发展；第二，建设北方民宿学院，提升民宿主的专业化水平；第三，搭建融资担保平台，加大民宿贷款政策的扶持力度。在品牌建设上，延庆区重点培育区域精品民宿品牌，推动精品民宿差异化发展，不断提高当地民宿的竞争力。

（三）行业组织积极推动精品民宿发展

随着精品民宿的快速发展和规模扩张，许多民宿遇到了单体民宿无法解决的问题。调查数据显示，不少民宿主希望能得到行业资深从业人员的经验传授，或请专家对民宿开发、经营进行政策解读，或搭建同行之间交流的线上线下平台，要满足这方面的需求，行业组织将扮演重要作用，见图 12-3。

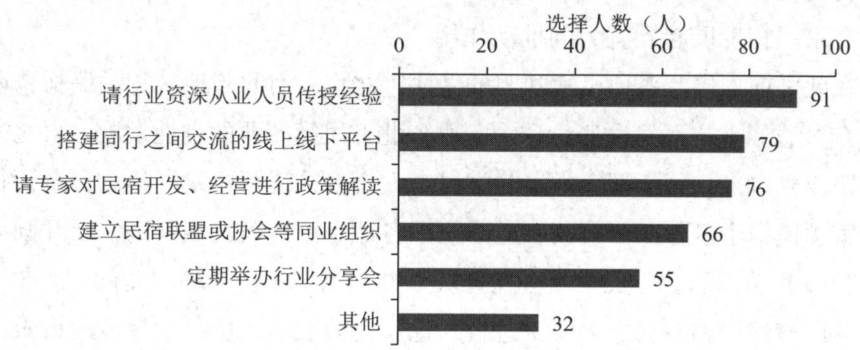

图 12-3　对希望政府提供哪些帮扶措施的调查统计（有效调查人数 179 人）

民宿联盟、民宿协会等组织就是在这样的背景下应运而生的。浙江省莫干山地区2016年成立了第一家本地群众自发的民宿联盟——探庐者民宿联盟，联盟共同尚议、集中解决民宿主在经营过程中出现的各种问题，为精品民宿发展助力。随后全国各地纷纷成立挂靠在旅游协会或其他行业组织之下的协会或联盟组织，成为带动区域民宿发展的重要力量。调查数据显示，民宿主最看重民宿联盟或协会的作用分别是促进民宿经营管理的规范化、促进民宿服务质量的提升、打造本地的民宿品牌、搭建政府和民宿经营者的沟通桥梁，见图12–4。

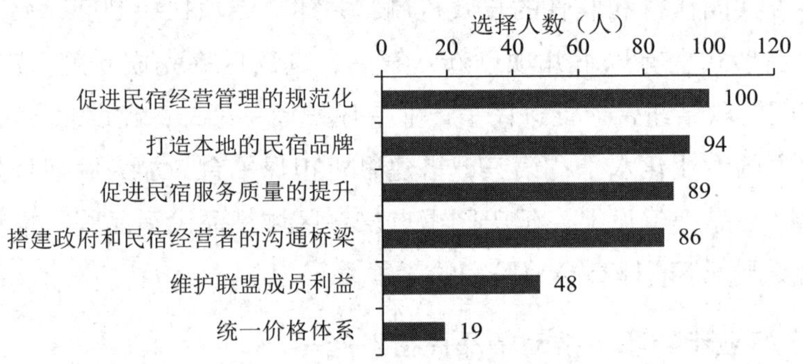

图12–4 对希望民宿联盟或协会发挥哪些作用的调查统计（有效调查人数179人）

在全国各地成立民宿协会等热潮的带动下，北京市在2019年3月成立了旅游行业协会民宿分会，旨在推进北京市民宿业态发展，探索民宿服务标准，加强行业自律，反映民宿业内呼声，维护消费者权益。这一行业组织的成立，将对北京民宿发展起到有力的推动作用。

在此之前，借鉴各地民宿联盟的做法，北京、河北等地区相关民宿企业于2018年成立了北方民宿联盟，致力于服务北方民宿产业的良性发展。自北方民宿联盟成立以来，每年都会举办北方民宿大会，结合行业发展热点，邀请行业内专家为民宿主进行政策解读，邀请全国各地专家代表发表演讲，展开圆桌对话。2019年第三届北方民宿大会在延庆举办，此次大会围绕“文化、产业、金融”等民宿发展和乡村振兴要素进行讨论，充分展示延庆民宿发展的成效，探讨促进京津冀地区协同发展的有效对策。在促进民宿主自身能力提升上，北方民宿联盟开展民宿主培训，围绕政府相关政策解读、建立营销体系等内容展开，提升民宿主对民宿产业发展、品牌体系塑造、营销体系建设等方面问题的整体认知、把握能力。北方民宿联盟未来将围绕 2022 年冬奥会这一机遇，推动北方民宿与文旅、养老、创意农业等产业链深入关联，共同发展。

（四）精品民宿集群化发展步入快车道

我国民宿在迅速发展的过程中，逐渐意识到与品牌集合的重要性。如何让民宿与民宿之间更紧密地联合，相互带动发展成为民宿主以及行业内专家思考的方向之一。单个民宿的作用是渺小的，但当具有竞争关系的民宿开始合作时，民宿集群的力量开始显现。民宿集群现已成为民宿企业对外扩展、规模化经营、异地发展的一种全新商业模式，开创了乡村综合体、民宿村、古村落、民宿小镇、抱团发展等模式。莫干山民宿从初期的爆发式增长到进入鼎盛期及竞争淘汰期，面临着优化、整合、转型、升级等一系列问题，事实证明这不是一家民宿能够解决的困局，需要多家民宿共同努力，以乡村综合体强化莫干山民宿集群体量，推动民宿行业的提质升级。

延庆区姚官岭合宿集群就是在这样的背景下应运而生的，它同时聚集了“左邻右舍”“原乡里”“大隐于世”“乡里乡居”“石光长城”和“百里乡居”六大延庆民宿品牌，让这个村落有了不同地域特色的建筑风格，如江南徽派风格、清新北欧风格等，给游客以多样化的选择，提升了该地区精品民宿的整体竞争力。事实证明，民宿集群建设确实给当地村民的生活带来了改善。姚官岭村部分村民承担前台接待、卫生服务等工作，解决了就业问题。为了提高村民的生活水平，村里还修建了有机蔬菜种植基地，将蔬菜卖给游客，为村民增加收入，游客也能将当地特色农产品带回城。民宿集群的入驻，让村落的环境更加整洁有序，村里的基础设施也得到了改善。

除了上述这种聚合方式外，民宿集聚区也是民宿集群化发展的重要表现形式，目前延庆区正围绕“奇迹长城”“缤纷世园”“激情冰雪”“生态画廊”四大民宿集聚区进行规划，未来将形成具有北京特色的民宿集群发展形态。

（五）区域公共品牌呼之欲出

趋同化是近年来精品民宿行业广为关注的问题，为突出各地民宿特色，提升区域民宿的整体竞争力，各地区开始打造区域公共品牌，整体提升区域民宿发展水平。大理洱海地区民宿结合当地特色民族文化，借力旅游事业的良好发展势头，打造了富有浪漫气息的西南地区民宿品牌；莫干山民宿借助当地良好的自然生态环境，立足优势区位条件，已形成具有全国乃至世界影响力的区域公共品牌。

为提升世园会期间的游客接待能力和水平，延庆区打造了世园、园艺主题的中高端乡村住宿产品——世园人家，目前全区共有世园人家 201 户，可提供 8000 个中高端床位。世园会对乡村旅游的带动效应明显，尤其是对世园周边的旅游业态辐射效果显著。据统计，以世园为圆心的 10 千米范围内，延庆镇、康庄镇、大榆树镇、沈家营镇 4 个乡镇世园人家的住宿率达 41%，比上年同期增长 50%。

事实上，作为位于世界文化遗产长城脚下的古都北京，自 2015 年以来兴建的众多精品民宿品牌，绝大多数都分布在长城文化带范围内，北京完全有条件大力建设长城文化带精品民宿品牌，与南中国已形成品牌知名度的精品民宿集群形成呼应，成为北方精品民宿的代表性品牌。长城国家文化公园建设方案已获国家批准，北京段长城保护和开发进程再次提速，在此背景下，北京长城文化带民宿品牌应以北京段长城为轴心，在长城沿线六个区五百多千米范围内，建立主题多元、形式多样、色彩丰富的以长城为品牌标识的精品民宿集群，借助长城赋予的独特资源禀赋，让“望长城”成为北京民宿的特有标签，树立起北方风格鲜明的区域民宿品牌形象。调查数据显示，很大一部分民宿主认为游客选择自家民宿的原因是“位于长城附近”这一位置优势。众多民宿主在通过网站、自媒体等对外宣传时，“长城”或与之相关的词汇成为主打的核心“卖点”，如“坐拥长城”“望见长城”“长城脚下”等，是民宿普遍使用的高频词汇。可以说，“长城”这一品牌标签已经具备较高的认知度。北京应顺势而为，抓住 2022 年冬奥会的发展机遇，从全局上做出整体规划并大力宣传，引导民宿经营者主动结合长城文化带相关资源和元素进行经营，全力打造出与西南丽江大理模式、华东德清莫干山模式等量齐观、足以代表北方民宿水准的北京模式，为美丽乡村建设和文旅融合发展提供独具特色的“北京方案”。这不仅有助于提升北京精品民宿的整体竞争力，同时也将为未来发展提供强有力的支撑。

【参考文献】

[1] 贾子玉等．基于 Airbnb 数据的京郊乡村民宿空间分布与影响因素分析［J］．住区，2019（2）．

[2] 雒树刚．文化和旅游融合发展让文化更富活力旅游更富魅力［J］．社会治理，2019（4）．

[3] 李成义．抱团取暖　集群发展——张家界民宿集群发展高层研讨会专家发言摘录［J］．张家界日报，2019-04-28.

[4] 杨海静，杨力郡．产业集群视角下莫干山民宿区域品牌发展战略［J］．台湾农业探索，2019.

[5] 张国芳，蔡静如，张怡．多元主体互动机制下的乡村社区产业营造——基于浙江德清莫干山民宿产业的个案分析［J］．岭南学刊，2018.

[6] 李洋．北京出台乡村民宿指导意见，民宿有了新身份，突破发展瓶颈［N］．北京日报，2019-12-26.

[7] 徐彬．大理环洱海地区民宿旅游发展策略研究［D］．云南师范大学，2017.

[8] 李玉坤．北京平原区与生态涵养区 7 个区结对帮扶［N］．新京报，2018-11-05.

第十三章

广东民宿发展白皮书2019[①]

① 本章作者：罗健强，徐灵枝，李超（广东省旅游协会民宿分会）。

一、我国民宿产业发展环境分析

（一）国家民宿政策及标准

1. 民宿合法化政策

2015 年 11 月 19 日，国务院网站发布《国务院办公厅关于加快发展生活性服务业促进消费结构升级的指导意见》（国办发〔2015〕85 号），意见中首次提出“积极发展客栈民宿、短租公寓、长租公寓等细分业态”，将其定性为生活性服务业，将在多维度给予政策支持，这推动了民宿合法化。

2. 鼓励支持政策

2016 年 1 月 27 日，《中共中央　国务院关于落实发展新理念加快农业现代化实现全面小康目标的若干意见》（中发〔2016〕1 号）发布，其中明确指出要大力发展休闲农业和乡村旅游，有规划地开发休闲农庄、乡村酒店、特色民宿、自驾露营、户外运动等乡村休闲度假产品。

2016 年，发改委、中宣部、科技部等十部门联合出台了《关于促进绿色消费的指导意见》，明确：“支持发展共享经济，鼓励个人闲置资源有效利用，有序发展网络预约拼车、自有车辆租赁、民宿出租、旧物交换利用等。”

2016 年，住房城乡建设部、国家发展改革委、财政部发布了《关于开展特色小镇培育工作的通知》（建村〔2016〕147 号），在组织领导和支持政策中提出两条支持渠道：一是国家发展改革委等有关部门支持符合条件的特色小镇建设项目申请专项建设基金；二是中央财政对工作开展较好的特色小镇给予适当奖励。

2016 年 10 月 8 日，国家发展改革委发布《关于加快美丽特色小（城）镇建设的指导意见》（发改规划〔2016〕2125 号），表示将加强统筹协调，加大项目、资金、政策等的支持力度。

2016 年 10 月 10 日，《住房城乡建设部　中国农业发展银行关于推进政策性金融支持小城镇建设的通知》（建村〔2016〕220 号）进一步明确了农业发展银行对于特色小镇的融资支持办法。住房城乡建设部负责组织、推动全国小城镇政策性金融支持工作，建立项目库，开展指导和检查。中国农业发展银行将进一步争取国家优惠政策，提供中长期、低成本的信贷资金。

支持范围包括：支持以转移农业人口、提升小城镇公共服务水平和提高承载能力为目的的基础设施和公共服务设施建设。土地住房、基础设施、环境设施、文教卫设施、商业设施、其他；为促进小城镇特色产业发展提供平台支撑的配套设施建设（生产、展示、服务）。

优先支持贫困地区，以贫困地区小城镇建设作为优先支持对象，统筹调配信贷规模，保障融资需求。建立贷款项目库。申请政策性金融支持的小城镇需要编制小城镇近期建设规划和建设项目实施方案，经县级人民政府批准后，向中国农业发展银行相应分支机构提出建设项目和资金需求。

各省级住房城乡建设部门、中国农业发展银行省级分行应编制本省（区、市）本年度已支持情况和下一年度申请报告（包括项目清单），并于每年 12 月底前提交住房城乡建设部、中国农业发展银行总行，同时将相关信息录入小城镇建设贷款项目库。

3. 推动产业化政策

2017 年 2 月，中国社会科学院发布的《旅游绿皮书：2016—2017 年中国旅游发展分析与预测》中提出，建议各地探索合理合法、高效一体的民宿产业管理政策，推行行业许可经营制度，建立统一的民宿审批与监管机制，提高民宿经营的规范性与稳定性。

2017 年 9 月，国家统计局发布《国民经济行业分类》（GB/T 4754—2017），正式将民宿服务（代码 6130）及露营地服务（代码 6140）纳入到国民经济行业中。

4. 推动民宿标准化

2017 年 8 月 15 日，原国家旅游局发布了《旅游民宿基本要求与评价》（LB/T 065—2017）行业标准。

2019 年 7 月 19 日，文化和旅游部修订发布了行业标准《旅游民宿基本要求与评价》（LB/T 065—2019），替换（LB/T 065—2017）。

5. 确立乡村旅游民宿时代

2018 年 11 月 30 日，全国发展乡村民宿推进全域旅游现场会在浙江湖州安吉召开，时任文化和旅游部党组书记、部长雒树刚出席会议并讲话。会议指出，乡村民宿是乡村旅游发展的重要内容，是推进全域旅游发展的重要抓手，是助力实施乡村振兴战略的重要渠道。党中央、国务院高度重视乡村民宿和全域旅游工作。要充分认识发展乡村民宿的重要意义，牢牢把握乡村民宿发展的正确方向，统筹规划布局、狠抓基础建设，加强资源利用、提升开发水平，强化标准引领、塑造优质品牌，加强宣传营销、引导有效供给，创新利益联结、带动脱贫致富，切实聚焦重点难点，着力补短板、强弱项，优化乡村民宿发展环境，释放乡村民宿发展活力。

2019 年 7 月 28 日，全国乡村旅游（民宿）工作现场会在成都郫都区战旗村举行。时任文化和旅游部党组书记、部长雒树刚出席会议并讲话。会议明确，乡村民宿是促进乡村旅游转型升级的有力抓手，是丰富旅游产品供给的重要领域，要始终把握乡村民宿发展的正确方向，坚持文化引领、乡村特色；坚持绿色发展、保护优先；坚持农民主体、大众消费；坚持统筹兼顾、协调推进，一手抓发展，一手抓规范，聚焦环境、聚焦标准、聚焦市场，确保乡村民宿持续健康有序发展。

（二）国内民宿产业发展现状

1. 数量急剧攀升，呈现爆发增长

2018年11月23日，中国旅游协会民宿客栈与精品酒店分会发布了《2017全国民宿产业发展研究报告》。采用去哪儿网平台获取的民宿客栈数据对我国民宿客栈进行了统计分析。选取“去哪儿→酒店→客栈民宿→客栈、家庭旅馆、青年旅社、农家乐、连锁品牌、度假别墅、精品客栈”，输入目的地，目的地主要以地级市、地区、盟和自治州为主要统计单位，点击搜索，得出目的地总的客栈民宿数量，然后浏览统计内的客栈民宿进行核准校对，最后得出民宿客栈的最终数量。去哪儿网上的民宿 · 客栈板块类型划分情况如图 13-1 所示。

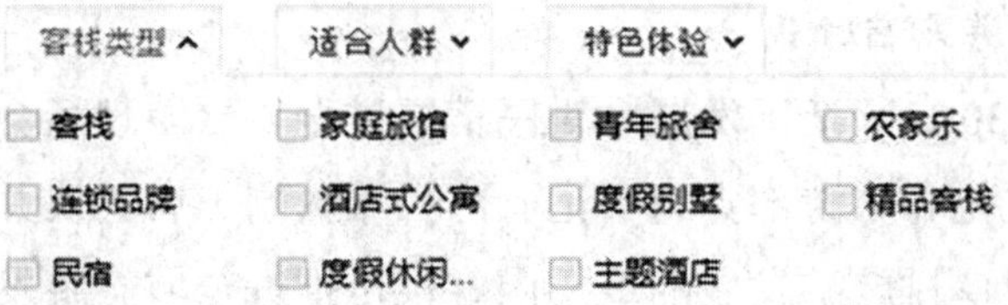

客栈类型 ^　适合人群 ∨　特色体验 ∨

客栈　家庭旅馆　青年旅舍　农家乐
连锁品牌　酒店式公寓　度假别墅　精品客栈
民宿　度假休闲…　主题酒店

图 13–1　去哪儿网民宿 · 客栈板块类型划分情况

报告指出截至 2018 年 11 月 23 日，广东省民宿客栈数量增至 18441 家，虽然数量较 2017 年有所下降，但总名次跃居了全国各省份第一，呈现爆发式增长。

如图 13–2 和图 13–3 所示，2017 年，不包括港澳台地区我国各省份民宿客栈数量前十的分别为：广东（22364 家）、浙江（18291 家）、山东（13674 家）、云南（13330 家）、北京（13048 家）、四川（11635 家）、河北（9201 家）、上海（8324 家）、江苏（8138 家）、湖南（8083 家）[①]。

以城市计算（包括直辖市和地级市，但不包括港澳台地区），北京市的客栈民宿数量居全国首位。我国各城市客栈民宿数量排名前十位的分别是：北京（13048 家）、成都（9316 家）、上海（8324 家）、广州（5807 家）、杭州（5533 家）、重庆（4891 家）、青岛（4630 家）、厦门（4396 家）、丽江（4266 家）、深圳（4226 家）。[②]

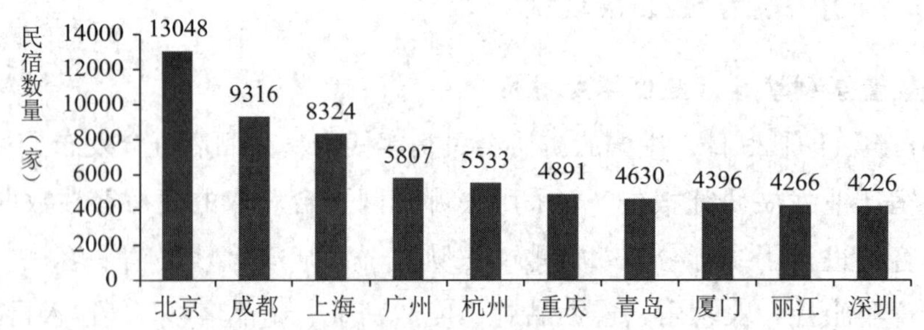

图 13–2　全国各城市（直辖市和地级市）民宿数量排位前十名

① 中国旅游协会民宿客栈与精品酒店分会。2017 全国民宿产业发展研究报告［R］.2018.
② 同①。

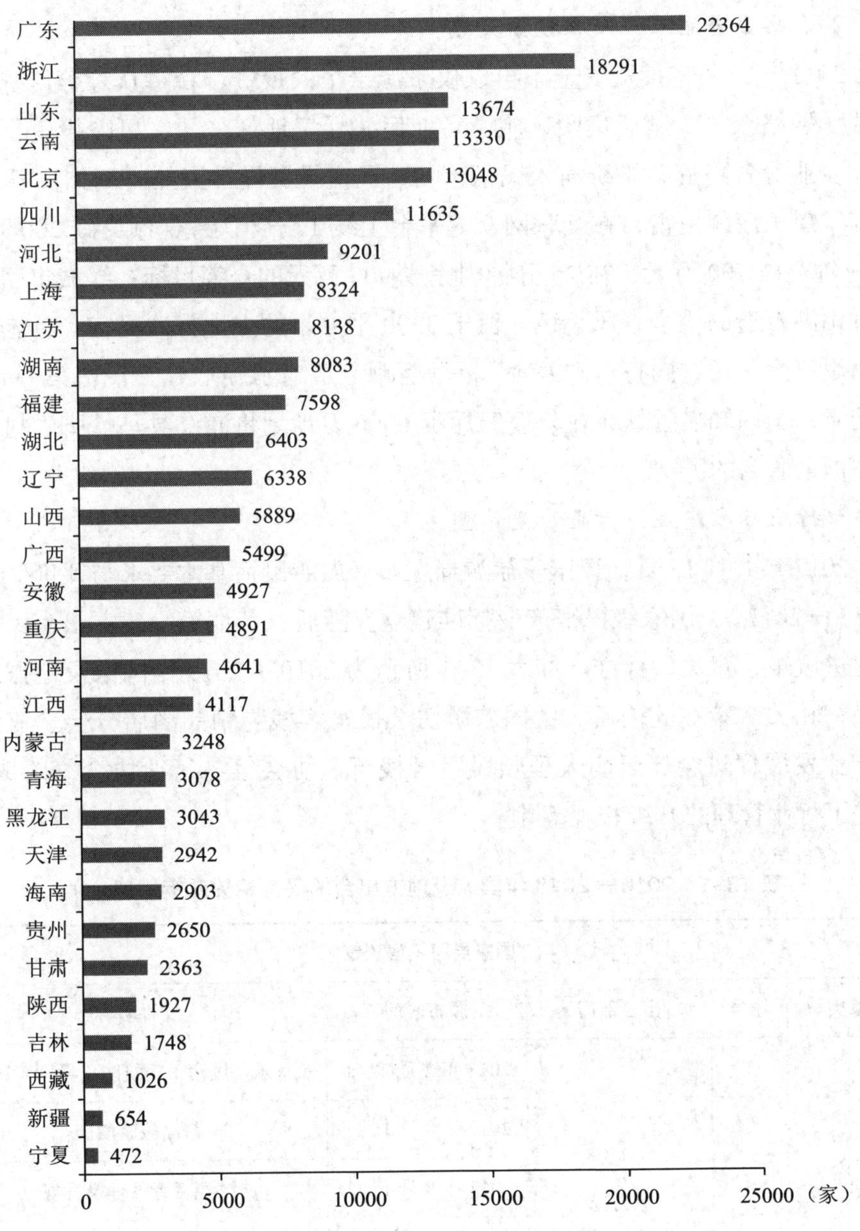

图 13–3　全国各省份民宿数量排行（不包括港澳台地区）[①]

① 数据来源：中国旅游协会民宿客栈与精品酒店分会《2017 全球民宿产业发展研究报告》

2. 各路资金涌入，民宿投资火热

2017年，民宿投资资金不再仅仅来源于个人投资、私募众筹等传统融资方式，网络众筹、酒店集团、旅游行业巨头、房地产公司、风险投资，甚至餐饮企业等各路资金纷纷涌入民宿市场，民宿投资异常火热。例如："千里走单骑"雪山庄园民宿，在互联网众筹平台上线1分钟认筹金额突破200万元，10分钟突破700万元，在25分钟内完成900万元的众筹目标；绿城集团在杭州青山湖打造的桃李春风小镇，留出3300平方米的土地打造民宿；首旅集团和山里寒舍公司共同打造"寒舍"民宿品牌；青普旅游收购"民宿第一品牌"花间堂；国内知名餐饮企业外婆家斥资6000万计划将浦江县马岭脚古村打造成中国最著名的民宿。

3. 行业标准建立，行业管理升级

2017年8月15日，原国家旅游局发布《旅游民宿基本要求与评价》（LB/T 065—2017），国家级民宿产业标准建立。随后，各地纷纷建立出台民宿产业促进政策、意见、标准。如表13-1所示为2010—2019年国家及地方出台的民宿相关政策在此前后，中国旅游协会民宿客栈与精品酒店分会、亚洲民宿产业发展促进会、云南大理州民宿客栈行业协会等各行业协会纷纷成立，促进了行业管理的升级和规范化。

表13-1　2010—2018年国家及地方出台的民宿相关政策（部分）

国家层面民宿政策				
政策类型	序号	出台部门	颁布时间	文件名称
管理办法	1	国家旅游局	2017年2月27日	农家乐（民宿）建筑防火导则（试行）
	2		2017年8月15日	精品旅游酒店
	3		2017年8月15日	旅游经营者处理投诉规范
	4		2017年8月15日	旅游民宿基本要求与评价
	5		2017年8月15日	文化主题旅游饭店基本要求与评价

续表

省级层面民宿政策				
政策类型	序号	省 份	颁布时间	文件名称
管理办法	1	浙江省	2014 年 2 月 1 日	浙江省民宿管理办法
	2	浙江省	2016 年 8 月 10 日	浙江省民宿（农家乐）治安消防管理暂行规定
	3	广东省	2019 年 9 月 1 日	广东省民宿管理暂行办法
规划和标准	1	山西省	2006 年 1 月 1 日	山西省乡村旅游客栈服务规范
	2	湖北省	2011 年	湖北省农家乐星级划分与评定
	3	云南省	2012 年 9 月 20 日	云南省特色民居客栈等级划分与评定
	4	浙江省	2016 年 12 月 5 日	浙江省人民政府办公厅关于确定民宿范围和条件的指导意见
	5	海南省	2018 年 2 月 1 日	海南省关于促进乡村民宿发展的指导意见
奖励与扶持	1	北京市	2016 年 2 月 1 日	北京市人民政府关于促进旅游业改革发展的实施意见
	2	海南省	2018 年 2 月 1 日	海南省人民政府关于促进乡村民宿发展的指导意见
地方层面（市、县、区、镇）民宿政策				
政策类型	**序号**	**地区**	**颁布时间**	**文件名称**
管理办法	1	浙江省温州市洞头县	2014 年 7 月 30 日	洞头县渔家乐民宿管理暂行办法（试行）
	2	浙江省温州市瓯海区	2014 年 9 月 26 日	温州市瓯海区民宿管理办法（试行）
	3	浙江省温州市文成县	2015 年 3 月 5 日	文成县民宿管理暂行办法（试行）
	4	浙江省温州市平阳县	2015 年 5 月 26 日	平阳县民宿管理办法
	5	浙江省温岭市	2015 年 10 月 15 日	温岭市旅游民宿管理暂行办法

续表

管理办法	6	浙江省宁波市奉化	2015 年 12 月 31 日	奉化市民宿管理办法（试行）
	7	浙江省乐清市	2016 年 2 月 22 日	乐清市民宿管理办法（试行）
	8	湖南省张家界市武陵源区	2016 年 3 月 7 日	张家界市武陵源区发展乡村特色民宿（客栈）建设管理实施办法
	9	浙江省余姚市	2016 年 5 月 3 日	余姚市民宿管理办法（试行）
	10	浙江省台州市天台县	2016 年 5 月 6 日	天台县民宿登记管理暂行办法
	11	江苏省苏州市吴中区	2016 年 6 月 26 日	吴中区民宿（农家乐）管理办法（试行）
	12	广东省梅州市	2016 年 8 月 25 日	梅州市民宿（乡村客栈）管理办法（试行）
	13	浙江省温州市苍南县	2016 年 9 月 26 日	苍南县民宿管理办法（试行）
	14	浙江省湖州市南浔区	2017 年 2 月 23 日	南浔古镇民宿管理办法（试行）
	15	福建省厦门市	2017 年 5 月 4 日	厦门市民宿管理暂行办法
	16	广东省深圳市	2019 年 8 月 1 日	民宿服务规范
	17	福建省厦门市思明区	2017 年 6 月 22 日	厦门市思明区关于厦门市民宿管理暂行办法的实施意见（试行）
	18	浙江省嘉兴市桐乡市乌镇	2017 年 7 月 20 日	乌镇镇民宿管理办法（试行）
	19	浙江省宁波市象山县	2017 年 8 月 21 日	象山县民宿管理办法（试行）
	20	福建省厦门市翔安区	2017 年 9 月 19 日	厦门市翔安区民宿管理实施细则（试行）
	21	浙江省瑞安市	2017 年 10 月 18 日	瑞安市民宿管理办法（试行）
	22	江苏省苏州市吴中区西山农业园区（金庭镇）	2017 年 11 月 14 日	西山农业园区（金庭镇）民宿（农家乐）管理办法

续表

管理办法	23	浙江省温州市永嘉定县	2017 年 12 月 29 日	永嘉县民宿管理暂行办法
	24	湖南省郴州市资兴市	2018 年 1 月 19 日	资兴市民宿管理办法（试行）
规划和标准	1	山西省平遥县	2004 年	山西省平遥古城民俗客栈服务质量划分
	2	云南省丽江市	2008 年 11 月 1 日	丽江市特色等级饭店、民居（客栈）等级划分与评定标准
	3	湖南省长沙市	2010 年 1 月 13 日	长沙市“农家乐”星级的划分及评定标准
	4	浙江省温州市洞头县	2014 年 7 月 29 日	洞头县人民政府办公室关于印发洞头县渔家乐民宿管理暂行办法（试行）的通知
	5	福建省三明市	2015 年 3 月 11 日	福建省三明市“绿野乡居”民宿设施与服务规范
	6	浙江省湖州市德清县	2015 年 5 月 14 日	德清县乡村民宿服务质量等级划分与评定
	7	浙江杭州市萧山区	2015 年 9 月 22 日	关于促进农村现代民宿产业规范发展的指导意见
	8	浙江省宁波市	2015 年 10 月 16 日	宁波市特色客栈等级划分规范
	9	浙江省宁波市		宁波市农家客栈（民宿）集聚村建设标准
	10	浙江省台州市	2016 年 2 月 22 日	关于加快发展我市民宿经济的建议
	11	浙江省庆元县	2016 年 5 月 1 日	庆元县关于进一步优化部门服务促进民宿产业规范发展的指导意见（试行）
	12	浙江省台州市庆元县	2016 年 5 月 6 日	天台县人民政府关于印发天台县民宿登记管理暂行办法的通知
	13	上海市浦东新区	2016 年 7 月 26 日	浦东新区人民政府关于促进特色民宿业发展的意见（试行）
	14	浙江省杭州市	2016 年 8 月 18 日	杭州市民宿业服务等级划分与评定规范

续表

规划和标准	15	浙江省杭州市	2016年8月18日	杭州市关于进一步优化服务促进农村民宿产业规范发展的指导意见
	16	广东省梅州市	2016年8月25日	关于促进梅州市民宿（乡村客栈）产业规范发展的指导意见（试行）
	17	福建省平潭综合试验区	2016年10月14日	平潭综合实验区管委会关于进一步优化服务促进民宿产业规范发展的指导意见（试行）
	18	江苏省南京市	2017年1月22日	关于促进乡村民宿业规范发展的实施办法
奖励与扶持	1	浙江省杭州市桐庐县	2013年10月22日	桐庐县关于加快发展美丽乡村民宿经济的实施意见
	2	浙江省宁波市江北区	2015年3月10日	浙江省宁波市江北区关于发展我区乡村民宿经济的建议
	3	浙江省丽水市云和县	2015年4月20日	云和县促进农家乐民宿经济发展的若干意见
	4	浙江省宁波市	2015年4月24日	宁波市人民政府办公厅印发关于加快推进乡村旅游发展若干意见的通知
	5	浙江省丽水市莲都区	2015年8月21日	浙江省丽水市《莲都区2015年民宿经济发展实施意见》起草说明
	6	浙江省杭州市	2015年10月13日	杭州市农村现代民宿业扶持项目实施方案（试行）
	7	浙江省宁波市北仑区	2015年11月16日	浙江省宁波市北仑区关于发展民宿民居和乡村旅游经济资金补助的暂行实施办法
	8	浙江省丽水市遂昌县	2016年4月6日	遂昌县大力发展农家乐民宿经济促进乡村旅游转型升级发展三年行动计划
	9	江西省上饶市信州区	2016年4月20日	2016年上饶市信州区民宿补贴

续表

奖励与扶持	10	贵州省荔波县	2016 年 5 月 1 日	荔波县关于支持“民宿业”发展优惠政策办法（试行）
	11	浙江省慈溪市	2016 年 6 月 30 日	慈溪市关于加快推进我市乡村民宿经济发展的建议
	12	江西省婺源县	2016 年 7 月 19 日	婺源县民宿产业扶持暂行办法
	13	浙江省临海市	2016 年 8 月 8 日	浙江省临海市关于推进民宿型农家乐休闲旅游发展的实施意见
	14	贵州省贞丰县	2016 年 10 月 1 日	中贞丰县民宿暨旅游商品经营奖励办法
	15	浙江省杭州市	2016 年 12 月 29 日	关于我市农村民宿发展情况的报告（书面）
	16	浙江省衢州市	2016 年 12 月 29 日	衢州市人民政府办公室关于加快推进民宿经济发展的若干意见
	17	江西省抚州市	2017 年 5 月 26 日	抚州关于加快推进民宿经济发展实施意见（试行）
	18	江西省抚州市南丰县	2017 年 5 月 30 日	南丰县人民政府办公室关于印发南丰县加快推进民宿经济发展实施意见（试行）的通知
	19	辽宁省本溪市	2017 年 6 月 22 日	本溪市人民政府关于加快乡村民宿发展的实施意见
	20	浙江省杭州市富阳区	2017 年 11 月 27 日	关于做好 2017 年度杭州市农村现代民宿等美丽经济项目建设工作的通知
	21	安徽省六安市	2018 年 3 月 12 日	安徽省六安市关于推进民宿经济发展的建议（市五届人大一次会议）
	22	浙江省宁波市	2018 年 4 月 3 日	宁波市人民政府办公厅关于加快民宿经济发展推进农旅文深度融合的意见

资料来源:《深圳市大鹏新区民宿发展白皮书 2017》

4. 品牌连锁形成，助推品质发展

互联网众筹、各路资本和行业巨头的进入，使民宿融资渠道增加，民宿资金充裕，助推了知名民宿品牌的连锁扩张、新民宿连锁品牌的形成和民宿的品质化。随着民宿品牌的扩张，越来越多的精品民宿进入市场，民宿产业将进入洗牌期，那些缺乏品质的民宿将逐渐被市场淘汰。

根据云掌柜发布的《2018 民宿行业报告》，2018 年，全国 30% 的民宿已经告别单店模式，以深圳、厦门、丽江等地民宿连锁发展势头尤为强劲（参见图 13-4）。

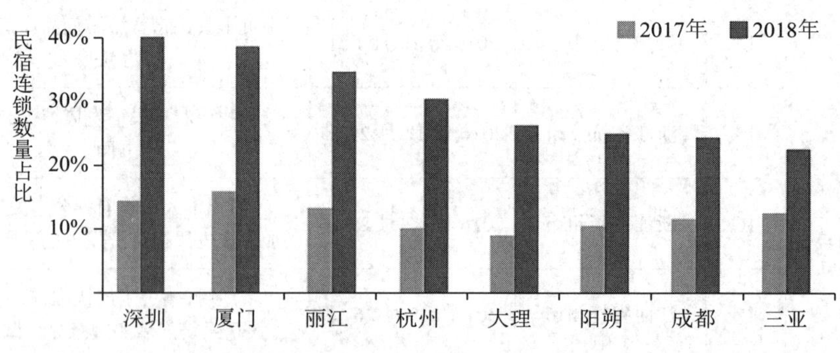

图 13-4 各地民宿连锁发展数量占比排名[①]

5. 民宿研究趋热，洞悉市场状况

一个行业的发展是否蓬勃，从行业的研究论文、研究报告产出也可略见一斑，从学术论文数量上看，2011—2016 六年间，搜索民宿关键词的论文约为 59 篇，2017 年全年则有 72 篇。相关机构的研究报告 2016 年约为 10 份，2017—2018 年上半年则已有 28 份民宿发展方面的研究报告，而且研究机构更广，发布频次更短。

6. 综艺节目新宠，民宿名气大增

2017 年可以说是民宿综艺元年，从年初湖南卫视《向往的生活》开始，各大卫视的民宿综艺节目开始爆发，东方卫视《青春旅社》、浙江卫视《漂亮的房子》、湖南卫视《亲爱的客栈》、江苏卫视《三个院子》等四档民宿综艺

① 云掌柜 . 2018 民宿行业报告［R］.

一起播出，民宿成为综艺节目新宠，民宿走进了千家万户，在全国的知名度大大提升，成为越来越多的人向往的一种旅游方式。

7. 民宿人才紧缺，行业培训崛起

一方面，国内大多数的民宿主从传统游览、方案、传媒、设计、互联网等其他行业跨界而来，本身缺乏经营管理的专业技能；另一方面，民宿一般位置偏僻，民宿经营的核心员工，如管家、店长、前台等，人才缺乏，一将难求。据了解，目前游览旺季民宿人才相对安稳，留存率是 70%~80%，换季或淡季，人才的留存率仅有 30%~50%。面对行业人才问题，民宿培训兴起，各类线上线下的民宿培训课程丰富多样。目前，国内已经有莫干山、大理、深圳大鹏等众多民宿学院，此外，一些民宿品牌和民宿自媒体也正在开展民宿培训、民宿游学等业务（宛若故里、自在客等），具体可参见表 13–2。

表 13–2　国内民宿培训学院（校）信息一览

序号	民宿学院	所在地	开办时间
1	慢游民宿学院	云南省大理市	2015 年 12 月
2	自在客民宿学院	线上培训	2016 年 2 月
3	莫干山民宿学院	浙江省德清县	2016 年 5 月
4	古村民宿学院	江苏省无锡市	2016 年 6 月
5	宛若故里民宿学院	线上	2016 年 7 月
6	上海交大梵舍民宿学院	上海市	2016 年 9 月
7	游多多客栈民宿学院	浙江省湖州市	2016 年 10 月
8	参差民宿学院	杭州西湖	2016 年 12 月
9	町隐民宿学院	云南省大理市	2017 年 3 月
10	重庆一起学院	重庆市	2017 年 3 月
11	深圳大鹏民宿旅游培训学院	深圳市大鹏新区	2017 年 4 月
12	舟山海岛民宿学院	浙江省舟山市	2017 年 4 月
13	淘民宿商学院	线上	2017 年 6 月
14	智宿联邦 – 民宿商学院	线上	2017 年 6 月
15	红海滩民宿学院	辽宁省盘锦市	2017 年 9 月
16	乡伴 WAKA 国际民宿学院	上海市徐汇区	2017 年 11 月

续表

序号	民宿学院	所在地	开办时间
17	北方民宿学院	北京市延庆区	2017年11月
18	四川省阆中客栈民宿学院	四川省阆中市	2017年12月
19	乡创四川民宿学院（筹）	四川省成都市	2018年1月
20	昆山锦溪祝家甸民宿学校	江苏省昆山市	2018年2月
21	民宿头条民宿学院	北京市朝阳区	2018年3月
22	跨商·浙中民宿学院	浙江省金华市	2018年3月
23	惠州市旅游民宿学院	广东省惠州市	2018年4月
24	町隐·广西民宿学院	广西桂林市	2018年6月
25	町隐·江南民宿学院	江苏省苏州市	2018年6月

资料来源：深圳新旅民宿客栈发展研究中心根据网络资料整理。

（三）国内民宿产业发展趋势

1. 民宿投资与消费将持续增长

依据近两年民宿互联网众筹的发展态势和各路资本对民宿的青睐程度，推测未来民宿投资将持续保持高增长率。此外，全国各地的地产资本将跑步进入乡建领域，民宿成为重要投资对象。

随着民宿的知名度和游客对民宿认知度的提高，以及民宿品质的整体提升，将会有越来越多的游客在出游时选择民宿，希望获得不一样的住宿和度假体验。

2. 民宿标准化将推进行业洗牌

随着民宿国家标准的出台和各地的深入执行，民宿产业在经历了一段时间的无序发展后，走到了整合规范的发展期，未来将会是民宿产业的大洗牌期，标准化民宿品牌将引领民宿产业发展，一些不规范的个体民宿将被逐步被边缘化和淘汰。优胜劣汰一轮后，行业的竞争将愈发激烈。

3. 民宿产业规范管理将持续推进

目前，各地政府和民宿从业者都已经意识到民宿产业管理的重要性。各地民宿政策、管理办法等将陆续出台修订，民宿将告别无法可依的时代（以旅游产业发展最为蓬勃的浙江省为例，2013 年至今，浙江省陆续制定并实施了 120 个民宿相关政策文件[①]）。

各地民宿从业者也将不断建立各地民宿协会（截至 2019 年 7 月，国内正式注册的民宿客栈协会约 137 个），制定行规行约，规范行业行为，协调同行争议，维护公平竞争，维护行业、企业合法权益和民宿市场秩序。

4. 民宿集群的区域品牌化

目前民宿从业者已经意识到单一的民宿产品难以满足游客休闲度假的需求。通过民宿群落的方式，以民宿为主流业态，配套上下游产业链，比如文创、娱乐、休闲等业态。用不同的上下游产业链将几十种单一的产品形成一个民宿的聚集区，真正形成嵌入式的旅游体验社区。通过民宿集群打造区域民宿品牌，通过区域品牌效应，从而扶持和带动区域其他民宿和整体旅游产业的发展。

5. 民宿将成为乡村振兴的抓手

民宿发展能够带动乡村产业振兴和产业升级；能够促进乡村文化复兴和文化振兴；能够促进乡村生态环境保护和改善；能够吸引城里人下乡、农村人返乡，为乡村振兴聚集人才、聚拢人心。因此，民宿将成为十九大报告中乡村振兴战略的抓手，民宿与田园综合体、特色小镇的结合也将成为新的趋势。

6. 民宿人才培训将成行业焦点

未来，民宿产业人才的缺乏仍是行业的重要问题，相应的民宿培训、游学考察将持续火热，专业的民宿运营人才将获追捧，民宿人才培训将成行业一大焦点。

7. 软实力将成为民宿竞争力的利器

当越来越多的民宿注重情怀理念、空间个性化和特色设计、产品服务贴心化、文化体验性等竞争因素之后，定制旅游、文化教育等软性内容将成为

① 浙江省旅游局 . 2017 浙江民宿蓝皮书［M］. 北京：中国旅游出版社，2018.

民宿竞争力获得提升的利器。

8. 民宿将开始拥抱人工智能与大数据

人工智能与大数据技术，将进入民宿产业以解决个性化需求问题。通过智能家居、智能预订、智能入住等方式，人工智能将助力民宿打造方便快捷、实用全面的智慧旅游住宿服务，实现复古情怀与科技范儿的完美混搭，目前蚂蚁短租等正在进行相关的尝试。而大数据将助力民宿深入了解行业发展、把握客户群体特征。

9. 民宿和“区块链”可能发生碰撞

目前，民宿头条提出“民宿币”概念，借助区块链技术赋能民宿产业，帮助精品民宿发行基于区块链的数字货币，从全球市场融资并直接参与全球流通与大交换，给民宿产业提供区块链金融等服务。

二、广东省民宿产业发展概况

（一）广东省民宿旅游发展环境分析

1. 八大举措并举做优质旅游践行者

数据显示，2018 年广东省国内过夜游客 4.53 亿人次，同比增长 11.1%；国内旅游收入 12254.99 亿元，同比增长 14.9%。2013—2018 年，来广东的国内旅游人数不断增长，在国内旅游收入方面也基本保持增长态势。到 2018 年年底，全省国内旅游收入突破 1.2 万亿元。居全国第一。随着“一带一路”、全域旅游、粤港澳大湾区的建设，广东省旅游产业将持续保持增长势头。

近年来，广东省将通过八大举措继续提升旅游业发展：召开全域旅游推进大会；全方位打造优质旅游产品，其中在乡村旅游方面，将逐步实施“广派乡居”民宿行动、“引客下乡”出游行动、“乡村宴席”美食行动等系列活动；推动知名旅游企业落户广东；利用大数据完善公共服务；实施广东优质旅游品牌战略；公示严重违法企业“黑名单”；培育高素质专业化人才；大力发展红色旅游。

2. 旅游产业投融资对接不断推进

2017 年 5 月 19 日，广东首家省级旅游产业投资基金“广东省旅游产业投资基金”揭牌，母基金规模为 10 亿元，预计总规模超过 300 亿元以上，重点支持广东“一核、两带、三廊、五区”旅游布局优化项目、广东旅游产品供给侧结构性改革项目、粤港澳大湾区等区域旅游合作项目。

2017 年 9 月 8 日至 9 日，广东省旅游局和广东金融办联合举办 2017 广东旅游产业投融资对接会，搭建旅游资源、资产和资本融通合作平台，广东省向各类金融机构推荐旅游项目，也向旅游企业介绍各类金融工具，进一步拓宽旅游企业融资渠道，引导社会资本投资旅游业。

3. 沿海经济带促进蓝色旅游发展

2017 年 10 月 27 日，广东省人民政府发布《广东省沿海经济带综合发展规划（2017—2030 年）》，规划将广东沿海陆域及相关海域整体规划，打造全国新一轮改革开放先行地、国家科技产业创新中心、国家海洋经济竞争力核心区、“一带一路”枢纽和重要引擎、陆海统筹生态文明示范区、最具活力和魅力的世界级都市带。旅游方面，将建设一条滨海旅游公路，打造滨海旅游带，打造粤港澳大湾区世界级旅游区。

4. 居民出游意愿高但脚步越迈越远

2017 年广东省居民人均可支配收入为 35810 元，比上年增长 8.5%。居民收入不断增加，旅游成为广东居民重要的生活方式。以 2017 年国庆假期为例，假期期间广东居民出游达 5485 万人次，占 2017 年末广东常住人口 11169 万人的 49.1%，其中选择出国旅游约 110 万人次，出国游目的地从俄罗斯、日本、马来西亚等国家渐往欧洲、北美、大洋洲、非洲、南美等世界各地延伸，港澳台旅游 339.8 万人次，国内游 2237.9 万人次，省内游 2797.3 万人次；出游人数最多的地市分别是深圳、广州、东莞，分别占比 25.8%、19.2%、15.7%。

（二）广东省民宿政策

2017 年 11 月 1 日广东施行了《广东省旅游条例》（以下简称《条例》）。

《条例》明确，城镇和乡村居民可以利用自己拥有所有权或者使用权的住宅或者其他条件开办民宿旅游经营，为旅游者休闲度假、体验当地人文、自然景观和风俗文化等提供住宿、餐饮等服务。各级人民政府应当根据旅游发展规划和专项规划，加强对民宿经营管理的引导，鼓励社会力量参与民宿经营管理；支持在具有旅游资源的乡村发展民宿，经营者可以采取租赁、联营等方式，委托有关经济组织经营管理；支持在具有旅游资源的乡村发展民宿，经营者可以采取租赁、联营等方式，委托有关经济组织经营管理。开办民宿旅游经营实行登记制度。城镇和乡村居民开办民宿旅游经营的具体管理办法，由省人民政府根据本省实际制定。

《条例》指出，在符合规划和用途管制的前提下，鼓励农村集体经济组织依法使用建设用地自办或者以土地使用权、海域海岛使用权入股等方式参与旅游项目；鼓励利用荒地、荒滩、荒坡、垃圾场、废弃矿山、废旧厂房和边远海岛等，因地制宜，依法开发建设旅游项目。

此外，在《条例》修订前后，广东省各级政府出台了不少关于民宿管理、扶持民宿的政策（见本章附录一），涉及省级、地级市、区县级等。

（三）广东省民宿产业发展现状

1. 民宿数量呈现爆发式增长

经统计发现，截至2016年9月30日，广东省民宿客栈数量约为2570家，位居全国各省份第七名，低于云南（7392家）、浙江（6141家）、北京（3685家）、四川（3621家）、山东（2995家）、福建（2878家）。但根据《2017全国民宿产业发展研究报告》，截至2017年11月19日，广东省民宿客栈数量增至22364家，已经跃居全国各省份第一，呈现爆发式增长。根据《2018年全国民宿产业发展研究报告》，截至2018年11月23日，广东省民宿客栈数量为18441家，仍居全国各省份第一。

根据去哪儿网客栈民宿的数量统计，截至2018年4月，广东省21个市中，客栈民宿数量排名前10的分别是广州市（6712家）、深圳市（4760家）、东莞市（3260家）、惠州市（2354家）、珠海市（1554家）、中山市（1474家）、汕头市（811 家）、清远市（643）、阳江市（642 家）、佛山市（589 家），主要集中在珠三角经济区，具体可参见图 13–5。

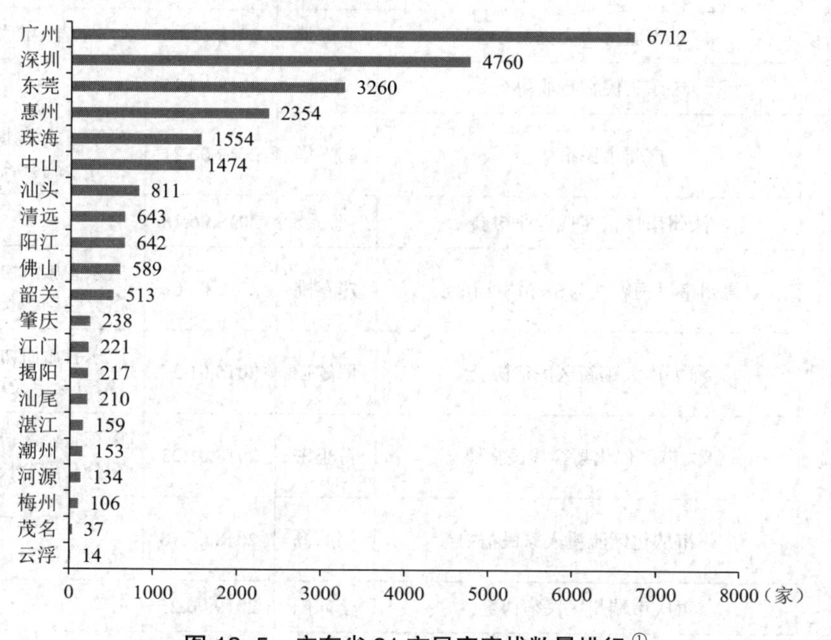

图 13–5　广东省 21 市民宿客栈数量排行 ①

2. 区域民宿品牌正不断形成

深圳大鹏新区，韶关仁化丹霞山，广州增城区、从化区，清远清新区。惠州罗浮山—南昆山和惠东县等地出现形成一定规模的民宿集群，并逐步建立区域的民宿品牌。其中，深圳大鹏新区在民宿产业管理、市场认知度和知名度等方面均走在省内前列。

目前，广东省内已形成 6 大民宿集群（见本章附录三、四），8 个区域民宿品牌（花城人家、万家旅舍、潮州人家、龙门客栈、梅县客栈、流溪人家、清新人家、大鹏民宿）、10 个民宿类社会组织（协会）（见表 13–3）、20 个以上连锁民宿品牌（见本章附录二）；

---

① 数据来源：深圳新旅民宿客栈发展研究中心整理，截至2018年4月30日，去哪儿网客栈民宿注册数量。

表 13-3　广东省内民宿社会组织（协会）

级别	民宿协会或组织	会长	成立时间	备注
省级（2家）	广东省旅游协会民宿分会	罗健强	2018.11.06	广东省旅游协会
	广东省民宿行业协会	李南	2018.07.26	—
地级市（3家）	广州市民宿协会	戚兴华	2019.06.21	广东省旅游协会民宿分会副会长单位
	潮州市民宿客栈行业协会	蓝元	2019.06.18	—
	惠州市民宿客栈与精品酒店协会	郑春桃	2019.07.06	广东省旅游协会民宿分会副会长单位
区县级（4家）	深圳市大鹏新区民宿协会	罗健强	2015.01.27	广东省旅游协会民宿分会会长单位
	（韶关市）仁化县客栈民宿协会	符小密	2018.01.23	广东省旅游协会民宿分会副会长单位
	广州市从化区流溪人家民宿协会	闫彦磊	2018.07.18	广东省旅游协会民宿分会副会长单位
	肇庆市端州区民宿协会	李向阳	2019.06.25	—
镇级、景区级	（惠州市）博罗县罗浮山民宿协会	何伟立	2017.12.27	—

资料来源：深圳新旅民宿客栈发展研究中心通过 http：//www.chinanpo.gov.cn/（中国社会组织查询网）及百度搜索整理。

3. 民宿微目的地化趋势

“民宿微目的地”指包括酒店、民宿客栈等产品在内，以住宿功能为主要载体，且满足吃、住、行、游、购、娱全方位旅游目的地要素的小型目的地。此外，定义“微目的地”一个重要指标是停驻时间的长短，通常认为具备满足停留时间超过三天两晚旅游消费的服务载体，才能称之为“微目的地”。

目前，广东的一些民宿已经不仅仅提供“住宿＋餐饮”的基础服务，并开始整合利用当地生态、文化和旅游的资源，荟萃当地乡村的生活元素，提供原真性的乡村生活体验，创造原生态的乡村生活服务。例如，深圳较场尾民宿小镇、上良民俗村等。目前，虽然广东乡村民宿的发展尚未达到“旅游微目的地”的要求，但有发展成为微型旅居、度假目的地的趋势。

4. 广州深圳民宿客流热度较高

根据云掌柜发布的《2018 民宿行业报告》，深圳、广州在全国民宿客流热度排名中分列为第 9、第 11 位，具有较高的旅游热度。具体参见图 13–6。

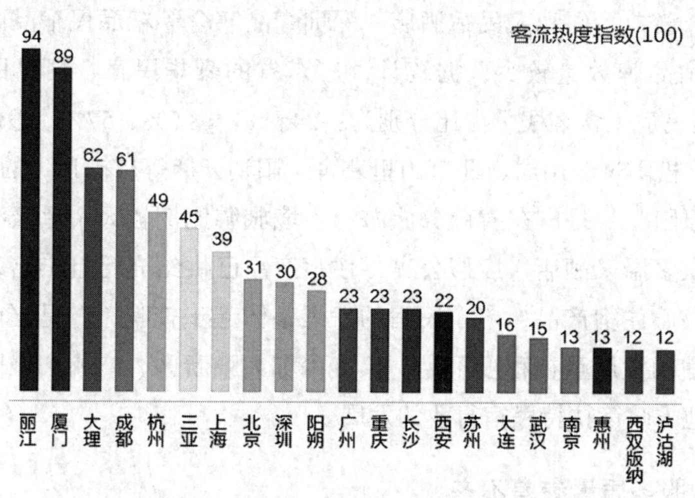

图 13–6 全国各城市民宿客流热度排名[①]

根据《2018 途家民宿发展报告》，2018 年，境内最受欢迎的民宿城市为成都、北京、上海、重庆、广州，广州市排名第五。深圳广州民宿发展势头强劲，在广东省起到一定的示范作用。

三、广东省民宿产业发展问题

（一）本土文化凸显不足

广东本土的广府文化、客家文化、岭南文化等在建筑、园林、绘画、工

① 云掌柜 . 2018 民宿行业报告［R］.

艺美术、美食、音乐曲艺、民俗节庆等方面均具有自身特色，但目前广东省的民宿整体缺乏本土文化内涵和特色，未能突出广东的特色文化。

（二）整体缺乏精品民宿

近年广东民宿增长快，投资火热，出现了知名度较高的惠州禾肚里稻田民宿酒店、慕吉系列私人民宿酒店、深圳壹品寒舍等精品民宿品牌，但整体上精品民宿品牌数量较少，据统计，广东省的豪华民宿、精品民宿（含客栈）、普通民宿（含客栈）占比分别为：24.9%、18.1%、57%。整体缺乏像浙江裸心谷、松阳过云山居、北京山里寒舍、阳朔云庐等口碑顶尖的民宿品牌。

究其原因，一是广东省商务旅游、入境旅游比例较大，星级酒店供给量大，结合众多温泉酒店、度假公寓，住宿产品已供给充足且丰富，民宿尚未发展成为核心住宿产品，广东民宿的发展整体起步较晚；二是之前，广东各地对于民宿的发展重视程度不足，仅有深圳大鹏新区、广州增城区等地方出台了一些地方政策扶持民宿行业的发展。

（三）服务质量参差不齐

在广东民宿类产品中，民宿的档次、经营模式各不相同，因此行业内差异显著，服务水平参差不齐。少数民宿参照了高端酒店的经营模式，装修豪华、装饰精美、服务设施齐全，同时价格昂贵。大多数民宿，目前仍停留在最基础的住宿服务或“吃＋住”服务上，在民宿设计、服务、体验上缺乏竞争力。即使是一些精品民宿品牌，也仍然存在服务不够贴心细致、餐饮缺乏地方特色等服务品质问题。

此外，多数民宿不能体现民宿这种非标准住宿的服务特色。民宿的本意是“入宿随俗”，吃主人家的饭，过主人家的生活，和主人沟通互动，感受家的温馨，核心是以情待客，但目前很多民宿的服务态度往往缺乏亲近感，违背了民宿的初衷。

（四）产品单一且同质化

目前，广东大多数民宿产品仍然以住宿为重心，产业衍生及二销发展不足，民宿旅游产品仍显单一，创新动力不足，创新进度缓慢。整体上低端民宿产品过剩，中高端民宿产品、深度体验类产品较少，同质化严重，精品缺失，呈现零散、粗放、小规模、低水平无序重复等特点。

同质化问题除了体现在民宿产品方面，还体现在民宿设计方面，尤其是同一区域的民宿往往在设计上出现大同小异的现象，在民宿主题、设计元素等方面雷同。

（五）基础配套设施薄弱

对于大多数依托于乡村的民宿，虽然近年来随着美丽乡村的不断建设，很多乡村的基础设施和环境大为改善，但距离旅游对基础设施的要求仍然相差甚远。随着民宿的发展，游客量的不断增加，很多乡村将难以同时满足游客和当地居民对道路、给排水、电力、网络等基础配套设施的需求。

一些民宿地处山区，旅游交通、通信网络等设施建设薄弱。一些民宿在旅游高峰期水电供应不足，如深圳大鹏民宿集群区，在旅游高峰期有时会出现电力不足等问题。基础设施的薄弱会给游客的旅游生活带来各种不便，影响游客满意度，制约民宿旅游的发展。

（六）缺乏科学合理规划

广东省的大多数民宿都是依托于景区景点或有特色的乡村而自发形成，经营者以个体户为主，有当地居民和外来民宿主，对于整个片区的发展和民宿行业的发展缺乏科学合理的规划，导致行业无序发展、旅游产品开发不足、行业配套产业发展不足等问题出现。

目前省内仅有深圳大鹏新区等个别地方编制了民宿发展规划，整体需要对民宿发展目标、建设规模、建设选址、配套服务设施、环境品质提升等方面进行合理规划，指引民宿业有序发展。

（七）人才培养相对滞后

广东省民宿发展迅速，但是民宿专业服务和管理人才严重不足。目前虽然设立了全国第一个大专层次的文创民宿班，但是规模非常小，无法满足市场需求。近几年来，市场上虽然已经产生民宿培训的产品，但这仅仅是杯水车薪，民宿人才的培养相对滞后。

四、广东省民宿产业发展建议

（一）文化为魂，打造广东特色民宿品牌

对于民宿而言，民宿与普通酒店、旅馆的不同之处，在于它不纯粹以销售客房为目标，更重要的是给游客更多“家的感觉”“人情味”“对乡村、对生活、对文化、对旅行的别样体验”。因此，一家民宿要想在竞争激烈的市场上占有一席之地，一定要有自己的文化底蕴，文化是民宿的核心和灵魂。

对于各地的民宿聚落而言，挖掘当地的历史文化、民俗文化、建筑文化、美食文化、农业文化、姓氏文化、家风文化等文化内涵，将其融入民宿的设计、度假生活理念、餐饮、旅游体验活动、文化创意商品开发之中，将民宿与当地乡村生活、生态环境融为一体，使各地民宿独具当地文化特色，构建当地的特色民宿品牌。

（二）精品带动，引领广东民宿整体升级

“为一间房，赴一座城”已经成为国内中高端旅游消费群体的新选择和新时尚，“小”民宿可以撬动“大”市场，可见精品民宿巨大的吸引力和带动作用。

精品民宿代表着贴心细致的民宿服务、丰富个性化的休闲娱乐活动、高品质的民宿设计和度假生活理念、持续的游客吸引力、稳定的客源市场、较高的游客满意度、较多的回头客等。精品民宿的不断集聚将促进当地整个民

宿行业的优胜劣汰、不断升级，提升当地旅游业的知名度和影响力。

当地政府一是可通过优惠政策引入精品民宿品牌入驻；二是可引入民宿品牌集群组织，实现精品民宿集群化发展，如 2017 年 4 月 26 日，由茑舍、大乐之野、过云山居、Kanra 紫一川、千里走单骑 5 家民宿发起的民宿集群战略，在千里走单骑总部正式启动，该民宿集群将以“5+N”的基本形态进入国内富有自然人文资源的旅游目的地，以期用集群化的能量密度，带动区域旅游市场；三是可引入国内知名旅游企业，整体开发民宿村、民宿群落项目。

（三）政策引导，推动管理与服务规范化

鼓励各级政府出台民宿行业管理办法、民宿规范化标准等相关文件，促进当地民宿行业的发展，引导民宿行业朝着精品化、规范化、标准化，但不失个性化的方向发展。

在民宿规范管理方面，深圳市大鹏新区勇于探索，走在国内前列，具有较大的借鉴意义。2015 年 3 月大鹏新区出台第一版《深圳市大鹏新区民宿管理办法（试行）》，成为国内较早、广东省第一个地方民宿管理办法。2017 年，大鹏新区印发了《大鹏新区民宿综合整治与规范管理工作方案的通知》《大鹏办事处既有民宿规范纳管操作指引（2017 版）》，发布了《深圳市大鹏新区关于促进旅游产业发展的若干措施》，2019 年深圳市发布深圳地方标准《民宿服务规范》。通过“政府 + 协会 + 民宿公司 + 民宿主”的发展模式，大鹏新区的民宿不断稳步健康向前发展。

（四）创新“民宿 +”，打造民宿微旅游目的地

通过创新“民宿 +”，将民宿产业从最初的单一“住宿”产业，延伸到“食、住、行、游、购、娱”全要素的链状产业，实现“民宿 + 餐饮”“民宿 + 购物”“民宿 + 交通”“民宿 + 景点”“民宿 + 活动”的旅游全要素发展。通过“民宿 +”，打造民宿微旅游目的地，构建“一座村庄，一种生活方式”的乡村度假旅游目的地。

此外，“民宿 +”也可逐步向其他相关产业延伸，从旅游产业延伸至产业

金融、产业研究、产业中介、产业服务等第三产业，以民宿业作为第三产业的一个核心带动因素，积极推进民宿业与交通运输（游客交通、民宿用品物流及运输）、民宿金融（推动民宿融资贷款，甚至发行专项民宿产业基金）、产业投资（民宿行业资金的精准扶贫投资）、咨询顾问行业（民宿研究顾问、民宿运营管理咨询）、教育培训行业（民宿管家、民宿服务生培训）的融合发展。

（五）创新模式，实现民宿产业多方共赢

目前，民宿的开发模式有自发型、协会型、政府主导型、企业主导型等四种运作模式。自发型开发模式是指房屋所有者自发开发民宿或个人通过租赁居民房屋开发民宿；协会型开发模式是指业主（村委会）成立民宿协会，居民以服务入股，进行统一运作；政府主导型开发模式是指政府统一引导，当地居民改造自家房屋开发民宿；企业主导型开发模式是指企业以租赁或购买的形式获得住宅的所有权或使用权，进行整体运营。在这四种开发模式的基础上，各地可根据实际情况创新开发模式。

（六）科学规划，引导广东民宿健康发展

“产业发展，规划先行”，国内外经验表明，只有做好规划引领，产业发展方能合理有序。目前，国内已有多地完成或者正在编制民宿产业发展规划，建议广东省及各市县区村镇研究制定当地民宿发展的布局规划，对各地现有民宿发展进行摸底排查，并根据自然景观、人文环境、村庄条件等，绘制相应的民宿发展规划图，明确重点发展区域，充分考虑产业布局、人口集聚、土地利用、生态环境保护、社区建设等内容，深入挖掘文化底蕴，不搞同质化，形成目标明确、布局合理、定位科学、特色鲜明的民宿发展规划。要借鉴各国各地的经验，通过有效规划凸显地方特色。通过规划，合理布置民宿产业链中“食、住、行、游、购、娱”各要素，避免出现民宿风潮引起民宿投资过剩。

（七）专题研究，把握民宿行业发展动态

整合一批民宿行业研究专家，构建广东民宿产业发展智囊团。

扶持民宿专业研究机构的发展。通过优惠政策鼓励支持民宿专业研究咨询机构的建立和发展，为广东省各级政府、企业提供民宿行业研究、咨询、规划等服务。

鼓励省市县（区）镇开展民宿产业专题研究。挖掘和整合各地民宿旅游资源，摸底各地民宿产业发展现状，把脉各地民宿产业发展问题，研究民宿旅游发展战略，协助政府、民宿协会、企业等制定各地民宿旅游发展规划、民宿行业管理办法、民宿行业管理标准，引导民宿行业健康发展。

五、本章附录

附录一：广东省内部分民宿管理政策法规

级别	政策名	颁布及实施时间	有效期	备注
省级	广东省旅游条例	颁布：2017.07.27； 实施：2017.11.01		
	广东省民宿管理暂行办法	公布：2019.06.21； 实施：2019.09.01	无标注	全国第一部省级民宿管理办法
	广东省旅游民宿建设指引	印发：2019.04.25		粤文旅字〔2019〕60 号
市级	佛山市民宿管理暂行办法	印发：2018.12.29； 实施：2018.12.29	三年	
	广州市关于促进和规范乡村民宿发展的意见	印发：2018.12.13；		穗旅发〔2018〕396 号
	梅州市鼓励扶持民宿发展的实施意见（试行）	印发：2015.12.31	2016—2018 年	
	梅州市民宿（乡村客栈）管理办法（试行）	印发：2016.08.25； 实施：2016.08.25	适时修改	

续表

级别	政策名	颁布及实施时间	有效期	备注
市级	梅州市民宿（乡村客栈）星级标准与评定办法（试行）	—		
	（深圳）民宿服务规范（DB4403T 21–2019）	发布：2019.07.05；实施：2019.08.01		省内第一部民宿地方标准
区县级	深圳市大鹏新区民宿管理暂行办法	颁布：2018.10.22；实施：2018.11.01	三年	2015年起，第三次修订
	珠海市斗门区“农家民宿”管理暂行办法	颁布：2016.02.25；实施：2016.03.25	三年	
	佛山市高明区发展“岭南新民宿”扶持办法	印发：2017.01.21；实施：2017.01.01	两年	
	（佛山市）南海区民宿管理办法（试行）	—	三年	南府办〔2017〕43号
	佛山市南海区文化体育局民宿建设扶持办法	印发：2018.05.24；实施：2018.05.24	三年	
	清远市清新区民宿联盟管理办法（试行）	—		
	（清远市）佛冈县客栈（民宿）管理办法（试行）	—		
	（惠州市）龙门县旅游民宿管理办法（施行）	—		
	创建“潮州人家”优质民宿（客栈）品牌评选要求	2018.07.04		
	潮州湘桥区民宿客栈管理办法（暂行）	印发：2018.06.24；施行：2018.06.24	两年	
	（梅州市）平远县民宿（乡村客栈）管理办法（试行）	印发、实施：2017.03.20	适时修改	
	梅州市梅县区关于加快发展民宿经济发展的实施意见	印发：2018.03.19；实施：2018.03.19	三年	梅县区府〔2018〕4号

续表

级别	政策名	颁布及实施时间	有效期	备注
区县级	梅县区民宿（乡村客栈）产业发展工作方案	印发：2016.12.06	2016—2018	
镇级	（东莞市）麻涌镇民宿管理暂行办法	印发：2018.06.13；施行：2018.06.13	三年	
	（东莞市）麻涌镇推动民俗客栈（民宿）建设试点扶持暂行办法	印发：2018.06.11；施行：2018.06.06	三年	

附录二：省内部分知名民宿客栈品牌

序号	品牌名	创始人	总公司名	广东店	外地布局城市	相关殊荣
1	丹霞印象	符小密	广东丹霞印象集团有限公司	总店、艺术家、禅语、格物、禅意、亲子、燕子呢喃、云门印象（乳源）	暂无	广东最美乡村民宿
2	客家明珠	廖中华	广东客家明珠酒店管理有限公司	梅州三舍、花间慢		广东最美乡村民宿
3	禾肚里	郑春桃	惠州市禾肚里文化旅游管理有限公司	惠州禾肚里、梅州禾肚里（西河）、梅州禾肚里（百侯）	湘西（凤凰）	广东最美乡村民宿
4	爱树	谢炜添	惠州市爱树文旅投资发展有限公司	龙门爱树乡居 惠东白马河畔	暂无	广东最佳乡村民宿
5	米社	闫彦磊	广州玖石科技有限公司	米社·莫上隐	湖州（莫干山）	广东最佳乡村民宿
6	归觅	蒋晓晖	广州市归觅文化传播有限公司	归觅·茶房、归觅·花坞	暂无	2018中国旅行口碑榜携程 & 途家甄选十大美宿
7	吾乡石屋	蒙琦	吾乡美地（广州）文化旅游投资有限公司	广州吾乡石屋;（在建）吾乡杉水;（在建）吾乡瓜岭;（在建）吾乡荣桂坊;（在建）吾乡02厂;（筹）增城小楼邓山岭南精品村;（筹）花都藏书院岭南精品村;	暂无	广东十大精品民宿、广东最佳乡村民宿
8	涟岸	甘志成	广州市涟岸生态旅游咨询有限公司	肇庆涟岸湖居、河源涟岸禧悦庄	暂无	

续表

序号	品牌名	创始人	总公司名	广东店	外地布局城市	相关殊荣
9	诗莉莉	许鑫明	深圳诗莉莉酒店投资管理有限公司	暂无	大理、丽江	
10	泊云心舍	钟祥诚、杨发远、郑燚华	深圳泊云心舍民宿文化发展有限公司	山里客家（筹）	大理、丽江、黄山、湘西、桂林、婺源、千岛湖、香格里拉等	2017 年度最具特色民宿、17–18 年度亚太最美民宿、18–19 中国饭店品质金爵奖
11	宛若故里	金杜	广州宛若美宿文化发展有限公司	宛若故里・稻田里（增城）	丽江	
12	你是我的虚荣	蒲荔子	广州辐伦淄信息科技有限公司	你是我的虚荣・东山口（已结业） 你是我的虚荣・五羊邨（已结业）	西安、南京	
13	慕吉	赖竞峰	深圳慕吉私人酒店投资管理有限公司	慕吉・云所、慕吉・云溪	暂无	
14	耘境	冯琰	东里陆拾陆（深圳）旅游管理服务有限公司	三加一挚友、耘境见山、耘境阅海	暂无	
15	其光	胡丹	广州其光民宿管理服务有限公司	舍下生活馆、收荒匠、岭兰	曲靖	
16	桃花壹号	刘荣	广州桃花湖文化发展有限公司	清远桃花湖壹号、广州颐和桃花壹号、英德活石水民宿	暂无	
17	壹品寒舍	韩锐	深圳市壹品寒舍实业有限公司	壹品寒舍旗舰店、壹品寒舍王屋店	暂无	
18	巢里巢外	邹复成 徐政国	深圳市毛驴假期酒店管理有限公司	沽酒小院、画谱、方寸地、芦庭小院	暂无	去哪儿网服务最佳民宿、广东省最佳民宿

续表

序号	品牌名	创始人	总公司名	广东店	外地布局城市	相关殊荣
19	美舍	雷令军 陈楠	深圳市美舍酒店管理咨询有限公司	乡村美舍、乡村美墅、乡村美巢、乡村美阁、乡村美地、乡村美巷		
20	52赫兹	李超、赵燕、胡冰玉	深圳市唯爱赫兹文化传播合伙企业	52赫兹度假民宿、时光里民宿	黔南州	广东省最美民宿（2019）
21	乌有·同金寨	张富强	仁化县乌有同金客栈	乌有·同金寨、乌有·马归槽（筹建中）	暂无	韶关市星级乡村旅游民宿4星级；2018岭南十大精品民宿季军；2019年广东最佳乡村民宿
22	又见	梁志龙	又见民宿文化发展有限公司	又见民宿、又见艳阳天、又见翰林	暂无	
23	万家旅舍	陈潮辉	广州增城玩家旅舍管理有限公司	数百个品牌加盟店	暂无	
24	东方客栈	潘章凯	广东东方客栈酒店管理股份有限公司	省内十几个	省外数十个	
25	梦园彼岸	罗健强	深圳梦园彼岸文旅服务有限公司	梦园彼岸海边客栈	暂无	中国饭协最佳民宿
26	香菱舍	徐政凭	广州香菱舍文化有限公司	香菱舍	暂无	广东省十大精品民宿
27	辰·禮	陈洁雯 李成杰男	深圳市辰礼酒店管理有限公司	辰禮精品酒店（深圳较场尾）	暂无	
28	GRIT HOUSE	张立基	深圳市沙砾酒店管理有限公司	大鹏沙砾民宿	暂无	《忘不了餐厅》拍摄地

续表

序号	品牌名	创始人	总公司名	广东店	外地布局城市	相关殊荣
29	隐香古苑	朱立强	深圳市隐香民宿文化投资有限公司	东莞隐香古苑精品民宿	暂无	广东省最美民宿
30	循美	肖逸飞	循美文化旅游有限公司（贵州）	迴響·万绿湖	贵阳、黔东南、柳州、桂林、南昌	
31	理想村	朱胜萱	乡伴旅游文化发展有限公司	三水理想村（民宿集群）	无锡、苏州、湖州、红河州	

附录三：广东省六大民宿集群简介

1. 深圳大鹏半岛民宿群。大鹏民宿开始于2008年，十多年来，从无到有，从小到大，大致经历了起步、发展、快速发展和升级发展四个阶段。最初，较场尾海边有几栋民居，由外来的冲浪及帆板爱好者自发改造成民宿经营，逐步吸引一些自由职业者加入。后来大鹏新区民宿从2008年的两家，发展到2013年75家，再到2016年较场尾古城片区接近400家，截至2018年大鹏半岛现有民宿1400多家。在此基础上，形成了民宿集群，并成立了大鹏新区民宿协会。

2. 仁化丹霞山民宿群。在2017年第六届中国饭店文化节上，丹霞印象连锁客栈总店入围“首批中国精品民宿客栈示范店”，丹霞印象连锁客栈总店、燕子呢喃依山民宿荣获“2017最受欢迎客栈民宿”称号。从2010年丹霞印象第一家店开始，经过了近10年的发展，丹霞山已形成拥有400家客栈民宿的集群，主要集中在瑶塘村、断石村、青湖塘村。仁化县已出台《仁化县“丹霞仁家”特色民宿划分与评定标准》《仁化县农村民宿管理办法》等制度。

3. 增城“万家旅舍”民宿群。与国内大多数民宿旅游群落发展模式不同，增城“万家旅舍”是由政府大力培育，并联合企业、农户共同打造的民宿旅游品牌，他们的终极目标是上市。政府引导，市场主导，平台牵头，大众创业，走“融资源、搭平台、建模式、创品牌”的发展路子，旅舍经营实施统一的策划、管理、营销，推动行业标准化、精细化、品牌化发展。2014年增城万家旅舍项目启动后，已推出16条精品旅游路线，截至2017年11月，累计建成万家旅舍650家，其中30多家精品店，客房共8827间，床位数共13240张，加挂灯标的万家旅舍227家。增城区民宿产业的火热发展吸引了一批精品民宿客栈入驻，慕吉云溪·山居、麦客·和客精品民宿均于2017年开业，其中慕吉云溪·山居荣获“2017世界华人建筑师创作奖”。

4. 从化米埗民宿群。“米埗民宿群”是从化区近年重点打造的米埗特色小镇重点产业，定位为打造岭南风貌特色高端民宿群。按照规划，以良口镇米埗村洛一、洛二、洛三社为中心，整体规划打造的高端民宿群，民宿项目按 3 个社共分为 3 个片区，其中洛溪二社稻田区为重点投资区域，主打民宿区域和游客稻田娱乐休闲的区域。洛溪一社为山地区，主要包括商业街建设、生态停车场及民宿回迁区域。洛溪三社为未来开发区域，主要功能包括路虎越野体验场、亲子民宿区域等。

5. 清远“清新人家”民宿群。清远市清新区龙颈镇大坳村的“清新人家”民宿模式与增城万家旅舍类似。村民以房屋、土地入股的形式，改造村中闲置房屋，民宿全部统一装修风格，完善了厨房、洗手间等功能，民宿外墙装饰以木材和竹子为主，广泛绘制可爱的青蛙与荷花涂画，充满乡村田园风情。

6. 惠州罗浮山、南昆山民宿群。目前惠州的民宿普遍还是过去的农家乐、家庭旅馆形式，大多民宿以乡村宅基地经营为主，没有相关国土证、规划设计图纸等，因此在办理民宿的消防证照、特种许可经营等制度方面相对滞后，目前民宿客栈数量约 150 多家。惠州市计划推动建立联合审核工作机制，成立由公安、住建、国土、消防、旅游、环保、工商、卫计等部门组成的审核小组，制定民宿管理相关办法，开展民宿证照办理审核工作。南昆山民宿群即将迎来规范化管理。

附录四：典型民宿集群案例——深圳较场尾民宿小镇

较场尾民宿小镇——自发形成的民宿村落，“政府 + 民宿协会 + 民宿公司 + 民宿主”的发展模式使较场尾成为国内“民宿标准化建设 + 民宿品牌化发展”的典范，入选首批全国六个“国家级美宿小镇创建示范单位”。

深圳市大鹏新区较场尾民宿小镇发端于 2007 年，原是城中村，贴近海岸线，由外来的冲浪及帆板爱好者自发改造民居用于经营，一些自由职业者也随之加入，短短几年的时间就开设了几十家客栈，粗具规模。截至 2018 年大鹏半岛已有民宿 1400 多家。

2011 年大运会水上运动项目场地及附属设施建设，由政府划拨专项资金用于完善基础设施，带来了较场尾民宿业爆发式大增长。但因缺乏整体规划带来区域无序发展、野蛮增长，降低了游客服务品质，影响了大鹏旅游美誉度。

2014 年，大鹏新区民宿协会孕育而生，成为全国最早成立的民宿协会之一，广东省第一家正式批准的民宿行业协会，协会提出区域整体规划意见，统一管理、统一步调，推进基础建设改造升级。

2015 年，经过区域整体整治，重新步入正轨，产业进入良性发展阶段。组建“大鹏民宿产业公司”，对产业发展提供必需的政策引导及资金支持，促进民宿产业的持续良性发展。2015 年大鹏新区颁布省内第一部民宿管理办法《深圳市大鹏新区民宿管理办法（试行）》，之后引进第三方机构制定 SGS 民宿标准，并由政府提供前期资金支持，鼓励民宿经营者创建符合 SGS 标准的民宿产品。

2016 年开始，以特色民宿带动区域整体旅游发展，打造区域核心旅游文化品牌，成为区域知名的旅游目的地。

2017 年 3 月，第一届全国美宿小镇建设论坛在大鹏新区较场尾民宿小镇举行，较场尾民宿小镇被授予首批全国六个“国家级美宿小镇创建示范单位”。2017 年 4 月，大鹏新区民宿旅游培训学院“开班”，启动“大鹏民宿管家”培训认证，标志着大鹏民宿在行业培训和认证方面走在全国前列，成为全国第三家，省内第一家民宿学院。2017 年 6 月，大鹏新区印发了《大鹏新区民宿综合整治与规范管理工作方案的通知》《大鹏办事处既有民宿规范纳管操作指引（2017 年 6 月版）》，大鹏民宿走向规范化。2017 年 7 月，大鹏新区民宿协会制定《民宿产业自律和惩戒办法》，创新规范民宿产业管理。2017 年 11 月，迈点网发布的《2017 年 11 月中国住宿业客栈民宿品牌发展报告》中，作为深圳唯一入选品牌壹品寒舍首次进入该榜单前 30 名。这意味着大鹏新区民宿的发展已经开始走上品牌化发展的道路。以宿促商，各方普惠。

第三篇　年度民宿发展趋势预测

第十四章

2020年全国民宿发展趋势预测[①]

① 本章作者：张晓军（中国旅游协会民宿客栈与精品酒店分会会长）。

2020 年，是我国当代民宿发展第二个十年的第一年，也是民宿发展进入政府、市场双主导时代的第三年。在全国社会建设、经济发展的宏观环境下，在文旅融合、5G 应用的推动下，在规模与结构都在变化的消费市场引导下，既有自我发展的惯性，又有政府主导的介入，2020 年全国民宿发展将呈现如下特征：

一、政策环境加速优化持续改善

2019 年 12 月 26 日，北京市文旅局会同有关部门联合印发了《关于促进乡村民宿发展的指导意见》。重点解决了北京乡村民宿经营合法性问题，弥补了审批监管短板，让曾经因无规可依、证照难办而游走于灰色地带的北京乡村民宿拿到了合法的“身份证”。作为全国第五个省级层面的政策文件，该意见以其发布时间、内容创新不吝为 2019 年全国民宿发展制度完善的鼎力之作，也预示着 2020 年，将会是全国省级层面民宿政策密集出台的高峰年。经过 10 年的发展，民宿企业的自然发展已经遇到天花板，发展速度在 2019 年显著趋缓，急需通过深化改革进行制度创新和政策松绑，以进一步解放生产力。省级层面出台相关政策，不仅可以让民宿灰色变阳光，盘活已在运营的增量，更可以提振观望者信心，实现民宿供给增量。通过制度创新“筑巢”，从而助推民宿招商“引凤”，应该成为 2020 年诸多地方政府科学发展民宿产业的共同逻辑。

二、三大国家文化公园建设为民宿发展带来全新机遇

2019 年 7 月 24 日，中央全面深化改革委员会第九次会议审议通过了《长城、长征、大运河国家文化公园建设方案》，标志着国家文化公园将拉开全新的建设篇章。三大国家文化公园建设，将为民宿的发展带来前所未有的发展机遇。民宿行业应迅速行动起来，凝聚共识、主动作为，把握政策机遇、空间机遇、主题机遇、资金机遇、市场机遇，在已有“运河人家”“长城驿站”

等一地、点状开发的业态基础上，争取将主题民宿（群）开发作为国家文化公园建设的重点项目纳入总体规划。以长征国家文化公园建设为例，长征沿线区域的民宿开发建设与运营管理应主动谋篇占位，与公园建设相对接，服务于长征文化的挖掘、保护与传播，推出以“长征路上好民宿”为品牌，以“红色”为基因的新业态、新品牌，填补长征沿线的乡村住宿业空白，提升已有住宿业态的产品服务品质。

三、学术研究为民宿科学发展提供指引

产业的可持续发展，离不开学术研究的科学指导。作为城乡融合的产物、住宿业态的创新，民宿以其产业性、事业性兼具，经济职能和社会责任并重已经引起了专家学者的广泛关注。其中最重要的指标是近几年以民宿为研究对象的博士、硕士论文数量逐渐增加。民宿作为一种复杂的经济社会发展综合现象，对其的研究应该是多学科、多专业的交叉、综合研究。2020 年，民宿学术研究将进入一个以“民宿学”为开端的全新时代。

四、社会团体发挥更大作用

2019 年，是民宿社团“扩容强体”的一年。在这一年里，除中国旅游协会民宿客栈与精品酒店分会一如既往地开展工作、组织活动、发挥作用外，中国饭店协会民宿客栈委员会进行了换届与更名，中国城镇促进会也成立了民宿分会。北京、陕西、河南、广西、江西成立了省一级的民宿社团，四川在原有民宿分会基础上重新成立了民宿客栈与精品酒店分会。全国市、县两级民宿社团更是新生众多。从一个地区民宿社团的有与无和其活跃程度，可以看出这个区域的民宿产业发展水平。通过为地方政府、企业和消费者提供适度、专业服务，民宿社团将在培训、会展、招商、运营等民宿产业发展各个领域发挥积极作用。

五、星级评定、类别认证推动品质化发展

在文化和旅游部的带动下，依据标准对民宿进行等级评定已经成为各地各级文化旅游部门的普遍共识和一致行动。2020 年，行业瞩目的全国第一批星级民宿应该会面世。而在此之前，上海市已经依据地方标准评定了该市历史上第一批星级民宿。中国旅游协会民宿客栈与精品酒店分会指导途家网开展的“中国好民宿”评定，已经在行业内产生了广泛而深刻的影响。在以等级评定为引领的民宿品质发展过程中，以业态创新为支撑的品类认证也会在 2020 年大行其道。研学民宿、艺术民宿、亲子民宿、宠物民宿、康养民宿等由细分市场和新兴需求引导产生的全新民宿业态将批量涌现。

六、专业会展增量提质

会展的数量和水平，是民宿行业产业化发展和区域民宿发展水平的标志。目前全国性的民宿会展有全国民宿大会、宁波民宿国际博览会，华东、华南、西南和京津是民宿会展活跃的区域。随着各级各地政府对民宿发展重视程度的提高，2020 年民宿会展的数量规模与品质将同步提升。全国性、行业性的会展，如全国民宿大会、全国民宿博览会将会创新性举办，专业性、地域性会展将大量举办。举办地点上也将会更加均衡，东北和西北地区将实现民宿会展活动零的突破。

七、轻资产拓展、集群化发展成主流

十年的发展，对民宿企业而言是难得的宝贵历练和教育。建立现代企业管理制度，引入先进发展理念，符合产业发展规律等已经成为民宿企业发展和拓展的自觉。与近年投资型、外延型拓展模式不同，2020 年以品牌输出、管理输出、市场输出等为核心的轻资产模式将成为品牌型民宿企业异地、多地发展的主流行为。同时，产业要素集中和相关业态集聚而成的民宿产业集

群发展模式已经被业界普遍接受，在地方政府的政策引导和着力培育下，将有更多的民宿集群在民宿后发地区涌现。

八、助力景区高质量发展

在由观光走向度假，由门票经济升级为复合营收的景区提升过程中，发展具有填补业态空白、提升住宿能力和自带IP流量的民宿逐步成为景区发展共识。2019年，黄山投资开发了自有品牌民宿，黄果树将民宿的招商引资作为主要工作。2020年，开发建设自有民宿产品，带动周边民宿提升品质将成为国内高等级景区尤其是5A级旅游景区和国家旅游度假区的普遍行动。

九、民宿消费市场发生结构性嬗变

消费升级，意味着产品和服务也要遵循“品牌—品质—品味”的规律进行迭代。2020年，消费市场的变化对民宿发展的根本性影响将更加显现。与经济下行等宏观因素导致的市场规模盘整对民宿的影响相比较，年龄、需求等民宿消费市场的结构性变化对民宿的影响更为显著和深刻。毫无疑问，“80后”亲子家庭出游群体依然是民宿主力市场，“90后”已经成为民宿新兴市场，而“00后”已经成为民宿不能小觑的新生消费群体。红色旅游、康养旅游、研学旅游等对于民宿的市场支撑作用将进一步放大。

责任编辑：李志忠
责任印制：谢　雨
封面设计：WING 励智品牌　中文天地

图书在版编目（CIP）数据

2020全国民宿产业发展研究报告 / 中国旅游协会民宿客栈与精品酒店分会主编. -- 北京 : 中国旅游出版社, 2021.4

ISBN 978-7-5032-6635-5

Ⅰ. ①2… Ⅱ. ①中… Ⅲ. ①旅馆－服务业－产业发展－研究报告－中国－2020 Ⅳ. ①F726.92

中国版本图书馆CIP数据核字(2020)第253333号

书　　名：2020 全国民宿产业发展研究报告

作　　者：中国旅游协会民宿客栈与精品酒店分会　主编
出版发行：中国旅游出版社
（北京静安东里 6 号　邮编：100028）
http://www.cttp.net.cn　E-mail:cttp@mct.gov.cn
营销中心电话：010-57377108，010-57377109
读者服务部电话：010-57377151
排　　版：北京旅教文化传播有限公司
经　　销：全国各地新华书店
印　　刷：三河市灵山芝兰印刷有限公司
版　　次：2021 年 4 月第 1 版　2021 年 4 月第 1 次印刷
开　　本：720 毫米 ×970 毫米　1/16
印　　张：18.25
字　　数：267 千
定　　价：78.00 元
ISBN　978-7-5032-6635-5
